Peter Bamm, 1897 geboren, war Sachse. Als Schiffsarzt und als Kassenarzt, als Chirurg und als studierter Sinologe hat er die Welt und die Menschen kennengelernt. Mit 26 Jahren begann er, für die *Deutsche Allgemeine Zeitung* nachdenkliche und heitere Feuilletons zu schreiben, die er während der Nazizeit, obwohl ein unbequemer Autor, in zwei Bänden veröffentlichte (heute: »Die kleine Weltlaterne« und »Anarchie mit Liebe«). Nach dem Zweiten Weltkrieg, den er als Militärarzt durchlebte, wurde Peter Bamm zu einem der meistgelesenen deutschen Autoren. Sein Bericht über den Rußlandfeldzug, »Die unsichtbare Flagge«, wurde ein außergewöhnlicher Erfolg. Es folgten viele erfolgreiche Bücher wie »Frühe Stätten der Christenheit«, »Welten des Glaubens« und »Alexander oder Die Verwandlung der Welt«. 1972 veröffentlichte er seine Autobiographie »Eines Menschen Zeit«. Seit 1956 war er Mitglied der Deutschen Akademie für Sprache und Dichtung und seit 1957 des PEN-Zentrums der Bundesrepublik Deutschland. 1972 erhielt er das Große Bundesverdienstkreuz. Peter Bamm starb 1975 in der Schweiz.

Von *Peter Bamm* sind als Knaur-Taschenbücher erschienen:

»Anarchie mit Liebe« (Band 88)
»Die kleine Weltlaterne« (Band 105)
»Ex ovo« (Band 166)
»Adam und der Affe« (Band 272)
»Eines Menschen Zeit« (Band 417)
»Am Rande der Schöpfung« (Band 424)
»Ein Leben lang« (Band 596)
»Eines Menschen Einfälle« (Band 645)
»Die unsichtbare Flagge« (Band 3016)
»Frühe Stätten der Christenheit« (Band 3042)
»An den Küsten des Lichts« (Band 3195)
»Alexander oder Die Verwandlung der Welt« (Band 3223)
»Alexander der Große« (Band 3265)

und als Taschenbuch-Kassette mit 5 Bänden:

»Sämtliche Werke« (Band 451)

Vollständige Taschenbuchausgabe
Droemersche Verlagsanstalt Th. Knaur Nachf., München
© 1961 by Kösel-Verlag, München
Genehmigte Lizenzausgabe
Umschlaggestaltung von Gerhard M. Hotop
Gesamtherstellung Ebner Ulm
Printed in Germany   19   18   17   16   15
ISBN 3-426-03195-7

Peter Bamm:
An den Küsten des Lichts

Variationen über das Thema Aegaeis

Für Hedwig Conrad-Martius

»Deiner Inseln ist noch,
    der blühenden, keine verloren ...«

Inhalt

Das Meer der Meere	5
Der Löwe blickt gen Osten	12
Moses und Homer	21
Meditationen in einem Hafencafé	38
Ein kleiner Kontinent	48
Die Sesklo-Leute und der Dimini-Vorstoß	76
Das Antlitz Agamemnons	90
Störche, Schildkröten und Oleander	107
Milesische Horizonte	125
Grauer Fels und Weißer Turm	141
Die Insel der Ritter und der Rosen	157

Das Meer der Meere

Die Agaeis ist das Meer der großen Horizonte. Wenn Eos, die safrangewandete, rosenfingrige Göttin der Morgenröte, die alten Inseln, die blühenden, aus der Nacht heraufsteigen läßt, erhellt sie eine Bühne, auf der in der letzten Szene des letzten Aktes eines aeonenalten Erddramas die Geschichte der europäischen Kultur begonnen hat. Die Inseln der Aegaeis sind die Spitzen der Gebirge eines ins Meer versinkenden Landes.

Es ist oft genug gesagt worden, daß, gemessen an den Jahrmillionen der Erdgeschichte, die wenigen Jahrtausende, die wir den Menschen als geschichtliches Wesen kennen, nicht mehr als ein flüchtiger Augenblick seien. Dieser berühmte Vergleich ist zu naheliegend, um mehr als eine berühmte Banalität zu sein. Wir dürfen so bescheiden nicht sein. Man kann nicht die Jahre der Arbeit des Goldschmieds mit dem Augenblick vergleichen, in welchem dem König die Krone aufs Haupt gesetzt wird. Durch diesen einen Augenblick erst gewinnt die Mühe des Meisters ihren Sinn.

Der die Welt betrachtende und erforschende Geist hat Natur und Geschichte zum Gegenstand von Wissenschaften gemacht. Man sollte meinen, daß es die Aufgabe dieser Wissenschaften sei, danach zu forschen, welcher Sinn in Natur und Geschichte verborgen stecke. Kepler sagt im fünften Buch seiner ›Kosmischen Harmonie‹: »Indem ich mich darangemacht, dem menschlichen Verstande mit den Hilfsmitteln des geometrischen Kalküls in Gottes Schöpfungsweg Einblick zu verschaffen ...« Ranke beginnt seine Weltgeschichte mit der Epoche, in der die Pyramiden erbaut worden sind. Was vorher gewesen, sei »vom Schleier göttlichen Geheimnisses bedeckt«.

Die Naturforscher haben im Lauf der letzten hundert Jahre das Ziel, mit ihrer Forschung den Sinn im Geschehen der Natur zu entdecken, aus dem Auge verloren – Goldschmiede, die an einer Krone hämmern für einen König, den sie schon enthauptet haben. Warum eine Blume schön sei, ist keine wissenschaftliche Frage mehr.

Die Historiker haben den Sinn, der hinter dem Gegenstand ihrer Forschung stecken könnte, nicht aus dem Auge verloren. Aber seit langem machen sie bei weitem nicht so große Anstrengungen, diesen Sinn herauszufinden, als uns zu beweisen, daß es keinen gebe. Die Schönheit ist aus dem Reich der Naturwissenschaft verbannt worden. Der Sinn der Geschichte ist im Begriff, der Schönheit ins Exil zu folgen.

Unterdessen hat der Morgenwind sich aufgemacht. Die wieder-erwachte Brandung schäumt gegen die felsigen Küsten. Die über den Horizont heraufsteigende Sonne hat den Kynthos, den heiligen Berg des delischen Apollon, mit Gold übergossen.

Wenn wir verstehen wollen, warum bei den Griechen nur ein Gott der Urheber dieses Wunders sein konnte, müssen wir uns noch ein wenig mit der Problematik der Wissenschaften beschäftigen.

Die klassische Physik hat zu beweisen versucht, daß der Kosmos ein ununterbrochener Ablauf von mechanischen Ursachen und Wirkun-gen sei. Die Evolutionstheorie hat zu beweisen versucht, daß auch der Mensch eine Entwicklung gehabt habe, in der, bei den einzelligen Lebewesen beginnend, eine Kette von mechanischen Ursachen und Wirkungen über tierisch-menschliche Zwischenstufen zur Entste-hung des Homo sapiens geführt habe. Beide Versuche können als gescheitert betrachtet werden.

Man kann die Naturwissenschaft zwar von der Geschichtswissen-schaft trennen; aber das ist nur möglich, weil die Wissenschaft von einer Sache etwas anderes ist als die Sache selbst. Natur und Geschichte sind von Anfang an untrennbar ineinander verwoben. Eine Geschichtswissenschaft, deren Objekt von Gott geschaffen ist, muß notwendigerweise eine andere sein als eine Geschichtswissen-schaft, deren Objekt vom Affen abstammt.

Die Historiker, welche die Hypothese der klassischen Physik annah-men, gerieten in eine von hintergründiger Ironie überschattete Lage. Sie beschäftigten sich damit, nach dem Sinn eines geschichtlichen Geschehens zu forschen, das sich innerhalb eines Kosmos abspielte, der seinerseits in mechanischer Sinnlosigkeit ablief. Schon diese Lage war nicht sonderlich befriedigend. Unerträglich wurde sie, als die Evolutionstheorie so in Mode gekommen war, daß die Historiker der Frage, ob auch sie diese Theorie als eine Voraussetzung ihrer Wis-senschaft annehmen müßten, nicht länger ausweichen konnten. Die Historiker wählten einen Ausweg. Sie schufen eine beschreibende Geschichtswissenschaft, eine Morphologie der Kulturen. Der Ablauf der Kulturen wird in derselben Weise beschrieben, in der die Naturwissenschaft das Leben einer Pflanze beschreibt. Diese Art der Geschichtsschreibung hat mit der Frage, ob das historische Geschehen einen Sinn habe, so wenig zu tun wie die Frage, warum eine Blume schön sei, mit der modernen Naturwissenschaft zu tun hat. Metho-disch ist die Kulturmorphologie durchaus wissenschaftlich. Geistig beruht sie auf dem merkwürdigen Versuch, die Metaphysik, welche doch der wichtigste Gegenstand aller Kulturen und damit der historischen Forschung ist, aus ihren eigenen Voraussetzungen zu entfernen. Die heroischen Versuche, welche der Mensch in jeder Kultur unternimmt, das Geheimnis von Gottes Schöpfungsweg, das Geheimnis seiner eigenen Existenz zu ergründen, hält diese Wissenschaft einer Betrachtung für wert. Die Frage, ob es ein solches Geheimnis überhaupt gebe, stellt sie nicht.

So hat die Wissenschaft zu der Schönheit der Natur und dem Sinn der Geschichte auch noch des Menschen unsterbliche Seele ins Exil geschickt. Als die drei sich in der Fremde wiedersahen, stellte sich heraus, daß ihr Exil des Menschen wahre Heimat ist.

Unterdessen haben die Avantgardisten der Naturwissenschaft selbst schon die Evolutionstheorie, nachdem sie ihren Dienst getan hat, in jenem ehrwürdigen Museum angemeldet, in welchem die Gelehrten, zum höheren Ruhm der Forschung, die Wahrheiten von gestern aufheben. Die Historiker können, wenn sie mit den Ergebnissen der Naturwissenschaft Schritt halten wollen, künftighin nicht mehr die Geschichte dessen schreiben, der vom Affen abstammt. Wessen Geschichte also schreiben sie?

Die Sonne hat unterdessen den Zenit erreicht. Der Wind hat sich gelegt. In der Stille des Mittags breitet sich das Meer spiegelglatt in seiner eigenen Farbe, aquamarinblau, bis zum Horizont. Nur die Strömungen im Wasser sind in großen, in der Schattierung ein wenig wechselnden Bereichen in die flimmernde Fläche eingezeichnet. Mit weißem Gischt zerstäuben letzte kleine Brecher an den Klippen, die die felsigen Küsten säumen. Die Inseln sind in einen Schleier graublauen Dunstes gehüllt. Das Graublau wird mit wachsender Entfernung lichter. Aber immer sind, auch bei den fernsten Inseln, die sich vom Blau des Himmels nur eben noch abheben, die Konturen mit haarfeinen Linien in den Himmel gezeichnet. Delphine, die glänzenden Leiber in graziösem Spiel in die Sonne schnellend, nichts als Geschöpfe, ziehen durch das Wasser. Das Segel eines Fischerbootes hängt bewegungslos am Mast. Der Schrei einer Möwe, die sich in die Luft wirft, vollendet die Stille.

Apollon blickt hinab auf das von den bergigen Kykladen umgebene Delos, das einmal die heilige Mitte einer ganzen Welt gewesen ist. Auf dem kleinen, heute von Marmortrümmern bedeckten Felseneiland ragte der Tempel auf, in dem die Menschen ihm mit frommem Sinn ihr Opfer brachten.

»Denn es ruh'n die Himmlischen
gern an fühlenden Herzen . . .«

Welch ein Gedanke, den Hölderlin in diese Form gegossen hat! Nach der Genesis des Alten Testaments ist der Mensch nach dem Bilde Gottes erschaffen. Haben die Griechen ihre Götter nach dem Bild des Menschen geschaffen?

Die klassische griechische Götterwelt hat in der Vollkommenheit ihrer Schönheit unsere eigenen Klassiker so sehr fasziniert, daß sie sie für eine ideale Gegebenheit genommen haben. Die Erforschung der Frühzeit der griechischen Religion hat aber gezeigt, daß die vollkommene Schönheit dieser Göttergestalten eine lange, wechselvolle Geschichte hat. Die älteste Mythologie der Griechen ist von der gleichen unmenschlichen Furchtbarkeit wie die frühen Mythologien Vorderasiens. Uranos, der Himmel, verschlingt die Kinder, die er mit Ge, der Erde, gezeugt hat. Medusa, die schlangenhaarige, die aus einer Verbindung von Ge, der Erde, mit Pontos, dem Meer, stammt, zeugt mit Poseidon eine Nachkommenschaft, die wahrhaft schreckenerregend ist – Kerberos, den Höllenhund, die Lernäische Hydra, die männerverschlingende Thebanische Sphinx, den Nemeischen Löwen.

Dabei ist diese frühe mythologische Welt von einer eigentümlich gegensätzlichen Wertigkeit. Aus dem Blut der gleichen Medusa, die eine so schaurige Nachkommenschaft hatte, entspringt, als Perseus sie tötet, der Pegasos, das geflügelte Roß Bellerophons. Die gleiche Ge, aus deren Verbindung mit Pontos in der zweiten Generation Medusa stammt, bringt aus einer Verbindung mit Uranos ein Göttergeschlecht hervor, dessen dritte Generation Apollon und Artemis sind. Medusa ist also, im Licht der olympischen Genealogie betrachtet, eine Tante Apollons.

Die frühen mythologischen Ungeheuer sind bis in die historische Zeit hinein im Bewußtsein der Griechen lebendig gewesen. Herakles, der Heros, hinter dem sich ganz sicher eine geschichtliche Persönlichkeit verbirgt, tötet schließlich die meisten dieser Ungeheuer. Den Kerberos, den vielköpfigen Höllenhund ›mit der bronzenen Stimme‹, der den Eingang zur Unterwelt bewacht, bringt er gefesselt an die Oberwelt. Die frühe Mythologie der vorderasiatischen Religionen hat länger gelebt. Der Baalskult mit seinen Menschenopfern ist bis ins zweite vorchristliche Jahrhundert hinein die Religion der Phoiniker gewesen. Erst nach der Zerstörung Karthagos durch die Römer im Jahre 146 vor Christi Geburt konnte sich die hellenische Gesittung ungehindert über die ganze antike Welt verbreiten.

Immer wieder sind aus dem Osten neue Götter, neue Kulte, neue Religionen in die griechische Welt eingedrungen. Wie das Beispiel

Iphigenie zeigt, hat es auch bei den Griechen in frühen Zeiten Menschenopfer gegeben. Die Forschung macht es immer deutlicher, wie groß der Anteil asiatischer Götterkulte an der griechischen Religion gewesen ist. Die Bilder der klassischen griechischen Gottheiten lassen die älteren asiatischen Göttervorstellungen noch deutlich erkennen. Diese alten asiatischen Gottheiten sind dämonisch, monströs, menschenfern. Die olympischen Götter dagegen haben etwas in hohem Maße Menschliches. Sie sind großmütig, eifersüchtig, zornig. Sie überlisten einander. Sie freien einander. Sie treten in Liebesbeziehungen sogar zu sterblichen Menschen. Freilich, sie unterstehen nicht den griechischen Moralgesetzen. Denn andererseits sind diese Götter übermenschlich, unsterblich, geheimnisvoll, in ihren Entschlüssen unberechenbar, durch Opfer versöhnbar oder ewig unversöhnlich. Dabei sind sie, wie in der Ilias erzählt wird, doch sogar verwundbar! Durch die ganze griechische Götterwelt, durch die ganze griechische Religion schimmert etwas vom Glanz einer Wesenheit hindurch, welche hinter den Göttern steht und dem menschlichen Geist unerkennbar ist. Sie ist das höchste Geheimnis des Kosmos.

Den Heiligen und den Engeln in jenen hierarchischen Welten, die in der christlichen Religion zwischen Gott und dem Menschen ihren Platz haben, kommt das Merkmal der Vollkommenheit zu. Die griechischen Götter, die ihre olympische Herrschaft in dem Bereich ausüben, der sich zwischen der Welt der Sterblichen und jenem höchsten Geheimnis erstreckt, haben dieses Merkmal nicht.

Wenn der Mensch nach dem Ebenbild Gottes erschaffen ist, dann sind seine Maße göttlichen Ursprungs. Das gilt aber nur für die Zeit vor dem Sündenfall. Im Sündenfall hat der Mensch die Vollkommenheit verloren. Sollten sich die Griechen ihre Götter nach diesem unvollkommenen Maß geschaffen haben?

Die griechischen Götter sind mehr als nur eine zweite vergrößerte Garnitur Mensch. Die Welt der Olympier ist nicht nur eine Erweiterung, nicht nur eine poetische Überhöhung der Welt des Menschen. Ihr Reich grenzt auf der anderen Seite an das große Geheimnis jener höchsten Wesenheit, die auch die Schicksale der Götter bestimmt. Welch rätselhafter Zug ihres Wesens, daß sie überhaupt Schicksale haben! Die griechischen Götter und die griechischen Menschen sind beide nach einem tragischen Urmaß des Menschlichen gemacht, tragisch deswegen, weil es nicht das letzte, das endgültige, das wahre Maß ist, jenes Maß Gottes, das im Sündenfall verlorenging.

Eine Ahnung davon, daß des Menschen Maß von Gott kommt, ist tief im griechischen Bewußtsein verankert. Aus dieser Ahnung heraus wehrt sich der griechische Geist, der Geist eines seiner innersten Natur nach frommen Volkes, gegen die asiatischen Gottheiten, die in ihrer Monstrosität weder nach göttlichem noch nach menschlichem Maß gemacht sind. Die Griechen haben die Monstrosität Asiens, die sie als eine Bedrohung empfanden, immer von neuem bekämpft. Sie haben diese monströsen Gottheiten immer wieder, man möchte sagen in olympische Maße, umgeschmolzen. Es gab einen in der Sitte verankerten Kanon des Verhaltens gegenüber den olympischen Göttern. Wer im Übermut die Grenze überschritt, zog sich ihren Zorn zu. Für diese Art des Übermuts hatten die Griechen ein eigenes Wort, das Wort ›Hybris‹. Hybris konnte schon etwas sein, was zwar das Maß im Verhalten gegenüber den Göttern überschritt, aber noch nicht Gotteslästerung zu sein brauchte. Die Hybris wurde aber nicht nur von den Göttern bestraft. Die Griechen sind das einzige Volk der Geschichte, bei dem Hybris, Übermut gegenüber dem Schicksal, ein Verbrechen war, das vom Gesetz, und zwar mit Strenge, bestraft wurde.

Es ist eine niemals unterbrochene Anstrengung des schöpferischen Geistes der Griechen gewesen, dieser immerwährenden Bedrohung, der die griechische Gesittung durch die chthonischen, die dunklen Mächte der Tiefe ausgesetzt war, immer wieder entgegenzutreten, immer wieder die Anarchie, die am Grund der Welt schlummert und so leicht erwacht, zu überwinden. Die strenge Schönheit der frühen archaischen Plastik hatte kein ästhetisches Motiv. Sie war das magische Mittel, die dunklen, maßlosen Mächte der Tiefe zu bannen und die lichten, maßvollen Gottheiten der Oberwelt zu beschwören. Es ist eine alte aegaeische Überlieferung, die besonders deutlich in Kreta in Erscheinung tritt, daß die Aufstellung heiliger Symbole – der Doppelaxt, der Säule, des Stierkopfes – die Bedingung der Epiphanie, die Bedingung für das Erscheinen der Gottheit ist. Das Götterbild bei den Griechen ist nicht selbst ein Gott wie noch bei den Sumerern, sondern ein Träger der göttlichen Macht. Welches Mittel, die Gottheit zu beschwören, hätte wirksamer sein können als die Schönheit des vollkommenen Maßes!

Der Gedanke der Überlegenheit des Maßes über die Maßlosigkeit hat durch mehr als ein Jahrtausend hindurch die Kulturgeschichte bestimmt.

Woher stammt dieser Gedanke? Woher nahmen fünfzig Generationen die Kraft und die Standhaftigkeit des Geistes, in den maßlosen Wirren der Welt unbeirrbar am Maße festzuhalten? Man kann in der Geschichte der griechischen Mythologie verfolgen, wie dieser Gedanke sich durchsetzt, wie er von Jahrhundert zu Jahrhundert kräftiger wird, um schließlich ein Merkmal des hellenischen Lebens zu werden.

Als die Griechen an den Küsten des Lichts erschienen, stießen sie auf die alten Kulturen der Aegaeis. Was sie von diesen Kulturen übernommen haben, ist natürlich vor allem das gewesen, was ihnen gemäß war. Die Auswahl der Dinge, deren sie sich bemächtigten, beweist, daß sie zu diesem Zeitpunkt den Sinn für Maß schon besessen haben. Offenbar ist das eine alte indoeuropäische Begabung, die die Griechen aus ihrer ersten Heimat mitgebracht haben. Dieses Talent wird uns bezeugt durch das Löwentor von Mykenai, dessen Erbauer aus orientalischen Stilelementen das früheste uns erhaltene europäische Bauwerk auf griechischem Boden errichtet haben. In seiner Klarheit und seiner einfachen Größe ist es eines der bedeutendsten Werke der Weltarchitektur. Es wird uns das auch bezeugt durch die Goldfunde Schliemanns in den Königsgräbern, die das Löwentor bewachte. Freilich eben, die Griechen fanden, als sie auf die alten, reichen Kulturen an den Küsten der Aegaeis stießen, eine Fülle von Dingen vor, deren sich zu bemächtigen ihr Sinn für Maß sie reizen mußte. Unsere Kenntnis dieser vorgriechischen Kulturelemente der Aegaeis ist durch die Frühgeschichte in den letzten Jahrzehnten in erstaunlicher Weise erweitert worden.

Der Sinn für Maß, diese eigentümliche Begabung für Harmonie, gehört zum Wesen der griechischen Kultur. Er ist ein nicht weiter zurückführbarer Charakterzug des griechischen Menschen, der sich durch seine ganze Geschichte hindurch nicht geändert hat. Er ist das Vermächtnis des begabtesten Volkes der Geschichte an alle Kulturen, die nach ihm gekommen sind, und an eine jede künftige Kultur, die als solche wird auftreten können.

Das ist nicht die Behauptung eines Romantikers, der einer Welt nachtrauert, die durch Wissenschaft und Technik vernichtet worden ist. Gerade die moderne Physik ist es, die uns zeigt, daß der Mensch nicht in Widersprüche gerät, wenn er sein antikes Privileg, die Mitte der Welt zu sein, zurückfordert.

Die Welt ist, nach der Allgemeinen Relativitätstheorie, zwar grenzenlos, aber endlich. Wir leben nicht, wie die klassische Physik glaubte, in einem unendlichen euklidischen Raum. Wir leben in einem endlichen gekrümmten Raum. So ist auch die Masse der Materie, die nach Ansicht der heutigen Sternphysiker ursprünglich gleichmäßig im Weltraum verteilt gewesen ist, zwar sehr groß, aber nicht unendlich groß. Die Zahl der Bedingungen, welche die Voraussetzung für ein organisches Leben im Kosmos sind, ist so groß, daß es jenseits aller Wahrscheinlichkeit liegt, daß die endliche Zahl der möglichen Variationen von Himmelskörpern zu dem Zeitpunkt, als die Materie noch gleichmäßig im Raum verteilt war, die Möglichkeit einer Erde mehr als einmal enthalten hat. Das bedeutet, daß die Natur, die sonst so verschwenderische, sich zur Hervorbringung der Erde des sparsamsten möglichen Mittels bedient hat – eines einzigen Kosmos nämlich. Der für die Entstehung der Erde erforderliche Mindestaufwand war das Weltall. Der für die wenigen Jahrtausende der Historie erforderliche Mindestaufwand waren die Jahrmillionen der Erdgeschichte. So verbindet den Menschen noch mit den fernsten Spiralnebeln eine nicht nur physikalische, sondern eine durchaus humane Beziehung. Mindestens haben diese fernsten Sternkörper die Bedeutung, eine mathematisch-statistische Voraussetzung der Existenz des Menschen zu sein, und mindestens haben die Jahrmillionen der Erdgeschichte die Bedeutung, eine geologisch-biologische Voraussetzung der Möglichkeit von Geschichte zu sein.

Helios' Feuerwagen braust zum Okeanos hinab. Über dem Horizont schwimmen, mächtig geballt, weiße Wolkenschiffe, deren Ränder golden blitzen. Sie geben dem Gott das Geleit. Der Abendwind weht über das Wasser. Die Brandung beginnt wieder, ihr altes Lied zu singen. In brennendem Rot flammen noch einmal die Inseln, die blühenden, auf, ehe die Nacht ihre blauen Schatten über die Bühne breitet, auf welcher die Geschichte unserer Kultur begonnen hat.

Der Löwe blickt gen Osten

Die Kirche San Marco in Venedig ist in ihrem Kern eine Schöpfung des 11. Jahrhunderts. In derselben Epoche, in der die ersten romanischen Gotteshäuser entstanden, hat Venedig zu Ehren seines Stadtheiligen, des Evangelisten Markus, eines der letzten großen Bauwerke der byzantinischen Kunst errichtet. Die Romanik ist ein Anfang gewesen. Zum ersten Mal seit dem Untergang des Römischen Reiches kam das Gefühl der Einheit des zum Christentum bekehrten Europa in einem den ganzen Westen erfassenden architektonischen Stil zum Ausdruck. San Marco dagegen ist ein Ausklang. Mit der Pracht dieser Kirche verabschiedet sich der griechische Geist von den Küsten des westlichen Mittelmeers.

Für den Pilger der Kreuzzugszeit, der sich in Venedig nach dem Orient einschiffen wollte, war die Fassade von San Marco der erste Gruß des Ostens. Auf den östlichen Kaufmann, der in Venedig an Land ging, hat der Bau einen vertrauten Eindruck gemacht. Die Basilika der Zwölf Apostel in Konstantinopel, die das Grabmal Kaiser Konstantins des Großen barg, ist das Vorbild gewesen, nach dem die venezianische Kirche erbaut worden ist. Die sterblichen Überreste des Evangelisten Markus sind ursprünglich in einer Kirche in Alexandria beigesetzt gewesen. Aber es gab eine alte Legende, Markus sei, als er predigend die Küste der Adria von Hafen zu Hafen entlangzog, von einem Sturm zwischen die damals noch unbewohnten Inseln in der Lagune getrieben worden. Ein Engel sei erschienen und habe ihm verkündigt, daß an dieser Stelle mitten im Meer eine große Stadt zu seinen Ehren entstehen werde. Als nach der Eroberung Ägyptens durch die Araber die Markuskirche in Alexandria verfiel, fühlten sich die Venezianer berechtigt, die Gebeine des Jüngers Jesu nach Venedig zu holen. Das war im Jahre 828. Damals wurde für Markus zunächst eine kleine Holzkirche errichtet. Er wurde der Schutzheilige Venedigs. Der Löwe des Evangelisten wurde zum Wahrzeichen der Stadt.

Es gab in Venedig ein Gesetz, das jeden Venezianer verpflichtete, von Handelsfahrten oder Kriegszügen nach dem Orient eine Kostbarkeit zum Schmuck von San Marco mitzubringen. Die großartigste dieser Kostbarkeiten ist das Gespann der vier gewaltigen Bronzepferde, die von der Empore des Gotteshauses auf die Piazza herabblicken. Dieses Viergespann ist von Kaiser Theodosius am Ende des 4. Jahrhunderts aus Chios nach Konstantinopel gebracht worden. Es hat dann den Hippodrom im kaiserlichen Byzanz geschmückt, bis es 1204 von Venedig geraubt wurde. Aber Habgier und Kunstverstand, diese für große Handelsherren so charakteristische Mischung, haben das Meisterwerk eben nicht nur geraubt, sondern auch gerettet. Es ist das einzige Viergespann aus der Antike, das uns erhalten geblieben ist. Aus welcher Werkstatt es stammt, weiß man nicht genau. Das venezianische Gesetz jedenfalls hat erreicht, daß die prächtigste orientalische Kirche, die es heute auf der Welt gibt, nicht im Orient, sondern im Okzident steht. In späteren Zeiten dann, als die byzantinische Pracht San Marcos von der gotischen Strenge des Palazzo Ducale und den gelassenen Harmonien der Renaissancefassaden umrahmt war, brauchte die Stadt im Meer sogar den Vergleich mit dem Glanz der Residenz am Goldenen Horn nicht zu scheuen. Dieses Venedig, ob es Handel trieb oder Krieg führte, ob es neue

Kunstwerke schuf oder alte plünderte, ob es räuberisch eroberte, glänzend verwaltete oder heldenmütig verteidigte, hat immer eine Mittelstellung zwischen Ost und West eingenommen. Der bronzene Löwe, der von seiner Säule auf der Piazzetta aufs Meer hinaus gen Osten blickt, stammt aus Persien. Der heilige Theodor, der auf seinem Krokodil auf der Säule daneben steht, ist in Kleinasien geboren. Er ist der Vorgänger des Evangelisten Markus als Schutzheiliger Venedigs. Er ist ein gewöhnlicher Soldat gewesen. Unter Kaiser Maximian wurde er nach dem Pontus geschickt. In Amasia hat er, ein frommer Herostratos, den Tempel der Kybele, der alten Muttergöttin Asiens, in Brand gesteckt. Dieser Tat wegen erlitt er den Märtyrertod. Sein Kult wurde von griechischen Söldnern nach Rom und Venedig gebracht. Eine Reliquie des Heiligen wird noch heute in San Marco aufbewahrt. Auch hat es seinen guten Sinn, daß es am Ende des 13. Jahrhunderts ein Venezianer gewesen ist, der am weitesten von allen Europäern nach Osten vorgedrungen ist – Marco Polo, der bis an den Hof des Mongolenkaisers Kublai Khan in Peking gelangte. Und selbst wir heute noch, wenn wir uns nach Athen oder Konstantinopel begeben wollen, gehen in Venedig an Bord. Aber zunächst einmal geht man in dieser Stadt natürlich an Bord einer Gondel.

Es ist ein heißer Tag gewesen. Im Westen, im Okzident, verglüht das Abendrot. Vom Osten, vom Orient her, senkt sich gelassen die Nacht hernieder. Wie überall im Süden erwacht um diese Zeit das Leben aus der Lethargie der Tageshitze zur lärmenden Heiterkeit der Abendbrise, die vom Meer her Kühlung bringend die Stadt durchweht und das Wasser des Canal Grande zu kleinen Wellen kräuselt. In den Wellen glitzern die Lichter der Stadt. Die Sterne sind klein und fern.

Geschickt steuert der Gondoliere sein Boot durch den Verkehr. Er steht auf dem Heck. Ein einziges Ruderblatt genügt ihm zum Rudern und zum Steuern. Das Boot liegt immer ein wenig geneigt und etwas schräg zu seiner Fahrtrichtung im Wasser. Die Gondel ist eine Spur schneller, als ein Fußgänger geht. Dieses so humane Tempo ruft das eigentümliche Gefühl hervor, daß man die Zeit überhole.

Nach wenigen Minuten biegt unser kräftiger Freund in einen kleinen Seitenkanal ein. Noch ein Ruderschlag, und die Welt ist verwandelt. Über dem nur spärlich erleuchteten Kanal funkeln die Sterne wieder. Irgendwo hinter den hohen Dächern scheint der Mond. Mit seinem Licht verhüllt er, noch immer ein zärtlicher Liebhaber der Königin der Meere, die Verwitterung, die Häßlichkeit der

14

Bretter in den Fensterhöhlen, den Rost der schmiedeeisernen Balkongitter, diese ganze Melancholie des Verfalls. Mächtig ragen die Paläste zum nächtlichen Himmel auf. Von Zeit zu Zeit nennt der Gondoliere einen der großen Namen, die im Libro d'Oro, dem Goldenen Buch der Patrizier von San Marco, verzeichnet sind. Von Zeit zu Zeit leuchtet, ein wenig unheimlich, im Tor eines Palastes eine trübselige Lampe auf. Der Blick fällt in eine marmorgeschmückte Eingangshalle, deren Gewölbe von Säulen getragen wird. Während das Wasser mit müdem, schlappendem Geräusch gegen die Dückdalben schlägt, stellt man sich vor, wie auf einmal diese Eingangshalle von Fackeln erleuchtet wird, mit denen herbeieilende Diener die von einem Maskenball heimkehrende Herrin des Hauses empfangen.

Alle diese Paläste waren heimliche Festungen, streng vergittert und grimmig bewacht. Es waren die Bastionen der Herrschaft einer Oligarchie, deren Mitglieder, einig nur darin, über das Volk zu herrschen, untereinander erbitterte Fehden um die Macht führten, während sie gleichzeitig selber von der Macht des ›Rates der Zehn‹ bedroht waren, der Signoria mit ihrer eigenen Geheimpolizei und ihren eigenen unerforschlichen Ratschlüssen.

Der Hintergrund der Atmosphäre dieser Stadt im Wasser, dieser Atmosphäre stummer Macht mit ihren immerwährenden Bedrohungen, war überstrahlt von der Pracht unermeßlicher, aus der ganzen Welt zusammengetragener Schätze, vom Glanz rauschender Feste und von der Schönheit der Schöpfungen der ersten Künstler Italiens. Carpaccio, Giorgione, Tizian, Veronese, Sansovino, Tintoretto haben in Venedig gelebt und gearbeitet.

Auf die Spuren dieses Venedig stößt man an vielen Küsten. Auf der Höhe seiner Macht während des 13. und 14. Jahrhunderts beherrschte Venedig die Inseln und Küsten der Adria, die Inseln des Ionischen Meeres, im Aegäischen Meer Kreta, die Kykladen, die Sporaden und einen Küstenstreifen in Thessalien. An den Küsten des Marmarameers und des Schwarzen Meers hatte Venedig zahlreiche Stützpunkte. Dazu kamen Niederlassungen in allen Häfen Syriens und bedeutende Handelsprivilegien in Ägypten. Venedig hatte über die griechische Welt den Löwen von San Marco gesetzt. Es wird nützlich sein, über die Stadt im Meer noch ein wenig nachzudenken. Dieser Aufgabe sich zu widmen, kann es keinen geeigneteren Platz geben als das Café Florian auf der Piazza San Marco. Es ist ein markanter Punkt auf der Landkarte Europas. Fast alle bedeutenden Männer der letzten hundert Jahre haben einmal an einem seiner

Marmortische gesessen und meditiert. Ein wenig vom Flair des alten Caféhauses aus der Mitte des 19. Jahrhunderts hat man unter den Arkaden der Prokuratien pietätvoll bewahrt. Lassen auch wir uns nieder – à la recherche du temps perdu!

Die Demarkationslinie, die das östliche vom westlichen Mittelmeer, den Orient vom Okzident trennt, geht mitten durch meinen Marmortisch hindurch. Ich erwäge einen Augenblick die Tatsache, daß im Herbst 1882 an einem dieser Marmortische Richard Wagner sein ›Schälchen Heißen‹ geschlürft hat, nachdem er während des Sommers die ersten sechzehn Aufführungen des ›Parsifal‹ in Bayreuth dirigiert hatte. Ob wohl der Meister aus Dresden mit der Weltoffenheit, die dem sächsischen Genie eigen ist, sich darüber Gedanken gemacht hat, daß San Marco schon hundert Jahre stand, als die keltische Sage vom Heiligen Gral durch Chrétien de Troyes und Wolfram von Eschenbach zum ersten Mal aufgezeichnet wurde? Dabei ist diese Kirche nach einem Vorbild erbaut worden, das noch einmal über ein halbes Jahrtausend älter war!

Wie alt ist Venedig?

Vom Westen aus gesehen ist es eine alte Stadt. Als Venedig seinen ersten Dogen wählte, wurde gerade das Kloster Salzburg auf den Ruinen einer von den römischen Legionen vor langer Zeit verlassenen Stadt gegründet, während der heilige Bonifatius sich aus England aufmachte, unsere Väter zu lehren, was seit siebenhundert Jahren die Welt bewegte.

Vom Orient aus gesehen ist die Stadt jung. Als Venedig sich aus den Lagunen zu erheben begann, hatte Rom schon seit dreihundert Jahren aufgehört, die Hauptstadt des Römischen Reiches zu sein. Als San Marco erbaut wurde, war aus dem Tempel auf der Akropolis, wo die Göttin Athene mehr als ein Jahrtausend lang verehrt worden war, eine christliche Kirche geworden. Übrigens geschah es zu der Zeit, als die Venezianer mit dem Ritterheer des Vierten Kreuzzuges von Galata aus Konstantinopel bedrohten, daß bei einem Aufstand in der Stadt der Mob die von Pheidias geschaffene Goldelfenbeinstatue der Athene in Stücke schlug. Bis dahin hatte sie auf dem Forum von Byzanz gestanden. Der Grund, warum der Pöbel das Götterbild attackierte, war, daß Athene nach Westen blickte und mit ihrem ausgestreckten Arm die Eindringlinge einzuladen schien. Und eine venezianische Kanone ist es gewesen, aus der ein Leutnant aus Lüneburg die verhängnisvolle Granate abgefeuert hat, die das türkische Pulvermagazin im Parthenon in die Luft sprengte. Mit dieser Explosion sank der schönste der griechischen Tempel in Trümmer.

Sicherlich hat der Richtkanonier als Belohnung für diesen Meisterschuß eine Flasche Rum bekommen. Es war Freitag, der 26. September 1687, 7 Uhr abends.

Die erste Erwähnung Venedigs findet sich in einem Brief des Cassiodorus aus dem Jahre 523 nach Christi Geburt. Cassiodorus, Historiker, Staatsmann und Mönch, war der Chef des Zivilkabinetts Theoderichs des Großen. Venedig bestand damals aus einem Dutzend kleiner Fischerdörfer, die, wie Cassiodorus sich ausdrückt, wie Seevogelnester auf dem Wasser schwammen. Der erste Doge, Paolo Lucio Anafesto, wurde 697 nach Christi Geburt vom Kaiser ernannt. Von 726 an wurden die Dogen gewählt. Die Geschichte der Macht und Größe Venedigs fängt mit Salzfisch an und endet mit der Entdeckung des Kaps der Guten Hoffnung durch den portugiesischen Seefahrer Bartholomëu Diaz de Novães.

Papst Gregor II., der von 715 bis 731 auf dem Stuhle Petri saß, war ursprünglich ein loyaler Anhänger des Oströmischen Reiches gewesen. Zu seiner Zeit herrschte Byzanz noch über Rom, Ravenna und Teile Italiens. Später geriet Gregor mit Kaiser Leo dem Isaurier in Streit. Es waren zwei Punkte, die den Sinneswandel des Papstes herbeigeführt hatten. Er fand die Steuern der byzantinischen Majestät zu hoch, und er war Gegner der kaiserlichen Parteinahme für die Ikonoklasten, die Bilderstürmer. Damals gerade hatte diese östliche Bewegung, die den Gebrauch von Bildern in der Kirche verwarf, begonnen.

Um Byzanz einen Schlag zu versetzen, forderte Gregor den Langobardenkönig Liutprand auf, Ravenna zu besetzen. Das tat der König. Doch dann nahm er sich sogleich noch ein Stück der päpstlichen Besitzungen hinzu. In der Politik ist vornehme Gesinnung kaum je eine gängige Währung gewesen. Diesmal freilich sollte die schlechte Manier den Langobardenkönig teuer zu stehen kommen.

Gregor III. entschloß sich, die Franken zu Hilfe zu rufen. Dieser Entschluß hat für Jahrhunderte die Geschichte Europas bestimmt. Durch den Sieg bei Poitiers über die Araber im Jahre 732 war Karl Martell der mächtige Beschützer der Kirche nördlich der Alpen geworden. Nun warteten die Franken darauf, diese Rolle auch in Italien zu übernehmen. Pippin, der jüngere Sohn Karl Martells, eilte auf den Ruf des Papstes freudig herbei, besiegte Liutprand und nahm den Titel eines Königs von Italien an. Als solcher forderte er die Venezianer auf, sich zu unterwerfen. Und nun geschah etwas ganz Unglaubliches. Dieser kleine Haufen von Seevogelnestern bot den Franken Trotz und erklärte sich für den Kaiser in Byzanz.

Man muß sich die Lage Venedigs in diesem Augenblick vorstellen, um zu begreifen, wie tapfer dieser Trotz einer Handvoll armer Fischer war. Nur aus der Legende konnten sie etwas von der Zukunft ahnen, die aus ihrer Liebe zur Freiheit erblühen sollte. An den gegenüberliegenden Küsten des Festlandes, nahe genug, um den Rauch seiner zahlreichen Lagerfeuer erkennen zu können, lag der Feind, der soeben seinen großen Sieg über die Langobarden errungen hatte, und fern da hinten, irgendwo an der Küste des Marmarameers, nur in tagelanger gefährlicher Seefahrt zu erreichen, lag Byzanz.

Der Preis der Freiheit ist immer hoch gewesen. Wer nicht sein Leben für sie aufs Spiel zu setzen bereit ist, geht ihrer bald verlustig. Dafür ist die Liebe zur Freiheit die stärkste Waffe des Menschen in dem alten Kampf um seine Würde. Die Venezianer besaßen die Liebe zur Freiheit, und sie hatten den Salzfisch. Am Rialto war das Glück auf seiten des Salzfischs.

Pippin griff das an, was damals Venedig war; aber eben, er hatte kein Glück. Die Venezianer hatten bei Beginn des Angriffs die Zisternen voll Regenwasser. Quellen gab es in Venedig damals so wenig wie heute. Die Nahrung der Venezianer war getrockneter Salzfisch, dem die Sommerhitze nichts anhaben konnte. Pippin und seine Männer hingegen wurden durch diese Hitze, die Mosquitos in den sumpfigen Lagunen und die von den Mosquitos übertragene Malaria, den Durst, die unzulängliche Versorgung des Heeres mit Nahrungsmitteln und die verzweifelte Hartnäckigkeit der Venezianer gezwungen, die Belagerung aufzugeben und sich wieder auf das Festland zurückzuziehen. Die Freiheit war gerettet. Die Taufpaten dieser Freiheit waren zwei Kaiser. In einem feierlichen, im Jahre 810 abgeschlossenen Vertrag zwischen Kaiser Karl dem Großen und Kaiser Nikephoras von Byzanz wurde Venedig als Teil des Oströmischen Reiches anerkannt. Durch ihre Tapferkeit hatten sich die Venezianer den nahen Herrn im Okzident vom Hals geschafft. Ihrer Klugheit machte der ferne Herr im Orient keinen Kummer. Den Salzfisch aber, der so viel zur Freiheit beigetragen hatte, begannen die Venezianer nunmehr zu exportieren. Der unerhörte Reichtum, zu dem Venedig emporsteigen sollte, hat bescheiden angefangen.

Als die Kreuzzüge begannen, war Venedig schon eine Seemacht. Mit jedem Kreuzzug wuchsen der Herrschaftsbereich, die Privilegien und der Handelsumsatz der Stadt. Venedig begann, auswärtige Besitzungen zu erwerben. So wurde allmählich dieser immer mächtiger werdende Staat eine Drohung, zunächst für den großen Rivalen

Genua, schließlich aber auch für Konstantinopel selbst. In mehreren furchtbaren Kriegen wurde Genua besiegt. Schließlich gelang auch der Sieg über Byzanz. Aber dieser Sieg ist es gewesen, der den Sieger endlich ins Verderben gestürzt hat.

Um die Mitte des 12. Jahrhunderts soll es in Konstantinopel ungefähr zweihunderttausend Venezianer gegeben haben. Ihr Hochmut und ihre Unbotmäßigkeit riefen den Groll Kaiser Manuels hervor. Ihr Reichtum verführte ihn dazu, das Quartier der Venezianer zu schließen, ihnen den Handel zu verbieten und ihre Vermögen zu beschlagnahmen. Der ständige Abfluß von gemünztem Gold nach dem Fernen Osten zur Bezahlung der Luxusimporte von Seide und Spezereien aus Indien und China hatte zu einer Inflation geführt. Seit Jahrhunderten litt die byzantinische Staatskasse Not.

Für die Venezianer war es ein harter Schlag, dessen offensichtliche Ungerechtigkeit es ihnen nicht leichter machte, ihn zu ertragen. Enrico Dandolo, der spätere Doge, war zur Zeit dieses Ereignisses neunundfünfzig Jahre alt. Vierunddreißig Jahre lang wartete er auf Rache. Aber Rache, fürwahr, ist die kurzsichtigste aller Leidenschaften.

Im Jahre 1202 hatte sich das Heer des Vierten Kreuzzuges in Venedig versammelt. Etwa 35 000 Ritter und Gefolgsleute mit 5000 Pferden lagerten damals auf dem Lido. Die Kreuzritter vermochten den zwischen dem Grafen Geoffroy de Villehardouin und der Stadt Venedig vereinbarten Preis von 85 000 Kölnischen Silbermark für den Schiffstransport nach Syrien nicht aufzubringen. Der Doge Dandolo benutzte diese Lage zu einer Erpressung. Er sicherte den Kreuzfahrern zu, ihnen den Betrag zu stunden, wenn sie sich dazu entschlössen, die dalmatinische Stadt Zara für Venedig zu erobern. Dandolos Absicht dabei war, Ungarn, das Zara vor kurzem in Besitz genommen hatte, wieder von der Adriaküste zu vertreiben. Die Kreuzfahrer ließen sich auf diesen Handel ein. Papst Innozenz war so erzürnt darüber, daß die zu einem Kreuzzug versammelten Christen sich zu einem Angriff auf Ungarn, das eine christliche Macht war, hergegeben hatten, daß er das ganze Heer mit der Exkommunikation bestrafte.

Aber der Zwischenfall von Zara war erst der Anfang der Intrigen Dandolos. Durch unendliche Listen brachte er es dazu, daß das Kreuzfahrerheer sich nach Konstantinopel einschiffte. Dandolo, der damals dreiundneunzig Jahre alt war, hatte nichts im Sinn als die Erweiterung der Macht Venedigs. Dieses Ziel war ihm sogar die Vernichtung von Byzanz wert. Aber die Schlauheit eines Fuchses wird nicht deshalb zur Weisheit, weil der Fuchs alt geworden ist. Vierhundert Jahre Besitz der Macht hatten die Venezianer für Weisheit verdorben. Es gelang Dandolo, die Kreuzfahrer im Jahre 1204 dazu zu bewegen, Konstantinopel anzugreifen und zu erobern.

Diese Heldentat ist zugleich eine der größten Barbareien und eine der erstaunlichsten Dummheiten der neueren Geschichte. Sie war der Anfang vom Untergang des griechischen Geistes in der Welt.

Byzanz wurde geplündert. Diese Kreuzfahrer müssen eine merkwürdige Gesellschaft gewesen sein. Sie hatten das Gelübde getan, gegen die Ungläubigen zu kämpfen und die heiligen Stätten in Palästina von ihnen zu befreien. Für dieses Ziel waren sie bereit, unendliche Strapazen auf sich zu nehmen und sogar den Tod zu erleiden. Aber in Konstantinopel haben sie mit Mord und Brandschatzung gegen ihre christlichen Glaubensgenossen schlimmer gewütet, als die Türken es jemals fertigbringen sollten. Dieselben Menschen, deren Gläubigkeit die Wunder der romanischen Baukunst geschaffen hat, haben in Byzanz Werte zerstört, die zu den größten Schätzen der Welt gehört haben. Was neunhundert Jahre gesammelt hatten, wurde in wenigen Tagen vernichtet.

Die Zerstörung hat die Kirchen ebenso betroffen wie die Paläste und die Bibliotheken. Unübersehbares, Unersetzbares ist damals verlorengegangen, insbesondere auch an Manuskripten antiker Schriftsteller. Es ist nur ein geringer Trost, daß einige dieser Kostbarkeiten in den Westen gelangt sind und sowohl auf die Kunst als auch auf die Geistesgeschichte eine breite Wirkung ausgeübt haben.

Die Zerstörung der Werke der ältesten Kultur der Zeit war die eine Folge der sinnlosen Eroberung. Eine weitere Folge war, daß zufolge der Verbitterung der Griechen über die Schändlichkeiten der westlichen Kreuzfahrer das Schisma von 1054, die Trennung der Christenheit in eine östliche und eine westliche Kirche, vollständig, endgültig und unheilbar wurde. Am schlimmsten aber waren die politischen Folgen des von Venedig so leichtfertig unternommenen Abenteuers.

Das griechische Kaisertum wurde zwar, nach einem verhältnismäßig kurzen lateinischen Interregnum, wiederhergestellt. Aber die Eroberung Konstantinopels durch die Kreuzritter hatte das Oströmische Reich so geschwächt, daß es nicht mehr die Kraft besaß, den Türken auf die Dauer wirksamen Widerstand zu leisten. 1453 fiel Konstantinopel in die Hand der Osmanli. Zugrunde gerichtet worden ist Byzanz von demselben Europa, das nur unter seinem Schutz überhaupt hatte entstehen können.

Zwischen den Osten und das Mittelmeer schob sich das neue Welt-
reich. Mehr und mehr blockierten die Türken den Handel mit Per-
sien, Indien und dem Fernen Osten. Und als dann noch das Kap der
Guten Hoffnung und damit der Seeweg nach Indien 1488 von den
Portugiesen entdeckt wurde, war das Schicksal Venedigs besiegelt.
Die einst so heldenhaft erkämpfte Freiheit wurde schließlich von
Napoleon I. in Campoformio mit einem Federstrich beseitigt.
Die Piazza San Marco ist leer geworden. Das Volk des Südens ist
schlafen gegangen. Der Mond hat die Bronzepferde in drohende Sil-
houetten verwandelt. Während der Löwe von San Marco gelassen
über die Wellen blickt, die der Wind aus dem Osten über die Lagune
gegen die Kaimauer der Piazzetta treibt, wollen wir noch einen
Augenblick bei dem Gedanken verweilen, um wieviel schöner die
Welt wäre, wenn Europa sich die Mühe gemacht hätte, nicht erst
Wien, sondern schon Konstantinopel vor der Eroberung durch die
Türken zu bewahren. Niemals hätte es ein türkisches Pulvermagazin
im Parthenon gegeben, und noch heute müßte jeder europäische
Student, der den Ehrgeiz hätte, in den Geist der Antike einzudrin-
gen, einige Semester an der Universität Byzanz studieren. Aber
offenbar muß Europa immer erst in den Zustand äußerster Gefahr
geraten, ehe es sich entschließt, das zu tun, was notwendig ist, um
am Leben zu bleiben.

Moses und Homer

Um die Wende vom 13. zum 12. Jahrhundert vor Christi Geburt
hätte die Spanne eines Menschenlebens genügt, um in der Jugend
den Auszug der Kinder Israels aus Ägypten, im Alter den Trojanischen Krieg zu erleben. Ob es einen Menschen gegeben hat, der
Augenzeuge beider Ereignisse gewesen ist? Der zeitliche Abstand
zwischen dem biblischen und dem klassischen Geschehen ist nicht
größer als der zwischen der Französischen Revolution und der
Schlacht von Waterloo.
Die Szene, wie Moses vor Troia vom hohen Bug eines der an Land
gezogenen Schiffe den staunenden Achaiern die Zehn Gebote verkündet, wäre auf jeden Fall wert gewesen, von Homer geschildert zu
werden. Sicherlich hätte Odysseus zu dieser Predigt gelächelt. Er ist
immer Pazifist gewesen. Achilleus hätte kein Wort verstanden. Wir
können uns zwar ganz gut einen phoinikischen Kaufmann vorstellen, der, nachdem er sich in seinen jungen Jahren an dem von den

Juden in Ägypten zurückgelassenen Besitz bereichert hatte, in seinen alten Tagen der achaischen Belagerungsarmee vor Troia Waffen, Wein und Lebensmittel lieferte. Der Handel dieser Epoche hat größere Entfernungen überwunden als die zwischen dem Golf von Suez und den Dardanellen. Aber Moses vor Troia wäre ein Ereignis gewesen, das zu dieser Zeit noch keinen Sinn gehabt hätte. Was im Pentateuch berichtet wird, sollte seine Bedeutung für die Welt, deren Anfänge Homer beschreibt, erst zu einem späteren Zeitpunkt bekommen. Es bedurfte eines ganzen Jahrtausends, ehe griechische Philosophen und jüdische Propheten die Welt so weit verwandelt hatten, daß ein toleranter Nachfahr des Achilleus, König Alexander von Makedonien, im Tempel Jahwes Opfer darbringen ließ, und tolerante Nachfahren Mosis, gelehrte Rabbiner in Alexandria, der hellenischen Welt die Weisheit des Alten Testaments in griechischer Sprache vorlegten.

Troia und Sinai haben mehr miteinander zu tun, als es auf den ersten Blick scheinen mag. Man kann auch nicht mehr sagen, daß es im 13. Jahrhundert vor Christi Geburt keine Berührungspunkte zwischen Achaiern und Juden gegeben habe. In einer kleinen Schrift ›Homer und die Bibel‹ unternimmt Cyrus H. Gordon den Versuch zu beweisen, daß in den Darstellungen des heroischen Zeitalters der Hebräer im Alten Testament und der Griechen in Ilias und Odyssee eine beiden gemeinsame ostmediterrane literarische Überlieferung in Erscheinung trete. Zur Unterstützung der Annahme, daß es eine solche ostmediterrane Grundüberlieferung gegeben habe, dienen ihm Entdeckungen, die bei der Entzifferung der in Ugarit gefundenen Literatur gemacht worden sind. Das nördlich von Beirut an der Küste gelegene Ugarit ist phoinikisch gewesen. Es ist um 1200 vor Christi Geburt zerstört worden, um die gleiche Jahrhundertwende also, zu der Exodus und Trojanischer Krieg stattgefunden haben. Gordon weist eine Fülle von Analogien in der Darstellung von Gebräuchen des heroischen Zeitalters bei den Juden und bei den Achaiern nach. Zwei charakteristische Beispiele seien zitiert.

Solange Moses den ›Stab Gottes‹ emporhielt, siegten die Kinder Israels. Wenn er ihn sinken ließ, siegte Amalek. In gleicher Weise sicherte Apollon einen Sieg der Troer, indem er die ›Aegis‹ hochhielt, den Schild des Zeus mit dem von Hephaistos geschmiedeten Haupt der Gorgo.

Ein großes Blutbad zwischen zwei Heeren dadurch zu vermeiden, daß zwei hervorragende Helden miteinander kämpfen und die Heere Sieg oder Niederlage der Zweikämpfer jeweils für sich anerkennen, kommt ebenso in der Bibel wie bei Homer vor. In der Ilias fordert Menelaos den Paris zu einem Zweikampf heraus, der den Krieg entscheiden soll. In der Bibel nimmt David die Herausforderung Goliaths an.

Viele Beispiele dieser Art sind bekannt und in der Literatur auch immer wieder erwähnt worden. Sieht man sie aber einmal mit denen zusammengestellt, die sich bei einer systematischen Durchforschung beider Quellen nach solchen Ähnlichkeiten noch finden lassen, ist das Resultat ebenso überraschend wie überzeugend. Gordon bringt über hundert Beispiele. Das ist mehr, als durch Zufall oder durch die Annahme, daß dasselbe zweimal an verschiedenen Orten entstanden sei, erklärt werden kann. Seine These ergänzt und erweitert Gordon durch weitere Beispiele aus der ugaritischen Literatur. Das Ergebnis seiner Forschungen faßt er in der Feststellung zusammen: »Wir können nicht länger bei der Annahme bleiben, daß Griechenland das hermetisch versiegelte ›Olympische Wunder‹ sei, noch können wir fürderhin Israel als das im Vakuum schwebende ›Wunder vom Sinai‹ betrachten. Es ist richtiger, die griechische und die hebräische Zivilisation als Parallelerscheinungen zu betrachten, die aus dem gleichen ostmediterranen Zivilisationsbereich heraus sich entwickelt haben.«

Den Gelehrten von Alexandria und später denen von Byzanz war Moses ebenso vertraut wie Homer. Das gleiche gilt für die Renaissance, die damit begann, daß das christliche Mittelalter die griechische Antike wiederentdeckte. Erst im Zeitalter der Aufklärung haben sich im Bewußtsein der Gebildeten biblisches und klassisches Geschehen voneinander getrennt. Innerhalb der Universitas des 19. Jahrhunderts schließlich, in der die Theologische Fakultät den Pentateuch entmythologisierte, die Philosophische Fakultät den Verfasser der Ilias für wissenschaftlich nicht existierend erklärte und die Naturwissenschaftliche Fakultät auf Glauben und auf Bildung verzichtete, hatten Moses und Homer nichts mehr miteinander zu tun. Im Zeitalter des Atoms sind sie sich wieder ein wenig nähergekommen.

Es scheint ungenau, den Trojanischen Krieg mit Homer gleichzusetzen. Als Homer geboren wurde, gab es schon seit ein paar hundert Jahren keine Achaier mehr. Es liegt aber hier die entzückende Paradoxie vor, daß die poetische Darstellung des Ereignisses eine größere geschichtliche Wirkung gehabt hat als das Ereignis selbst. Mit Homers Trojanischem Krieg hat eine Epoche begonnen, die noch nicht zu Ende ist. Die Verse, die der Dichter vom Zorn des Achilleus gesungen hat, haben in der Welt gewirkt, haben die Welt verändert, bis in unsere Tage hinein.

Xerxes opferte vor seinem Übergang über den Hellespont der Athene von Troia tausend Ochsen. Alexander der Große veranstaltete, nachdem er die Meerenge in der umgekehrten Richtung überschritten hatte, in Ilion mehrere Tage dauernde Kampfspiele. Damals wurde noch der Schild des Achilleus im Tempel gezeigt. Übrigens führte Alexander in seinem Brotbeutel ein von Aristoteles korrigiertes Exemplar der Ilias immer bei sich.

Caesar hat erwogen, Ilion zur Hauptstadt der Welt zu machen, und Konstantin der Große hatte, ehe er sich für Byzanz entschied, in Troia sogar schon zu bauen begonnen. Die Römer führten ihre Abstammung auf die Troer zurück. Noch das ganze Mittelalter hindurch galt eine Herkunft aus Troia als der glänzendste Anfang einer Ahnenreihe.

Das tatsächliche Geschehen des Trojanischen Krieges dagegen hat in der griechischen Geschichte keine besonderen historischen oder politischen Folgen gehabt. Der gewaltige, über die Welt hallende Ruhm der Eroberung Troias hat nichts daran zu ändern vermocht, daß schon kurz nach diesem Sieg die Königreiche der Achaier von über Hellas hereinbrechenden Eroberern überwältigt wurden. Wir hören noch von den Söhnen der Könige – von Agamemnons Sohn Orestes, von Achilleus' Sohn Neoptolemos, von Odysseus' Sohn Telemachos. Aber dann bricht die Überlieferung ab. Die mykenische Kultur verschwindet von der Oberfläche der Geschichte. Nur in der Erinnerung der Besiegten lebt sie weiter, bis nach langer, langer Zeit die Poesie ihren Glanz neu erstrahlen läßt.

Wie lange alte Überlieferungen eines Volkes in der Verborgenheit der Erinnerung lebendig bleiben können, hat Luschey einmal in einer eleganten Arbeit gezeigt. Alte archaische Bildzeichen, die aus einer seit Jahrhunderten verschollenen dämonischen Welt stammten, treten plötzlich in der attischen Grabmalkunst des 4. Jahrhunderts wieder auf.

Die Überlieferungen vom Sinai und vom Trojanischen Krieg haben die dreitausend Jahre, die zwischen uns und den Ereignissen liegen, auf eine sehr unterschiedliche Weise überdauert. Die biblische Überlieferung ist sehr genau und war niemals ernsthaft bedroht. Die klassische Überlieferung ist vielen Einflüssen ausgesetzt, vielen Veränderungen unterworfen gewesen. Sie ist ziemlich ungenau, und zeitweise war sie sogar höchst gefährdet. Es ist fraglich, ob wir heute noch einen griechischen Homertext besäßen, hätte sich nicht der lateinische Westen auf die griechische Tradition Europas besonnen, bevor das Byzantinische Reich unterging. Noch Petrarca hatte einem jungen Schüler abgeraten, in Byzanz griechische Literatur zu studieren, da er dort nur ›erstarrte Tradition und wenig Gelehrsamkeit‹ vorfinden werde. Den großen Dichter hat das gleiche Vorurteil verwirrt, dem fast die gesamte Geschichtsschreibung des 19. Jahrhunderts verfallen gewesen ist. Dabei ist in Byzanz Homer immer Schullektüre gewesen. Noch nicht einmal Goethe hat in der Schule den Homer im Urtext kennengelernt. Lessing allerdings schon; er hat seine Erziehung auf der Fürstenschule St. Afra in Meißen erhalten, und das ist ein sächsisches Gymnasium.

In Byzanz ist die Verbindung mit der literarischen Bildung der Antike tatsächlich niemals unterbrochen gewesen. Während der Westen seine Kreuzzüge gegen die Muslimin führte, veröffentlichte Eustathios, Bischof von Thessalonike, im Jahre 1192 seinen gewaltigen Homerkommentar, der eine noch heute nicht ausgeschöpfte Quelle der Philologie ist. Die wichtigste Periode der byzantinischen Altertumskunde liegt sogar noch später. Sie fällt in die Zeit der Herrschaft der Palaiologen, die von 1261 bis 1453 gedauert hat. Eine byzantinische Renaissance ist der italienischen Renaissance vorausgegangen und hat einen bedeutenden Einfluß auf sie ausgeübt.

Während die Christen durch Jahrhunderte hindurch zeitgenössische Tatsachen und Sachverhalte immer wieder durch Legenden zu verschleiern liebten, haben sie über den gleichen Zeitraum hinweg in ihrem heiligen Buch das, was Europa in seinen Anfängen dem Orient zu verdanken hat, mit historischer Treue bewahrt. Es entbehrt nicht einer gewissen Ironie, daß die Gelehrten, nachdem sie im 19. Jahrhundert die meisten Überlieferungen des Alten Testaments als Legenden abgetan hatten, im 20. Jahrhundert sogar in den Legenden den historischen Kern erkennen. Die Ereignisse vom Berg Horeb liegen im Licht der Geschichte. Moses ist weder eine mythologische noch eine legendäre Figur. Er ist eine historische Person.

Der Trojanische Krieg dagegen spielt sich in jener Morgendämmerung des europäischen Bewußtseins ab, in der mythologische, legendäre und historische Elemente kaum voneinander zu trennen sind. Als Homer lebte, war diese Morgendämmerung vorüber. Gerade das ist die poetisch wie intellektuell gleich bedeutende Leistung des Dichters, daß er es auf eine so überzeugende Weise verstanden hat, die Welt des Mythos mit den historischen Überlieferungen zu einer Einheit zu verschmelzen.

Die Gesetzgebung auf dem Berg Horeb ist ein spätes Ereignis in der Geschichte des jüdischen Volkes. Für Moses war der Erzvater Abraham so weit in die Vergangenheit entrückt wie für Karl den Großen der Kaiser Augustus oder für uns die Kreuzzüge. Demgegenüber scheint der Trojanische Krieg ein Anfang zu sein. Aber ein Anfang ist er nur kraft Homers. Die Ausgrabungen am Hügel von Troia haben ergeben, daß schon etwa tausend Jahre vor Priamos ein früheres Troia, das ebenfalls mit gewaltigen Mauern befestigt gewesen ist, erobert, geplündert und niedergebrannt wurde. Es ist das Troia der Schicht II g. Auch diese Stadt schon ist mit der weiten Welt verbunden gewesen. Bernsteinfunde weisen auf Handel mit der Ostsee hin. Prunkäxte dieser Schicht sind verwandt mit Stücken, die in Südrußland gefunden worden sind. Aber den Helden, die damals um Troia gekämpft haben, ist kein Homer erstanden. Und sollte es einen Sänger gegeben haben, der ihren Ruhm verkündet hat, dann ist sein Lied untergegangen im Wirbel der Ereignisse, die sich schon in diesen frühen Zeiten an den Küsten des Lichts abgespielt haben. Eine ebenso ehrwürdige Vorgeschichte wie die Besiegten haben die Sieger gehabt. Tatsächlich gehört der Trojanische Krieg der Endphase einer aegaeischen Epoche an, die bei ihrem Untergang ein hohes Alter gehabt hat. Ein Unterschied zwischen Sinai und Troia liegt darin, daß im Falle Sinai das Alte Testament die früheren Überlieferungen bewahrt hat, daß es dagegen dokumentarische Zeugnisse, die über den Trojanischen Krieg hinaus in die Vergangenheit zurückreichen, bis vor kurzem nicht gab. Was wir bisher von dieser Vorgeschichte wußten, hatten wir dem Spaten der Archäologen zu verdanken. Erst die Auswertung der in Pylos, Mykenai und Knossos ausgegrabenen Tontäfelchen hat neue und überraschende Einsichten erbracht.

Was Homer bewogen hat, von den Ereignissen der Vergangenheit gerade die Belagerung von Troia durch die Achaier zum Gegenstand seiner Dichtung zu machen, wissen wir nicht. Schließlich ist, bevor Homer sein Epos verfaßte, der Kampf um Troia nicht mehr als ein beliebiges Ereignis gewesen, ein Ereignis unter Hunderten, das weit zurücklag, irgendein Krieg, so schmutzig, töricht und überflüssig wie alle Kriege auf dieser Erde. Moderne Autoren haben sich gelegentlich das Vergnügen gemacht, die Banalitäten dieses Krieges zu verspotten. Daß die Satire ihrer Darstellung nur auf dem Hintergrund Homer überhaupt Satire ist, wird leicht übersehen.

Der Zeit des Dichters um ein gutes Jahrhundert näher als der Trojanische Krieg ist die Eroberung von Hellas durch die Dorer gewesen. Sicherlich doch darf man dieses strategisch so erfolgreiche Unternehmen als eine heroische Aktion betrachten. Dazu hat dieser Kriegszug weitreichende politische Folgen gehabt. Aber er ist niemals Gegenstand der Poesie gewesen. Eine Zeitlang hat man vermutet, daß die Kernfigur, um die der Mythos von Herakles sich kristallisiert hat, ein Führer der Dorer gewesen sei. Es sind aber, wie sich herausgestellt hat, die Dorer selbst gewesen, die ohne irgendein Recht, aber mit so großer Geschicklichkeit den Herakles für sich in Anspruch genommen haben, daß auf diese Usurpation sogar moderne Gelehrte hereingefallen sind. Siegreiche Feldherren sind gewöhnlich nicht weitblickend genug, sich in ihren Stäben eine Planstelle für den Poeten offenzuhalten, der doch als einziger ihren Ruhm zu sichern vermöchte. Homer freilich hat schon deshalb wenig Grund gehabt, den Dorern ein Epos zu dichten, weil er selbst zu den Besiegten gehört hat. Daß es die Ostküste der Aegaeis war, an der er, irgendwo im Bereich Aioliens, zur Welt gekommen ist, hat seinen Grund darin gehabt, daß seine Vorfahren von den Dorern vom griechischen Festland vertrieben worden waren und auf die Inseln der Aegaeis und an die Küsten Anatoliens hatten flüchten müssen.

Die Griechen der klassischen Zeit haben die Achaier als die Väter der hellenischen Kultur betrachtet. Die Ethnologen haben gelegentlich aufgrund ihrer Schädelmessungen bestritten, daß die Achaier Griechen gewesen seien. Aber schon die Dichtung Homers wäre ein zureichender Grund, sie als die Vorfahren der Hellenen anzusehen. Es ist die Ilias gewesen, die die Griechen gelehrt hat, daß die alte Kultur Mykenais ihre eigene großartige Vergangenheit sei. Weitere Beweise dafür, daß schon die Alten mit ihrer Auffassung recht gehabt haben, ergeben sich aus der überraschenden Entdeckung, daß die Tontäfelchen von Pylos und Mykenai eine sehr frühe Stufe der griechischen Sprache wiedergeben, in Mykenai also griechisch gesprochen worden ist.

Die Dorer konnten in Homer keine Begeisterung erwecken. Sind sie doch, als sie nach Hellas kamen, noch wenig zivilisiert gewesen. Sie haben die Königreiche der Achaier zerstört. Zwischen Mykenai und Homer liegen lange Jahrhunderte. Allmählich erst begann das alte Spiel der Eroberung des Siegers durch den Besiegten. Allmählich erst blühte jene neue Kultur auf, deren bedeutendste Erscheinung Homer selbst werden sollte. Gerade die Ferne der alten mykenischen Kultur, gerade das Geheimnis, das sie umwitterte, gerade ihre Verschollenheit haben es dem Dichter möglich gemacht, Mythos und Geschichte in so bedeutungsvoller Weise ineinander zu verschränken. Dadurch, daß Homer kraft seines Genies eine der gewöhnlichen Realitäten des Lebens in die Sphäre der Poesie erhoben hat, dadurch, daß er dem Mythos Gestalt gegeben und die Realität in ihn aufgenommen hat, dadurch, daß er die Schönheiten der untergegangenen Kultur Mykenais in seiner Dichtung der Nachwelt bewahrt hat, ist er, der Poeta, für die hellenische Welt der Schöpfer ihres geschichtlichen Bewußtseins geworden.

Angesichts dieser Leistung scheint die Frage, ob Homer wirklich gelebt habe, eine Narretei zu sein. Aber die Frage ist gestellt worden. Generationen von Gelehrten haben auf ihre Lösung ein solches Maß von Scharfsinn verschwendet, daß man das Problem nicht einfach ignorieren kann. Auch darf man sich nicht davon abschrecken lassen, daß wissenschaftliche Intelligenz zuweilen so durchdringend ist, daß sie sogar die Vernunft durchbohrt.

Naheliegend ist der Vergleich des Problems Homer mit dem gelehrten Streit, der um die Person Shakespeares entstanden ist. Im Fall Shakespeare ist man sich darüber einig, daß, wenn es nicht Shakespeare war, der das strittige Oeuvre geschrieben hat, es doch jedenfalls jemand anders gewesen sein müsse. Wenn nun Homer wirklich nicht gelebt hätte, wäre die nächste Frage doch offenbar die, wer denn dann der Verfasser der Ilias und der Odyssee sei. Aber so einfach liegen die Dinge nicht. Es gibt Gelehrte, die so weit gehen, zu behaupten, daß die Epen eine Person als Schöpfer überhaupt nicht gehabt hätten, sondern allmählich aus der Kollektivleistung einer anonymen Sängergilde entstanden seien. Diese Auffassung zu stützen, gibt es zahlreiche Argumente.

In beiden Gedichten lassen sich eine Menge Widersprüche nachweisen. Von den Gebräuchen, die in der Ilias und in der Odyssee geschildert werden, gehören einige einer sehr alten Vergangenheit an. Den Göttern werden noch keine Tempel gebaut; sie werden an Altären verehrt, die unter freiem Himmel stehen. In der Ilias wird noch kein Fisch gegessen. Die Helden haben noch keine Feldpostbriefe geschrieben. Auch gibt es keine Geldmünzen, die übrigens Homer selbst vielleicht noch nicht gekannt hat. Von anderen Gebräuchen dagegen läßt sich feststellen, daß sie überhaupt erst im 6. Jahrhundert entstanden sind.

Im sechzehnten Gesang der Ilias, als der grollende Achilleus Zeuge der Niederlage der Griechen wird, erhebt er Klage, warum Agamemnon nicht, damit er wieder mitkämpfen könne, Sühne für die ihm angetane Beleidigung anbiete. Dabei besteht der ganze neunte Gesang darin, daß erzählt wird, wie Agamemnon, um dem Point

28

d'honneur Genüge zu tun, diese Sühne anbietet und Achilleus sie zurückweist. Auch hat, um ein anderes Beispiel zu nennen, das Schiffslager der Griechen vor Troia zuweilen einen Wall, zuweilen nicht. Weiterhin lassen sich Stücke nachweisen, die offenbar aus anderen Dichtungen stammen. So schildert der berühmte Schiffskatalog im zweiten Gesang der Ilias nicht den Bestand der Flotte vor Troia, sondern den nach abgeschlossener Mobilmachung im Sammelhafen der Achaier in Aulis. Aber die Episode Aulis kommt in der Ilias gar nicht vor.

Die homerische Sprache ist ein literarischer Sonderfall. Sie ist so, wie wir sie aus den beiden Epen kennen, überhaupt nie wirklich gesprochen worden. Es ist eine Sprache, die für die Zwecke der Dichtung weitgehend den Bedürfnissen des Versmaßes, also des Hexameters oder doch mindestens des Daktylos, angepaßt war. Zugrunde liegt ein von ionischem Griechisch überlagerter aiolischer Dialekt, der später attisch beeinflußt worden ist. Es waren also an der homerischen Sprache, wie sie uns heute vorliegt, beide Küsten der Aegaeis beteiligt. Dazu sind in den Epen Elemente eines sehr alten Griechisch enthalten, das in der klassischen Zeit nicht nur nicht mehr gesprochen, sondern nicht einmal mehr verstanden worden ist. Spuren dieses alten Griechisch hat man nur noch in Zypern und in Arkadien nachweisen können. Aus der Abgelegenheit dieser Vorkommen – das eine auf einer Insel, das andere in verlorenen Gebirgstälern der Peloponnes – hat man den Schluß gezogen, daß es sich dabei um das alte, ungeteilte Griechisch handle, wie es vor seiner Aufspaltung in Dialekte gesprochen worden sei. Die verschiedenen Sprachschichten weisen darauf hin, daß die Komposition der Epen in ihrer heutigen Form sich über einen langen Zeitraum erstreckt hat. Namen wie Atreus, Paris, Helena, Odysseus sind sogar noch nicht einmal griechisch. Sie entstammen einer vorgriechischen aegaeischen Sprache. Vielleicht sind in die Ilias und in die Odyssee sogar Mythen vorgriechischer aegaeischer Kulturen aufgenommen worden.

Zweifellos sind die Werke auch willkürlichen Überarbeitungen ausgesetzt gewesen. Die vollständige Ausmerzung der Menschenopfer aus den Texten ist ein Hinweis auf eine Zensur späterer, zivilisierterer Zeiten. Die Tortur des besiegten lebenden Hektor ist in eine Schändung seines Leichnams umgewandelt worden. Nur die Opferung der zwölf troischen Edlen am Grab des Patroklos war den Griechen zu vertraut, als daß eine Zensur sie hätte eliminieren können. Doch folgt dem Bericht darüber sogleich ein verschämter halber Vers, welch »schlimme Dinge« Achilleus in seinem Herzen bewahre.

Dergleichen Unzulänglichkeiten ließen sich noch manche anführen. Doch fühlt man sich angesichts ihrer eher versucht, den Dichter um so mehr zu bewundern. Was können all die Veränderungen, denen die Dichtung im Lauf der Jahrhunderte ausgesetzt war, anderes erreicht haben, als den ursprünglichen Glanz des Werkes zu verdunkeln! Die Theorie, daß die Entstehung der beiden Epen sich über einen sehr langen Zeitraum erstreckt habe, erklärt zwar die Widersprüche, die der Scharfsinn der Gelehrten aufgedeckt hat. Aber sie erklärt in keiner Weise, woher diese widerspruchsvolle Dichtung, in der sich so viele Fehler, so viele Unzulänglichkeiten, so viele Überflüssigkeiten finden, den gewaltigen Atem hat, kraft dessen sie den Stil einer ganzen Kultur bestimmt, über Jahrtausende hinweg ihre Frische bewahrt, die Bewunderung der spätesten Nachwelt findet.

Schon die Antike hat sich mit der Person Homers eingehend beschäftigt. Man kann sagen, daß die Homerphilologie bei den Griechen mit ihrer Prosa beginnt. Es gab einige antike Texte, die ein Leben Homers wiedergaben. Einer davon lief sogar unter dem Namen Herodots. Er ist aber nicht der Verfasser gewesen. Leider läßt sich nichts darüber aussagen, wieweit diese Texte ältere Überlieferungen enthalten haben. Es scheint, als ob ihr sachlicher Inhalt im wesentlichen auch nur auf Schlüssen beruht hat, die man aus den Werken Homers gezogen hatte.

Von den sieben Plätzen, die im Altertum den Anspruch erhoben, der Geburtsort Homers zu sein, kommen aus den erwähnten philologischen Gründen nur diejenigen in Frage, an denen der ionische Dialekt den aiolischen überlagerte. Das sind Smyrna, Kolophon und Chios. Die Angaben der antiken Gelehrten über das Geburtsdatum Homers schwanken zwischen 1159 und 658 vor Christi Geburt. Herodot glaubte nicht, daß Homer und Hesiod, die Schöpfer des griechischen Pantheon, mehr als vierhundert Jahre vor ihm gelebt hätten. Das wäre also um das Jahr 830. Die Gelehrten von heute setzen Homer um etwa hundert Jahre später an und betrachten als seinen Geburtsort Chios oder Smyrna. Das ist alles, was sich über seine Person sagen läßt. Er ist auch darin literarisch einmalig, daß er ausschließlich als Verfasser seiner Werke auf die Nachwelt gekommen ist. Macht man sich, statt gelehrte Abhandlungen über Homer zu studieren, an das ungewöhnliche Unternehmen, ihn zu lesen, steigt schon nach wenigen Versen der Dichter aus der Tiefe der Zeit ans Licht unserer Tage.

Von welch faszinierender Lebendigkeit sind seine Gestalten! Wer trauerte nicht mit Andromache, wenn sie von Hektor Abschied nimmt! Wessen Herz würde nicht ergriffen von der ehrwürdigen Gestalt des greisen Priamos, wenn er in der Nacht das Zelt des Achilleus aufsucht, um von seinem Feind die Leiche seines Sohnes zu erbitten! Hier endlich auch fügt die Hand des Meisters in das Bild des Achilleus jene zarteren Züge ein, die uns schließlich diesen wilden Kerl, dem noch so viel von einer barbarischen Vorzeit anhaftet, doch noch sympathisch machen.

Was für ein Einfall ist es, daß der Dichter den Odysseus, den irrenden Menschen, das Ziel der Wanderschaft eines ganzen Lebens schlafend erreichen läßt!

Wie glänzend sind die Charaktere gezeichnet: der hochmütige Agamemnon; der intelligente, skeptische, rücksichtslose Odysseus; Paris, der zuweilen ein wenig lächerliche Homme à femme; Helena, die Grande Dame; Hektor, der Gentleman!

Es ist ein eigentümlich humaner Zug des großen Poeten, daß er Freund und Feind in gleicher Weise in sein großes Herz schließt. Zuweilen hat man sogar den Eindruck, daß er die Troer liebevoller behandelt als seine Achaier. Diese Bevorzugung ist ein Ausdruck des Respekts, den die Griechen von allem Anfang an vor den alten Kulturen des Orients gehabt haben. Noch bei Herodot tritt das deutlich in der Art und Weise, wie er das Perserreich beschreibt, in Erscheinung. Und wenn Voß die eleganten Troerinnen die »saumnachschleppenden Weiber« nennt, hat er seinen Homer nicht ganz verstanden. Schleppen sind eben im zehnten Kriegsjahr in Troia die große Frühjahrsmode gewesen, und natürlich hat der Kummer Andromache nicht gehindert, sich elegant anzuziehen. Die Knaben am Beginn unseres Jahrhunderts sind in ihren Spielen den Sympathien Homers gefolgt. Man war lieber Hektor als Achill! Ob der Vater der Dichtkunst auch dafür verantwortlich zu machen ist, daß es mehr Hunde gibt, die Hektor heißen, als solche, die auf Achill hören, muß offengelassen werden.

Die Schilderungen sowohl der Ereignisse wie der Gestalten in der Ilias und in der Odyssee sind überwiegend von einem so hohen Rang, daß man, wollte man wirklich bei der Theorie der kollektiven Entstehung der Gedichte bleiben, annehmen müßte, die Griechen hätten schon in frühester Zeit ein gutes Dutzend Homere hervorgebracht.

Der Kern der Ilias und der Kern der Odyssee sind das Werk eines Mannes. Und dieser Mann ist ein Genie gewesen, was immer man darunter verstehen mag. Die Frische einer Frühzeit, die ihrer

Zukunft sicher ist, der Reichtum einer Phantasie, die sich selbst erst kennenlernt, die Gestaltungskraft einer Epoche, die noch den ganzen Elan des großen Anfangs hat, verbindet sich mit einer unnachahmlichen natürlichen Würde der Darstellung. Diese Frische, dieser Reichtum, diese Gestaltungskraft, diese Würde sind es, die dem Werk Homers den großen Atem geben. Dabei ist dieser Mann von so einfacher Menschlichkeit, daß wir ihn als unserem Herzen vertraut empfinden. Er lehrt Ehrfurcht vor dem Alter, Großmut gegen Bittende, Güte gegen Witwen und Waisen. Der Gastfreund ist heilig. In Hellas ist er es noch heute. Mit der ersten großen abendländischen Dichtung schon wird das Ideal der Humanität dem Bewußtsein Europas eingeprägt. So lebendig klingt die Stimme Homers in unseren Ohren, als säßen wir noch zu seinen Füßen, zu den Füßen eines alten Mannes, den die Götter erblinden ließen, weil er ihre Geheimnisse erraten hatte!

Welch ein Zauberer! Es ist eine ganze Welt, das heroische Zeitalter seines Volkes, das er vor dem Vergessenwerden rettet. In einem gewaltigen Fries stellt er seine großartigen Helden dar, diese Männer, die nur durstig nach Taten, Wein und Ruhm waren und die Lieder liebten, in denen das alles besungen wurde. Ein zeitgenössischer ägyptischer Schreiber, der wahrscheinlich pensionsberechtigt gewesen ist, sagt in boshafter Weise von ihnen, daß sie »kämpften, um täglich ihren Bauch zu füllen«. Selbst Nestor in der Weisheit seines Alters spricht am liebsten von der Zeit, da er noch, statt Rat zu geben, Taten tat. In dieser wilden Welt der Schlachten und Gelage, der prunkenden Reden, der Streitsucht und der Prahlerei, der Furcht vor der Unterwelt und der Sucht nach der Unsterblichkeit im Ruhm herrschen allein die Götter. Ein feinsinniger Philologe hat einmal festgestellt, daß diese Helden niemals lügen. Er meint, das habe seinen Grund darin, daß sie sich vor nichts fürchteten. Aber man kann auch deshalb niemals lügen, weil man die Götter fürchtet.

In der ersten Blüte der klassischen Epoche der griechischen Kultur überreicht der Vater der Dichtkunst seinem Volk als Morgengabe die wieder zum Leben erweckte Überlieferung vom Heldenzeitalter von Mykenai. Welch ein Geschenk! Und wie würdig dieser Gabe haben die Griechen sich erwiesen!

Welches nun ist der gefahrenumwitterte Weg gewesen, auf dem all diese Herrlichkeiten schließlich auf uns gekommen sind?

Die erste sichere Tatsache in der Literaturgeschichte der homerischen Dichtung ist ein athenisches Gesetz aus der zweiten Hälfte des

6. Jahrhunderts vor Christi Geburt. Der Tyrann Peisistratos befahl, daß die Ilias und die Odyssee bei den Panathenaien, dem alle vier Jahre zu Ehren der Stadtgöttin Athene abgehaltenen Fest, öffentlich vorzulesen seien. Es gab und gibt außer der Ilias und der Odyssee noch eine ganze Anzahl poetischer Werke der Frühzeit, die Homer zugeschrieben werden. Peisistratos bestimmte, daß kein anderer Dichter als Homer und von seinem Werk, wie umfangreich auch immer es gewesen sein mag, nur die Ilias und die Odyssee zu rezitieren seien.

Die Vorlesung erstreckte sich über mehrere Tage. Die Ilias zu deklamieren nimmt zwanzig Stunden in Anspruch. Da die Vorlesung einer bestimmten Ordnung gefolgt ist, muß der Text schriftlich fixiert gewesen sein. Beide Epen waren durch die gesetzliche Bestimmung über ihre Verlesung bei den Panathenaien zu einer Art Besitztum der Polis geworden. So sind sie wahrscheinlich auch in dem für Staatsdokumente üblichen alten attischen Alphabet, einer unbeholfenen archaischen Schrift, niedergeschrieben gewesen. Das hat dazu geführt, daß die panathenaischen Texte allmählich von einem ›Sanctum‹ umhüllt wurden. Und so ist es gekommen, daß die Griechen, deren Religion keine heiligen Schriften kannte, in ihrer Literatur zwei kanonische Epen besessen haben. Die Genauigkeit der Textüberlieferung dieser kanonischen Poesie ist freilich sehr viel geringer gewesen als die der kanonischen Bücher der Juden und der Christen. In dieser Sache haben sich die Schriftgelehrten als den Philologen überlegen erwiesen.

Der Text, der bei den Panathenaien verlesen wurde, ist nicht erhalten geblieben. Die früheste Erwähnung der von Peisistratos verfügten öffentlichen Rezitation Homers findet sich im 4. Jahrhundert vor Christi Geburt bei einem gewissen Dieuchidas, einem Literaten aus dem Athen benachbarten Megara. Man muß sich darüber klar sein, daß die erste sichere Nachricht über einen Text Homers durch einen Zeitraum von über vierhundert Jahren vom Dichter, durch einen Zeitraum von über achthundert Jahren von den in den Gedichten beschriebenen Ereignissen getrennt ist. Friedrich August Wolf, der Begründer der klassischen Philologie, der, im selben Jahr wie Schiller geboren, Professor in Halle war, nennt in seinen berühmten ›Prolegomena zu Homer‹ die Überlieferung des Dieuchidas die *vox totius antiquitatis*. Es sei schlechthin die Stimme des Altertums. Trotz der außerordentlichen Erweiterung unserer Kenntnisse über die Welt, die Homers Thema war, ist seitdem über den Dichter selbst keine ältere Nachricht bekanntgeworden.

Der nächste Gewährsmann für die panathenaische Überlieferung ist, um die Mitte des 2. Jahrhunderts vor Christi Geburt, der Homerforscher Krates. Er war ein ionischer Grieche. König Attalos ii. von Pergamon schickte ihn als Führer einer Gesandtschaft nach Rom. Daß Krates sich auf dem Pflaster der Großstadt Rom das Bein brach, hat eine Folge gehabt, unter der die Gymnasiasten der ganzen Welt noch heute zu leiden haben. Ans Lager gefesselt schrieb Krates, seine Langeweile zu vertreiben, das erste Lehrbuch der lateinischen Grammatik.

Die panathenaischen Texte müssen sich erheblich von der Fassung unterschieden haben, die wir heute kennen. Aristoteles zitiert fünf Stellen aus Homer, die uns unbekannt sind. Dasselbe gilt von den zahlreichen Zitaten in den Schriften des Hippokrates, des berühmten Arztes aus Kos. Im Gegensatz dazu hat sich herausgestellt, daß sich die meisten Homerzitate, die bei Platon vorkommen, in unseren Texten auffinden lassen. Das hat seinen Grund wahrscheinlich darin, daß Platons Bibliothek nach Alexandria kam und dort für wissenschaftliche Studien zur Verfügung stand. Das nächste Ereignis in der Geschichte der homerischen Überlieferung ist nämlich die große textkritische Ausgabe einer Schule von Gelehrten in Alexandria, deren wichtigster Aristarchos von Samothrake gewesen ist. Wir wissen von ihm, daß er als Direktor der Bibliothek im Jahre 137 vor Christi Geburt zurückgetreten ist.

Die Ausgabe dieses großen Philologen mit ihren Anmerkungen, Hypomnemata genannt, entspricht durchaus den Anforderungen moderner Forschung. Aus den Hypomnemata geht hervor, daß zur Zeit des Aristarchos die zur Verfügung stehenden Homertexte sich durch ›wilde‹ Differenzen voneinander unterschieden haben. Übrigens hat nicht einmal mehr Aristarchos, obwohl die von den Ptolemaiern großzügig dotierte Bibliothek von Alexandria Homermanuskripte in der ganzen griechischen Welt aufgekauft hat, ein Exemplar auftreiben können, das auf die Zeit vor Peisistratos zurückgegangen wäre.

Wir besitzen nur elf Papyrosfragmente homerischer Dichtungen, deren Niederschrift vor 150 vor Christi Geburt, also vor Aristarchos, erfolgt ist. Das Alter dieser Papyroi entspricht also dem Alter der Schriftrollen vom Toten Meer. Aus diesen Fragmenten wäre, selbst wenn man noch die uns bei antiken Schriftstellern erhaltenen Homerzitate hinzunähme, nur ein schwaches Bild der Dichtung zu gewinnen.

Das Alexandria der Ptolemaier, in dem Aristarchos gelebt hat,

34

konnte, zu unserem Glück, seine Überlieferungen ohne Bruch an Byzanz weitergeben. So ist von Aristarchos an bis ins hohe Mittelalter hinein der Text von den byzantinischen Gelehrten getreu weitergereicht worden.

Die griechische Sprache ist in Europa nach dem Untergang des Weströmischen Reiches nicht so vollständig in Vergessenheit geraten, wie neuere Gelehrte eine Zeitlang angenommen haben. In Süditalien und Sizilien – *Magna Graecia* – ist die Bevölkerung noch jahrhundertelang überwiegend griechisch gewesen. Am Hof Karls des Großen haben irische Mönche, die alle Griechisch konnten, eine Rolle gespielt. Der Kaiser selbst hat Griechisch gesprochen. In der Kirche ist das Interesse am Griechischen schon im Hinblick auf den Text der Heiligen Schrift immer lebendig geblieben. Homer freilich war in Italien langsam dem Gedächtnis der Gebildeten entschwunden. Die in klassischem Latein verfertigten Übersetzungen waren verlorengegangen. An Homers Stelle war Vergil als ›Vater des Abendlandes‹ getreten. Die Römer betrachteten sich als Nachkommen der Troer. Sie führten ihre Abstammung auf den troischen Prinzen Aeneas, den Sohn des Anchises und der Aphrodite, zurück. Diese Legende ist nachhomerisch. Vielleicht ist sie sogar erst von König Attalos II. von Pergamon geschaffen worden, um den Römern, die in diesem alten Osten immer etwas als Parvenus gewirkt haben, einen Gefallen zu tun. Vergil hat in seinem Epos ›Aeneis‹ dieser nationalen Überlieferung der Römer ein herrliches Denkmal gesetzt.

Es muß an dieser Stelle noch kurz zweier heute ziemlich vergessener Werke gedacht werden, deren Bedeutung darin liegt, daß aus ihnen das ganze Mittelalter seine Kenntnis des troischen Sagenkreises geschöpft hat. Als Verfasser des einen wird der Kreter Diktys von Knossos angegeben. Er war der Kriegsgefährte des Idomeneos. Er wäre also ein Zeitgenosse des Geschehens gewesen und hätte lange vor Homer gelebt. Das Manuskript dieses Werkes, das in phoinikischer Schrift geschrieben gewesen sein soll, wurde auf Befehl Kaiser Neros ins Griechische übertragen. Erhalten ist nur eine zweifelhafte lateinische Übersetzung aus dem 4. Jahrhundert nach Christi Geburt. Das andere Werk ist das des Dares von Phrygien, der, wie aus Homer hervorgeht, Priester des Hephaistos in Troia gewesen ist. Dares schildert also den Untergang Ilions vom Standpunkt der Troer aus. Dieses Werk ist aber aller Wahrscheinlichkeit nach überhaupt erst im 5. Jahrhundert nach Christi Geburt entstanden.

Mit dem Beginn der Renaissance kamen zunächst einzelne grie-

chische Homermanuskripte nach Italien. Petrarca, der gegen die literarische Bildung in Byzanz so mißtrauische Dichter, schickte Hand-
schriften der Ilias und der Odyssee an Boccaccio, der sie mit Hilfe
seines griechischen Lehrers ins Lateinische übertrug. In Florenz
erschien 1488 die berühmte *Editio Princeps* des Demetrios Chalkon-
dyles. Es ist die erste Homerausgabe, die gedruckt worden ist. Ein
florentinischer Edelmann, Bernardo de Nerli, hatte die Mittel für
dieses große wissenschaftliche Unternehmen zur Verfügung gestellt.
Er ließ alle erreichbaren Homermanuskripte aufkaufen, um durch
Textvergleichung zu einem philologisch möglichst einwandfreien
Wortlaut zu kommen. Zwanzig dieser Manuskripte befinden sich
noch heute in der Biblioteca Laurenziana in Florenz. Von den etwa
350 in griechischer Sprache auf uns gekommenen Homerhandschrif-
ten, von denen 122 Papyroi sind, bewahrt die meisten der Vatikan.
Das dürfte damit zusammenhängen, daß die griechische Tradition im
Vatikan niemals ganz unterbrochen gewesen ist. Die wichtigsten der
anderen Manuskripte verteilen sich auf die Bibliothèque Nationale
in Paris, die Ambrosiana in Mailand, Oxford, den Escorial, Wien
und das Britische Museum.
Der bedeutendste Handschriftensammler jener Zeit ist der Kardinal
Bessarion gewesen. Er hat eine Biographie gehabt, die sogar in
unserem Jahrhundert mit seinen beiden Weltkriegen nicht aufre-
gender hätte sein können. Bessarion wurde 1403 in Trapezunt am
Südufer des Schwarzen Meers geboren. Trapezunt war damals noch
ein eigenes Kaiserreich, das am Ende der Kreuzzüge gegründet worden war. Der kaiserliche Hof von Trapezunt war berühmt für die
mit hoher Bildung verbundene Schönheit seiner Prinzessinnen. Sie
haben byzantinische und deutsche Kaiser, russische Großfürsten,
seldschukische und türkische Prinzen geheiratet. Trapezunt verlor
seine Freiheit erst acht Jahre nach dem Fall Konstantinopels. Der
Kardinal hat den Untergang seines Vaterlandes um fast zwei Jahrzehnte überlebt.
Bessarion wurde Priester und später Erzbischof von Nikaia. Als
kaiserlicher Gesandter reiste er mehrere Male nach Rom. Papst
Eugen IV. ernannte ihn zum Kardinal. Von da an lebte er in Italien.
Der Papst weihte ihn zum Bischof von Frascati. Zwei Jahre später
wäre er selbst fast zum Papst gewählt worden. Er unterlag gegen
Enea Silvio Piccolomini. Dieser Sproß einer alten sienesischen
Adelsfamilie bestieg 1458 als Pius II. den päpstlichen Thron. Er hat
noch einmal einen Kreuzzug gegen die Ungläubigen gepredigt, aber
damit bei den europäischen Fürsten keinen Beifall mehr gefunden.

Den Kreuzzug mit eigenen Mitteln zu führen, hinderte ihn der Tod. Bessarion muß ein politisch weitschauender Mann gewesen sein. Noch bevor die Türken Konstantinopel eroberten, hatte er seine kostbare Bibliothek nach dem Westen gebracht. Nach 1453 hat er dann alles, was er an griechischen Manuskripten auftreiben konnte, aufgekauft. Er borgte sich berühmte Bücher und ließ sie kopieren. Er war ein so hervorragender Kenner, daß er niemals von einem Fälscher, deren Gewerbe zugleich mit der Nachfrage nach Manuskripten aufzublühen begann, betrogen worden ist. Seine Bibliothek, an der der Kardinal ein Leben lang gesammelt hatte, schenkte er noch zu Lebzeiten der Stadt Venedig. 1469 kamen die Schätze auf fünfzehn Maultieren in Venedig an. Unter den Manuskripten befanden sich zwei berühmte Codices der Ilias, heute als ›MS Ven 453‹ und ›MS Ven 454‹ bezeichnet. Im allgemeinen Gebrauch werden sie Codex Venetus A und Codex Venetus B der Biblioteca Marciana genannt. Bei Codex Venetus A ist die Herkunft aus der Bibliothek des Kardinals Bessarion nicht ganz gesichert, da die erste Seite, die im Venetus B die Signatur Bessarions trägt, bei Venetus A verlorengegangen ist. Der Codex Venetus A enthält Scholien, antike gelehrte Erklärungen, die zum Teil noch auf Aristarchos zurückgehen. Der französische Gelehrte Villoison hat ihn 1788 herausgegeben. Dieser Text ist es, der noch heute der in unseren Schulen gebrauchten Ilias zugrunde liegt.

1797 nahm Napoleon das wertvolle Manuskript und eine Anzahl anderer Bücher aus der Marciana mit nach Paris. Zum Glück für Venedig kehrten die Schätze nach dem Wiener Kongreß in ihre angestammte Bibliothek zurück. Ein braver Bibliothekar hat die kriegerische Irrfahrt der Ilias in den Codex Venetus A eingetragen.

In Deutschland hat man sich zunächst mit der 1474 in Brixen in lateinischer Prosa erschienenen Ilias begnügt. Allmählich erst verbreitete sich in Deutschland die Kenntnis des Griechischen wieder. Melanchthon hat während seiner akademischen Laufbahn viermal eine Vorlesung über Homer gehalten. Wie sehr das Griechische damals in den Hintergrund getreten war, kann man daraus ersehen, daß erst in unseren Tagen wieder die griechische Aussprache der Eigennamen an die Stelle der lateinischen tritt.

Die erste Homerübersetzung in deutscher Sprache ist die Odyssee des Münchener Stadtschreibers Simon Minervius Schaidenraisser von 1537. Diesem frühen Versuch sind im Lauf der Zeit zahlreiche andere gefolgt. Klassischen Rang nehmen die Übertragungen der Ilias und der Odyssee von Johann Heinrich Voß ein. Hier hat sich, durchaus ähnlich wie im homerischen Original, die deutsche Sprache bis zu einem gewissen Grad dem Hexameter angepaßt. So hat Homer sogar noch auf unser Deutsch von heute eingewirkt.

Das sind die verschlungenen Pfade, die das Schicksal gewählt hat, dem Abendland das Werk seines größten Dichters zu erhalten.

So viele Kostbarkeiten der antiken Literatur sind verschollen. Leicht hätte das auch der Ilias und der Odyssee zustoßen können. Nehmen wir an, die Gedichte wären wirklich verlorengegangen, und nun würden, im siebenten Jahrzehnt des 20. Jahrhunderts nach Christi Geburt, durch einen glücklichen Zufall irgendwo im Sand Ägyptens vollständige Manuskripte der homerischen Epen, von denen wir nur die Titel und einige Zitate kennten, gefunden. Nehmen wir weiterhin an, das gleiche Schicksal wäre dem Pentateuch zugestoßen. Es ist durchaus vorstellbar, daß das junge Christentum auf das Alte Testament verzichtet hätte und daß es auch den Juden in den vielen Verfolgungen, denen sie ausgesetzt gewesen sind, verlorengegangen wäre. Und nun würden, im siebenten Jahrzehnt des 20. Jahrhunderts nach Christi Geburt, unter am Toten Meer neu entdeckten Schriftrollen die Bücher Mosis, deren Text wir, außer den Zitaten im Neuen Testament, nicht kennten, gefunden.

Es lohnt sich, einen nachdenklichen Augenblick auf die Überlegung zu verschwenden, ob Moses oder Homer die größere Sensation wäre.

Meditationen in einem Hafencafé

Der Piraeus ist heute wieder, wie im Altertum, einer der großen Häfen des Mittelmeers. Hier beginnen und enden die Schiffahrtslinien, die die hundert Inseln Griechenlands mit der Hauptstadt verbinden. Hier geht man an Bord, wenn man nach Konstantinopel, nach Alexandria, nach Neapel oder Marseille will. Der Piraeus ist Athens Tor zur Welt.

Bis zu den Perserkriegen hat den Athenern für ihren Überseehandel der Sandstrand von Phaleron genügt. Themistokles überredete sie, eine etwas weiter nordwestlich gelegene, tiefer ins Land einschneidende Bucht zu einem befestigten Hafen auszubauen. Später wurde der neue Hafen durch eine von Mauern geschützte Straße mit dem fünf Meilen landeinwärts gelegenen Athen verbunden.

Perikles beauftragte den Architekten Hippodamos von Milet, die Stadt Peiraieus zu errichten. Es ist derselbe Künstler, der auch den Plan für Rhodos entworfen hat. Hippodamos hat die neue Hafenstadt nach einem so klaren und zweckmäßigen Grundriß angelegt, daß noch heute die Straßen den damals gezogenen Trassen folgen. Große freie Plätze setzen sich mit weiträumiger Eleganz in den spiegelnden Wasserflächen der Hafenbecken fort. Auf den großen Boulevards, von denen die Hafenbecken eingerahmt werden, wechseln auf der einen Straßenseite die Kontore der Reedereien, der Makler, der Agenten, der Schiffshändler mit Caféhäusern und Kneipen ab. Die andere Straßenseite ist die Pier, an der die Schiffe zum Löschen festmachen. Der Piraeus ist ein Hafen nach dem Herzen eines Seefahrers.

Im Schatten der Marquise eines dieser Caféhäuser am Rand des Weltverkehrs habe ich Anker geworfen. Im Süden sind die Caféhäuser die Proszeniumslogen des Daseins. Vor meinen Augen spielt sich das grandioseste Schauspiel ab, das es auf Erden gibt, das Drama des alltäglichen Lebens. Es ist jener wunderbare Augenblick des frühen Nachmittags, in dem bei schon länger werdenden Schatten die Mittagshitze nachzulassen beginnt und ein allererster Hauch als Vorbote der Abendbrise die Luft bewegt.

Die Menge flutet vorüber. Große Autos, laut mit ihren Hupen lärmend, teilen sie, wie eine Barkasse das Wasser teilt. Kleine Eselchen bahnen sich bescheiden und höflich ihren Weg. Ein Hirt treibt ein paar Schafe über den Asphalt. Matrosen der Königlichen Marine mit ihren flatternden Mützenbändern bummeln durch die Sonne und schauen den Mädchen nach. Bauern aus den stillen Dörfern im Gebirge schieben sich mit schwerem Schritt durch das Gewühl. Bettler in allen Stadien des öffentlichen Elends heischen von den Vorübergehenden eine Gabe. Ein Mönch in schwarzem Gewand, weißhaarig, auf dem Haupt das hohe Barett der orthodoxen Geistlichkeit, schreitet, eine alte Würde aufrecht tragend, durch die Menge, einem Kind, das mit kleinen graziösen Sprüngen zu ihm hineilt, seine Hand zu küssen, im Weitergehen seinen Segen erteilend.

Ein schneeweißer Dreißigtausendtonner dreht, von Schleppern bugsiert, langsam im Hafenbecken. Es ist die ›Olympia‹, der Stolz der griechischen Handelsflotte. Auf dem Promenadendeck geht der Reichtum mit der Langenweile spazieren. Im Zwischendeck hockt die Armut neben der Hoffnung. In der Enge des Hafenbeckens ist das Schiff kaum mehr als ein Stück Eisen. In der Weite der See wird es zu einer ozeanischen Schönheit, die von den Seeleuten auf den Sieben Meeren bewundert wird. Zum Abschied vom Heimathafen läßt der Kapitän – »Dreimal lang mit beiden Flöten!« – die Sirenen brummen. Über Dächer und Masten hinweg dröhnt die Stimme des Welthandels aufs Meer hinaus.

Dieser aus lauter Tätigkeiten zusammengesetzte Lärm hat etwas Fröhliches. Die in der Sonne flimmernde Hafenluft ist ein mit hundert Aromen gesättigter Cocktail der Ferne – Duft von Orangen, Parfum von fremden Schönen, Geruch von Säcken, Rosinen, Schweiß, Fisch, Ruß und frischem Kistenholz, Geruch von der Wolle der Schafe und dem Fell der Esel. Über allem und mit allem vermischt schwebt das ein wenig faulige Odeur des Brackwassers im Hafenbecken. Das Leben flutet vorüber, das wunderbare, gefährliche, verzweifelte, herrliche Leben mit Erinnerungen und Hoffnungen, mit Wünschen und Enttäuschungen, mit seinem Mut und seiner Habgier, mit Schweiß und Schmutz, mit Hohn und Mitleid, mit seinem Lachen und mit seinen Tränen.

Schon die Alltäglichkeit, die an meiner Loge vorüberzieht, ist von erhabener Poesie. Betrachtet man sie auf dem Hintergrund ihrer Vergangenheit, wird noch der letzte Bettler des Szenariums zum Erben versunkener Herrlichkeiten, zu einem Aristokraten, dessen Stammbaum bis zu den Göttern reicht.

Zweimal in seiner Geschichte hat Athen es zustande gebracht, eine Weltstadt zu werden, das erstemal im 5. Jahrhundert vor Christi Geburt, im Glanz der in den Perserkriegen errungenen Siege, und noch einmal, vierundzwanzig Jahrhunderte später, im Besitz der von den Türken zurückeroberten Freiheit.

Als im Jahre 1832 Prinz Otto von Bayern als erster König der Hellenen nach Griechenland kam, war Athen ein Dorf am Fuß der Akropolis mit nicht mehr als fünftausend Einwohnern. Fast wäre damals Nauplia auf der Peloponnes die Hauptstadt Griechenlands geworden. Aber bei dem gebildeten Prinzen, dessen Vater der große Philhellene König Ludwig 1. war, überwog der klassische Glanz des alten Namens so stark, daß König Otto Athen, obwohl es keineswegs immer der Mittelpunkt der griechischen Welt gewesen war, zur Residenz machte.

Wenn einer sagt, daß er von Athen nach Konstantinopel, nach Alexandria, nach Neapel oder Marseille wolle, bedeutet das heute, daß er nach der Türkei, nach Ägypten, nach Italien oder nach Frankreich will. Bei jemandem, der das vor zweieinhalbtausend Jahren sagte, war die Sachlage anders. Mit all diesen Zielen blieb ein Reisender damals innerhalb der Welt, in der die griechische Kultur herrschte und die griechische Sprache gesprochen wurde. Konstantinopel, Alexandria, Neapel, Marseille sind von Griechen gegründet worden und die ganze Antike hindurch griechische Städte gewesen. Die Griechen sind, wie der alte Voß sich wohl ausgedrückt hätte, ein städtegewaltiges Volk gewesen. Mit ihrer Leidenschaft für die Polis, den Stadtstaat der griechischen Welt, haben die Hellenen allerdings nur eine alte Tradition übernommen. Die Aegaeis ist lange schon, bevor die Griechen die Küsten dieses Meeres zu besiedeln begonnen hatten, eine Welt urbaner Kulturen gewesen.

Diese städtegewaltigen Griechen haben sich aber keineswegs damit begnügt, Athen zweimal groß zu machen. Die Leistung, eine Weltstadt ersten Ranges ins Leben, ins Leben der Alltäglichkeit zu rufen, haben sie siebenmal in der Geschichte zustande gebracht.

Weltstädte ersten Ranges sind selten. Die Größe allein ist kein entscheidendes Merkmal. Von einer Weltstadt kann man nur sprechen, wenn ein Platz über eine längere Zeitspanne hinweg die maßgebende, unverwechselbare, weithin wirkende Mitte eines größeren Kulturbereiches ist oder gewesen ist. Dieser Bereich kann auch politisches Gewicht haben; aber Jerusalem zum Beispiel, entschieden eine Weltstadt ersten Ranges, hat außer zu König Davids und König Salomos Zeiten niemals größere politische Bedeutung gehabt. Die Unbestimmtheit der Definition dessen, was eine Weltstadt ersten Ranges ist, macht diese Frage hervorragend geeignet, sich heftig über sie zu streiten. Von den Weltstädten, die die Griechen gegründet haben, ist die älteste ein paar hundert Jahre älter als der Trojanische Krieg. Die jüngste gab es noch in voller Lebendigkeit, als Kolumbus schon geboren war. Die Reihenfolge dieser Weltstädte ersten Ranges der Griechen von 1600 vor Christi Geburt bis 1453 nach Christi Geburt ist Mykenai, Milet, Athen, Ephesos, Alexandria, Antiochia, Konstantinopel.

Als George Grote seine ›History of Greece‹ zu schreiben begann, nahm er zum Ausgangspunkt das Jahr 776 vor Christi Geburt, das Jahr der ersten Olympischen Spiele. George Grote war ein englischer Gelehrter, der einer ursprünglich in Bremen ansässig gewesenen Bankiersfamilie entstammte. Man ist erstaunt zu erfahren, wie spät in unserer so geschichtsbewußten Welt der Versuch einer zusammenfassenden Geschichte Griechenlands unternommen worden ist. Grotes zwölfbändige Geschichte Griechenlands ist erst vor hundert Jahren erschienen.

776 stand die griechische Kultur in voller Blüte. Es ist etwa die Zeit, in der Homer seine Epen geschrieben hat. So ist also das Jahr 776

nicht der Anfang der griechischen Geschichte. Gehen wir einen Schritt weiter zurück, stoßen wir auf die Dorische Wanderung. Woher die Dorer gekommen sind, ist noch immer umstritten. Wahrscheinlich sind sie aus Illyrien und Thrakien nach Hellas eingewandert und haben, bevor sie dorthin kamen, in Niederbayern gesessen. In der zweiten Hälfte des 12. Jahrhunderts vor Christi Geburt sind sie dann bis zur Peloponnes gelangt. Begänne man die Geschichte Griechenlands mit der Dorischen Wanderung, hätte man den Vorteil, daß es sich um einen historisch gutgesicherten Vorgang handelte. Aber die Achaier, die von den Dorern besiegt wurden, haben, wie die neuerdings entzifferten zeitgenössischen Tontäfelchen beweisen, griechisch gesprochen. Also sind auch sie schon Griechen gewesen. Auf jeden Fall stellt ihre Kultur die Frühzeit Griechenlands dar. So muß man heute die Geschichte Griechenlands mit Mykenai beginnen. Der Zeitpunkt ist etwa das Jahr 1600 vor Christi Geburt. Der Hügel von Mykenai ist schon lange vor den Achaiern besiedelt gewesen. Die ältesten Spuren, die gefunden worden sind, stammen aus dem Beginn der Bronzezeit, also aus dem Anfang des dritten Jahrtausends. Die Herrschaft der Achaier in Mykenai wird von den Archäologen in zwei Perioden geteilt. Die erste, von 1600 bis 1400 vor Christi Geburt, wird die frühmykenische genannt. Die zweite, von 1400 bis etwa 1150, ist die Zeit der homerischen Achaier. In das Ende dieser Zeit fällt der Trojanische Krieg. Kurz danach verschwindet die Herrlichkeit Mykenais nicht nur vom Erdboden, sondern auch aus dem Bewußtsein der Menschen. Erst in der Poesie Homers erlebt sie ihre bis in unsere Tage hinein bewunderte Wiederauferstehung.

Wie sah die Welt aus, als Mykenai, die erste Weltstadt der griechischen Kultur, in Blüte stand?

Bemerkenswerterweise stimmt die Zeit Mykenais ziemlich genau mit der Epoche überein, welche als die Periode der Ägyptischen Weltherrschaft bezeichnet wird. Der Erdkreis hallte wider von den Eroberungskriegen, die Ägypten gegen Nubien und die Mächte Asiens führte. Die Königin Hatschepsut, die erste bedeutende Frau, die in der Geschichte auftrat, sandte eine Expedition nach Punt. Unter diesem Land ist wahrscheinlich Ostafrika zu verstehen. Die Schiffe dieser Expedition fuhren vom Nildelta durch einen frühen Suezkanal ins Rote Meer. Hatschepsut erbaute den Tempel von Dêr el-bahri, den wir noch heute bewundern. Auch einer der von ihr errichteten Obelisken in Karnak steht noch. Für alle künftigen Touristen tat die Königin den feierlichen Schwur, daß die neunundzwanzig Meter hohe Steinsäule aus einem Stück sei. Die Archive von Tell-el-Amarna geben uns Auskunft über die auswärtigen Beziehungen der Pharaonen jener Epoche.

Es ist die Zeit, in der die Phoiniker aus einem Volk von Fischern zu einem Volk von Seefahrern wurden. Sie schufen eine Anzahl kleiner Reiche an der Küste Syriens, die uns Kunstwerke von hoher Qualität hinterlassen haben. Sie gründeten Kolonien in Zypern und Rhodos, auf dem griechischen Festland und wahrscheinlich auch schon in Spanien. Auf jeden Fall sind die Phoiniker damals mit der Gründung Karthagos den Griechen zuvorgekommen. In dieser Zeit auch haben sie das Alphabet erfunden.

Das Reich der Hethiter in Kleinasien stand auf dem Höhepunkt seiner Macht. Als eine Art Vortrupp der Perser drang eine Schar iranischer Krieger um 1500 vor Christi Geburt bis zum oberen Euphrat vor und ließ sich an seinen Ufern nieder.

In der zweiten Hälfte der mykenischen Epoche, als schon das Königsgeschlecht der Tantaliden, aus dem Agamemnon hervorgehen sollte, an der Herrschaft war, gab es in Ägypten die einzige Revolution der Weltgeschichte, die je von einem Herrscher entfacht worden ist. Es war die religiöse Revolution des Pharao Amenophis IV. Echnaton. Dieses rätselhafte Genie unternahm den Versuch, die Kulte der unzähligen Götter Ägyptens zu beseitigen, um an deren Stelle ein höchstes Wesen zu setzen, das durch die Sonne symbolisiert war. Echnaton scheiterte. Der amerikanische Ägyptologe Breasted hat ihn den ersten Idealisten der Weltgeschichte genannt.

Mit Mykenais letzten Tagen näherte sich das Bronzezeitalter seinem Ende. Schiffe kreuzten das Meer von Küste zu Küste. Der Handel blühte. Mykenische Gefäße sind in Ägypten und Babylon, in Kleinasien, in Syrien, im westlichen Mittelmeer, ägyptische Gefäße in Mykenai und Knossos gefunden worden. Seeleute sind mitteilsame Naturen. Odysseus hat den Phaeaken eine Menge Geschichten erzählt. Was mögen die Völker an den Küsten des Mittelmeers damals voneinander gewußt haben? Die Archive von Tell-el-Amarna lehren uns, daß es mehr gewesen ist, als wir gemeinhin annehmen.

Miletos, die zweite der griechischen Weltstädte, ist schon im 11. Jahrhundert vor Christi Geburt von Ioniern gegründet worden, die von Dorern vom Festland vertrieben worden waren. Milet ist so alt wie Peking. Aber der Platz ist schon früher bewohnt gewesen. Man hat in Milet eine steinzeitliche Siedlung ausgegraben, die von Kreta, wo es eine Stadt gleichen Namens gegeben hat, ausgegangen ist. Die Blütezeit Milets als Weltstadt beginnt im 7. Jahrhundert vor

Christi Geburt. Um diese Zeit schon hatte die Stadt mehr als sechzig Kolonien an den Küsten des Mittelmeers und des Schwarzen Meers gegründet. Die auf der Krim gelegene, im zweiten Weltkrieg bekanntgewordene Stadt Kertsch, das alte Pantikapeion, ist eine Gründung Milets. Der Reichtum Milets war so berühmt und so groß wie seine Macht. Neuere Geschichtsschreiber haben die Stadt wegen des Zusammentreffens von Reichtum, Seemacht, Handel und Kultur das Venedig des Altertums genannt. Es war die Zeit, in der der Prophet Jeremias, der Fabeldichter Aisop, der Religionsstifter Zarathustra gelebt haben. Um diese Zeit taucht erstmals auch der Name eines bedeutenden Atheners auf, der Name des Gesetzgebers Solon. Während um diese Zeit die Griechen, dieses alte Seefahrervolk, den Schiffsanker erfanden, gründete im Osten, in Ninive am Ufer des Tigris, der Assyrerkönig Assurbanipal seine berühmte Bibliothek, aus deren Tontäfelchen wir so viel über die alten Mythen Mesopotamiens erfahren haben. Im Westen, in Rom, bauten die Römer aus Pfählen und Brettern die erste Brücke über den Tiber und begannen, die Sümpfe zwischen den Hügeln der Stadt trockenzulegen. Karthago war um diese Zeit schon eine Großmacht des westlichen Mittelmeers.

Die Blütezeit der dritten Weltstadt, Athen, im 5. Jahrhundert ist das Zeitalter des Perikles. Es ist das Goldene Jahrhundert Griechenlands. Perikles teilt die Ehre, daß ein ganzes Zeitalter nach ihm benannt worden ist, mit nur wenigen Persönlichkeiten der Geschichte. Es sind Augustus, Königin Elisabeth i., Königin Viktoria, Kaiser Wilhelm ii. Unser Zeitalter nennen wir nicht mehr nach einem Menschen, sondern nach einem Ding, das noch dazu unsichtbar ist. Zur Zeit des Perikles unternahmen die Ägypter einen erfolglosen Aufstand gegen die persische Fremdherrschaft. In Westafrika begannen die Karthager, Kamerun und die Goldküste zu kolonisieren. Die Juden, die nach dem Ende der Babylonischen Gefangenschaft nicht in Babylon bleiben wollten, kehrten in ihre Heimat Palästina zurück.

Die Blütezeit der griechischen Weltstadt Ephesos läßt sich nicht auf eine bestimmte Periode festlegen. Gegründet etwa zur selben Zeit wie Milet, war sie jahrhundertelang die wichtigste Stätte der Verehrung der Artemis. Zur Zeit, als die Apostel Paulus und Johannes in Ephesos weilten, hatte die Stadt eine halbe Million Einwohner. In der byzantinischen Zeit war sie der Mittelpunkt der Marienverehrung. Einige der großen Synoden sind in Ephesos abgehalten worden. Um 500 nach Christi Geburt begann ihr Niedergang.

Als Alexandria, die fünfte der griechischen Weltstädte, von Alexander dem Großen gegründet wurde, hatten die Römer die Etrusker schon besiegt. Hannibal wurde geboren. Der erste Punische Krieg fand statt. Rom stieg zur Großmacht auf.

Durch viele Jahrhunderte hindurch ist Alexandria die geistige Hauptstadt des Hellenismus gewesen, jener Epoche, in der griechische Philosophie in den Osten und östliche Ideen in die griechische Welt eindrangen. Die Bibliothek von Alexandria hat in ihrer Glanzzeit mehr als vierhunderttausend Papyrosrollen besessen. Niemals wieder ist das Wissen eines ganzen Zeitalters so vollständig in einer Bibliothek vereint gewesen. Um dieses glänzende Monopol aufrechtzuerhalten, ist sogar einmal ein Verbot erlassen worden, Papyros aus Ägypten auszuführen.

Es ist die Epoche, in der das Alte Testament ins Griechische und die Odyssee ins Lateinische übersetzt wurden. Archimedes löste Gleichungen dritten Grades und entdeckte die Gesetze der Hebelkraft. Eratosthenes gab der Geographie einen außerordentlichen Auftrieb dadurch, daß er den Erdumfang mit großer Genauigkeit bestimmte. Aristarchos von Samos, ein früher Kopernikus, stellte die Drehung der Erde um sich selbst und um die Sonne fest. In Indien wurde um diese Zeit eine Gedenksäule an der Stelle errichtet, an der Buddha seine erste Predigt gehalten hatte. Ein Chinese erfand zur Freude aller Kinder aller künftigen Zeiten den Drachen, den man in die Lüfte steigen lassen kann. Kaiser Shi Huangti begann den Bau der Großen Mauer, die sich noch heute quer durch Asien zieht. Indem die Große Mauer die kriegerischen Vorstöße der mittelasiatischen Nomadenvölker aus ihrer bisher südlichen Richtung nach Westen ablenkte, wurde sie eine der Ursachen der Völkerwanderung.

Die sechste der griechischen Weltstädte war Antiochia am Orontes, gegründet um 300 vor Christi Geburt von Seleukos Nikator, einem Feldherrn und Nachfolger Alexanders des Großen. Man muß allerdings, um genau zu sein, sagen, daß Antiochia, da die ersten Siedler Veteranen gewesen sind, ebensosehr als eine makedonische wie als eine griechische Stadt zu betrachten ist. Antiochia wurde der Ausgangspunkt der Seleukidischen Aera, einer Zeitrechnung, die im Vorderen Orient viele Jahrhunderte lang gegolten hat und noch bis in unsere Zeit hinein im Süden Arabiens in Gebrauch gewesen ist. Im weiteren Verlauf der Geschichte haben Antiochia und Alexandria als geistige Zentren bedeutender theologischer Schulen eine wichtige Rolle in der Geschichte des jungen Christentums gespielt.

Um 330 nach Christi Geburt wurde endlich eine griechische Stadt zur Hauptstadt der mediterranen Welt. Das alte, von Dorern um 600 vor Christi Geburt gegründete Byzantion am Bosporus wurde von Kaiser Konstantin dem Großen zur Nea Rome, zum Neuen Rom, zur Residenz des Römischen Reiches gemacht. Es war die Zeit, in der das Christentum als Religion vom Staat anerkannt wurde. Die Grabeskirche in Jerusalem, die Geburtskirche in Bethlehem wurden erbaut. Der Buddhismus eroberte China, das ferne Land der Seide. Während Wulfila, der Missionar der Goten, die Bibel ins Gotische übersetzte, verfaßte der römische Schriftsteller Ausonius ein Feuilleton über eine weinfrohe Rhein-Mosel-Fahrt.

Dieses Konstantinopel, die letzte der griechischen Weltstädte des Altertums, hat länger als ein Jahrtausend, vom Konzil von Nikaia bis zur Eroberung durch die Türken, als Sitz der Macht, als Mittelpunkt von Kunst, Literatur, Wissenschaft, Bildung und Sitte eine wunderbare Blüte erlebt. Durch alle Jahrhunderte hindurch hat diese letzte der griechischen Weltstädte einen mächtigen Einfluß auf die geistige Entwicklung des Abendlandes ausgeübt.

Wo auf der Welt gibt es noch einmal ein Volk, das solcher Leistungen sich rühmen könnte?

Es ist aber nicht nur das Abendland gewesen, auf das der griechische Geist durch die ganze Geschichte hindurch gewirkt hat. Es ist die Welt gewesen! Wer heute in einem japanischen Hafen eine Buddhastatue kauft, wird kaum auf die Idee kommen, daß dieser Buddha auf ein griechisches Vorbild zurückgeht. Und doch ist das so. Die Diadochenreiche, die Nachfolgestaaten Alexanders, lagen nicht nur am Mittelmeer. Einer dieser Staaten, Baktrien, aus dem Alexander die schöne Prinzessin Roxane als seine Frau mit sich genommen hatte, lag am Fuß des Hindukush.

Die griechischen Könige, die Alexander dem Großen folgten, haben sich jahrhundertelang in Afghanistan und Pakistan gehalten. Damals eroberte der Buddhismus diese Länder. Es gab nun Griechen, die Buddhisten geworden waren. Das ist nicht erstaunlich. Weniges ist dem griechischen Geist enger verwandt als der indische und chinesische Humanismus. Verblüffend ist, daß der Buddhismus griechische Züge annahm. Die höchst spirituelle, höchst vergeistigte indische Religion des Buddhismus hatte, nach so vielen Jahrhunderten, noch nicht den Versuch unternommen, ein Bild Buddhas zu schaffen. Es gab nur vereinzelte Wiedergaben von Szenen aus seinem Leben. Einem Griechen schien es unerträglich, von seinem Gott keine Anschauung zu haben. So ist der erste, der es gewagt hat, eine Buddhastatue zu schaffen, ein griechischer Bildhauer gewesen.

Wann dieses Ereignis stattgefunden hat, läßt sich noch nicht mit voller Sicherheit sagen. Am wahrscheinlichsten ist, daß es um die Wende vom 1. zum 2. Jahrhundert nach Christi Geburt gewesen ist. Diese von einem Griechen geschaffene Buddhagestalt gelangte, langsam nur sich wandelnd, mit der neuen Lehre nach Zentralasien, nach China, nach Korea und Japan. Hackin hat eine dieser frühen Plastiken in Ostafghanistan ausgegraben. Sie steht im Musée Guimet in Paris.

Es ist ein ergreifendes Kunstwerk. Der griechische Kopf mit den indischen Zügen ist ein Apollon und ein Buddha zugleich. Seit anderthalbtausend Jahren sind ungezählte Millionen von Gebeten vor diesem griechisch-indischen Antlitz gebetet worden. Welch eine Wirkung, die die Welt da einem einzigen griechischen Künstler zu verdanken hat! Grousset bemerkt zu diesem Sachverhalt: »Griechische Kunst, die höchste, die Europa hervorgebracht hat, prägt Buddha, die erhabenste Gestalt Ostasiens. Und so ist Buddha, der Apostel der Barmherzigkeit, wie der Ferne Osten ihn kennt, nicht nur ein indischer Weiser, sondern auch ein junger griechischer Gott.«

Angesichts dieser weltweiten Wirkung des griechischen Geistes wird die Frage brennend, was das Geheimnis dieser Aegaeis ist, dieses Meeres, von dem der Mythos berichtet, daß sogar eine Göttin ihm entstiegen sei. Woher stammt das alles? Wie ist es zu diesem unerschöpflichen Überfluß gekommen, der sogar unser Leben noch immer bereichert?

Die wichtigste der Frühkulturen, die Vorläufer der griechischen Kultur gewesen sind, ist in Kreta entstanden. Um die Wende vom 19. zum 20. Jahrhundert hat der englische Archäologe Evans auf Kreta eine ganze große, bis dahin unbekannte Welt ausgegraben. Sie beginnt über tausend Jahre vor der Blütezeit Mykenais. Diese Kultur war so vollständig in Vergessenheit geraten, daß nichts von ihr übriggeblieben war als alte Sagen, Amulette, die von kretischen Frauen getragen wurden, und die Tatsache, daß der Besitzer des Ackers, unter dem Evans den Palast von Knossos fand, den Namen des Königs Minos trug, der viertausend Jahre zuvor in diesem Palast geherrscht hatte.

Gehen wir an Bord! Fahren wir hinüber nach der alten Insel, die so lange die Geheimnisse ihrer Vergangenheit zu bewahren gewußt hat!

An der Pier steigert sich die erhabene Alltäglichkeit zu einem wilden Furioso. Drängende Menschen, ein heftig gestikulierender Zahlmeister, Träger mit unglaublichen Lasten, Deckpassagiere, beladen

47

mit riesigen Bettenbündeln, Kochtöpfen und platzenden Koffern, schreiende Zeitungsverkäufer, flatternde Geldscheine, Lärm, Lachen, Musik! Eine ganze Kompanie Soldaten geht an Bord, während eine entsprechend große Einheit von hübschen Mädchen ihnen von Land aus zuwinkt. In rasendem Tempo wird die letzte Fracht an Deck genommen. Während das Schiff schon von der Pier ablegt, kauft ein frommer, der Schiffsplanken ungewohnter Bauer noch schnell ein auf Glas gemaltes Bild des heiligen Christophoros.

Im Sonnenuntergang verlassen wir den Hafen Piraeus. Steuerbord gleitet die Insel Salamis vorüber, backbord der von Badenden bevölkerte Strand von Kalamaki, auf dem die Flugzeuge aus aller Welt landen und starten. Die Akropolis mit dem in der untergehenden Sonne weiß leuchtenden Parthenon zeichnet sich gegen den violetten Berghang des Hymettos ab. Vor uns taucht Aegina auf. Hinter Aegina erscheinen mit scharfen Konturen die Berge der Peloponnes. Die Sonne versinkt im Meer. Die Landschaft funkelt in hundert Farben, vom zartesten Blau bis zu majestätischem Purpurrot. Als wir Kap Sunion mit der Ruine des Poseidontempels auf der steilen Klippe passieren, ist die Nacht hereingebrochen.

Morgen früh werden wir in Kreta sein.

Ein kleiner Kontinent

1

Nach einer stürmischen Nacht auf hoher See nähert sich unser gutes Schiff ›Kareiskakis‹ der Küste Kretas. Georgios Karaiskakis ist ein General gewesen, der im Krieg gegen die Türken nach langen Jahren tapferer Kämpfe gefallen ist. Nun trägt das Schiff seinen Namen durch die Wogen des Meeres, für dessen Freiheit er sein Leben hingegeben hat. Welch schöne Ehrung für einen alten Soldaten!

In der Morgendämmerung bin ich an Deck geklettert in der Hoffnung, die Schneekuppe des Ida am Horizont auftauchen zu sehen. Sie erhebt sich 2498 m über den Meeresspiegel und liegt nur etwa dreißig Kilometer landeinwärts. Aber der Horizont ist von grauen Wolkenmassen verhängt. Ein steifer, kalter Südwest stäubt den Gischt der Brecher bis zur Brücke hinauf. Erst kurz vor Herakleion zeigt mir der Erste Offizier hoch oben zwischen den Wolkenschatten eine feine Linie. Sie ist ein Stück der Kontur des Berges, auf dem Zeus seine Jugend verbracht hat. Dann tauchen vor uns die

Bastionen eines Kastells auf. Wir passieren die Hafenmole. Das Kastell ist noch nicht wirklich alt. Vor siebenhundert Jahren erst ist es von den Venezianern erbaut worden. Vom hohen Sims der aus mächtigen Quadern errichteten Mauer blickt der Löwe von San Marco melancholisch auf einen Hafen hinab, in dem seit dreihundert Jahren kein Schiff mehr die venezianische Flagge gezeigt hat.

Kreta, nach Sizilien, Sardinien und Zypern die viertgrößte Insel des Mittelmeers, liegt gleich weit von Afrika, Asien und Europa entfernt. Sie ist 260 km lang und zwischen 60 und 12 km breit. An der Südküste fällt das Gebirge fast überall steil ins Meer ab. Der einzige Hafen an dieser Seite ist eine weite Bucht an der Stelle, an der sich die fruchtbare Messaraebene zum Meer hin öffnet. Die Unwirtlichkeit dieser Küste hat dazu geführt, daß die Insel durch ihre ganze Geschichte hindurch Afrika den Rücken gekehrt hat. Ganz im Anfang einmal ist ein Gott, der von Asiens Küste kam, in der Bucht von Messara an Land gegangen. Die Nordküste dagegen ist reich gegliedert und hat viele, wenn auch kleine, so doch brauchbare Häfen. Zur Aegaeis hin ist Kreta von alters her im Geben wie im Nehmen immer offen gewesen.

Nach diesem Kreta, nach der Bucht von Messara, wurde Europa von Zeus entführt.

Bevor man über den Zeitpunkt, an dem die Geschichte Europas beginnt, etwas festzustellen unternimmt, sollte man dieses mit tausend Facetten schillernde Phänomen definieren. Aber wer könnte sagen, wo Europas Grenzen liegen? Dieses erstaunliche Gebilde, ebensosehr ein Begriff wie ein Kontinent, reicht vom Löwentor von Mykenai bis zum Arc de Triomphe, von Homer bis James Joyce, von Aristoteles bis Marx. Heilige Kronen und nüchterne Republiken, Klöster und Kolonien, Inquisition und Atomphysik, Düsenjäger und Kontrapunkt, Mikroskop und Zigarette, Karl der Große und Salvarsan – das alles ist Europa! Schon der Versuch, die Grenzen des Phänomens abzustecken, stellt sich als ein höchst diffiziles Unternehmen heraus. Es kommt aber noch die Schwierigkeit hinzu, daß es den Geist dieses Kontinents in der Welt schon gegeben hat, bevor Europa selbst in Erscheinung getreten ist.

Man kann in der Kulturgeschichte nicht verfahren, wie man in der Geographie verfährt. In der Geographie gilt von den Quellen, aus denen der Fluß entsteht, diejenige als sein Ursprung, welche am höchsten liegt. Der Anfang Europas ist nicht am Ort seiner ältesten Ursprünge zu suchen. Ursprünge der europäischen Kultur können wir in Ägypten bis ins vierte, in Sumer bis hinauf ins fünfte Jahr-

49

tausend verfolgen. Aber die alten Kulturen des Nildeltas und des Zweistromlandes sind nicht europäisch gewesen. Sie haben in bedeutsamer Weise und in einem Ausmaß, das weiter und tiefer reicht, als den meisten Europäern bewußt ist, zu unserer Kultur beigetragen. Aber als europäisch empfinden wir weder ihre Kunst noch ihre Religion, noch ihre Literatur. Wenn alles wegfiele, was wir den Sumerern, den Ägyptern, den Babyloniern verdanken, gäbe es noch immer Europa. Wenn alles wegfiele, was wir den Griechen verdanken, gäbe es Europa nicht.

Ein Sonderfall von Anfang an ist jenes merkwürdige Beduinenvolk, das im dritten vorchristlichen Jahrtausend, aus den Wüsten Arabiens kommend, den Schauplatz der Geschichte betritt. Wenn alles wegfiele, was wir dem hebräischen Volk zu verdanken haben, gäbe es Europa auch nicht. Aber kann man Abraham darum schon einen Europäer nennen?

Die Achaier dagegen waren, als sie in der ersten Hälfte des zweiten Jahrtausends vor Christi Geburt auf dem griechischen Festland erschienen, zwar sicherlich Europäer, aber man kann sie doch kaum schon als Träger europäischer Kultur bezeichnen. Herodot bemerkt, daß die Griechen ›bildlos‹ nach Hellas gekommen seien. Etwas freilich, was bei der Entstehung Europas eine entscheidende Rolle gespielt hat, hatten die Barbaren aus ihrer Heimat mitgebracht. Das war ihr schöpferisches Genie. Es traf auf alte Kulturen, die in voller Blüte standen, als die Eindringlinge an den Küsten der Aegaeis erschienen. In dem, was diese alten Völker uns hinterlassen haben, gibt es so zahlreiche Elemente, die uns vertraut sind, daß wir die aegaeischen Frühkulturen in dem Jahrtausend, das dem Auftreten der Achaier vorausgeht, wenn auch noch nicht als europäisch, so doch schon als der Geschichte des europäischen Geistes zugehörig empfinden.

Die Begegnung der Achaier mit den Kulturen der Aegaeis ist einer der Glücksfälle der Historie. Unter der Fülle dessen, was die Eroberer vorfanden, trafen sie ihre Auswahl, und so schufen die wunderbaren Barbaren die mykenische Kultur.

Die Elemente, deren sich die Achaier bemächtigten, stammten aus der helladischen Kultur auf dem Festland, aus der kykladischen Kultur auf den Inseln, aus den zahlreichen kleinen Kulturkreisen an der Küste Kleinasiens und aus der minoischen Kultur auf Kreta. Und Kreta wiederum hat entscheidende Anregungen von den Phoinikern an der Küste Syriens empfangen.

Es entbehrt nicht einer ironischen Note, daß dieser verwickelte

Sachverhalt, den die Wissenschaft erst vor etwa fünfzig Jahren zu durchschauen begonnen hat, den Griechen in der Form eines einfachen Mythos vertraut gewesen ist. Es ist der Mythos vom Raub der Europa durch Zeus. Die Ereignisse, die in diesem Mythos dargestellt sind, haben sich im Anfang des zweiten Jahrtausends vor Christi Geburt abgespielt. Die sonderbare Unwissenschaftlichkeit der Tatsache, daß sich ein mythologisches Ereignis zeitlich fixieren läßt und daß Mythos und Wissenschaft in dieser *magna res*, in dieser ersten ›großen Sache‹ des Abendlandes, vollständig miteinander übereinstimmen, wird nur noch durch die Merkwürdigkeit übertroffen, daß der Geburtsort dieses Mythos und der Geburtsort dieser Wissenschaft an den Küsten der gleichen Aegaeis in einer Distanz von weniger als zweihundert Seemeilen einander gegenüberliegen. Während die Wissenschaft ihren mühseligen und steinigen Pfad durch die Jahrtausende wandelte, ist der Mythos so frisch geblieben, wie er zu der Zeit war, als es noch Menschen gab, für die er volle Wirklichkeit gewesen ist. Europa hatte einen Namen, noch ehe es zu existieren begonnen hatte.

Die Prinzessin Europa war eine Tochter des Königs Agenor von Tyros, das an der Küste Phoinikiens liegt. Zeus, der Vater der Götter und Menschen, wurde von Leidenschaft für das schöne Mädchen ergriffen. Um sie zu erobern, schickte er den Hermes aus, die Rinderherde des Königs auf eine Wiese am Ufer zu treiben, wo Europa sich mit ihren Freundinnen zu ergehen pflegte. Zeus nahm die Gestalt eines Stiers an. Der Stier war weiß bis auf einen schwarzen Stirnstreifen zwischen den kleinen, hohen Hörnern. Das schöne fremde Tier fiel der Prinzessin auf. Da es sanft wie ein Lamm zu sein schien, überwand sie ihre Furcht und begann, mit ihm zu spielen. Sie schlang ein Blumengewinde um seine Hörner. Der Stier ging in die Knie, als wolle er die Spielgefährtin auffordern, sich auf seinen Rücken zu setzen. Sie tat es. Langsam wandelte der Stier zum Strand hinunter. Plötzlich sprang er ins Wasser und schwamm ins Meer hinaus, die Jungfrau auf seinem Rücken. Entsetzt blickte Europa zurück zum Ufer Asiens, an dem ihre weinenden Freundinnen zusammenliefen. Immer weiter aufs Meer hinaus trug der Stier die Prinzessin, die sich mit der einen Hand am rechten Horn des Stiers anklammerte, während sie in der anderen noch immer einen Blumenstrauß hielt. So hat uns Ovid in den ›Metamorphosen‹ die Szene geschildert.

Das Wasser benetzte wunderbarerweise die Prinzessin nicht. Sonst hätte die Geschichte unserer Kultur mit einem Schnupfen begonnen.

Sicher in der göttlichen Obhut wurde Europa von Zeus übers Meer nach Kreta gebracht. An Land gekommen, verwandelte sich der Gott in einen Adler und trug die Jungfrau in ein von einer Platane überragtes Weidendickicht an einer Quelle. Die Platane blieb von da an ein immergrüner Baum. Noch in klassischer Zeit ist er den Fremden gezeigt worden.

Die Liebe hat den Göttervater lange in Bann gehalten. Europa gebar dem Zeus drei Söhne – den Minos, den Radamanthys und den Sarpedon. Als Geschenk hat Zeus der Geliebten das berühmte, von dem göttlichen Schmied Hephaistos verfertigte goldene Halsband überreicht, das seiner Trägerin unwiderstehliche Schönheit verlieh.

Wann wohl mag Europa dieses wunderbare Halsband verloren haben?

Die Darstellung der so pittoresken Szene des Raubes der Europa hat die großen Maler von jeher gereizt. Von Rubens, dem das Sujet natürlich besonders liegen mußte, gibt es das herrliche Bild im Prado. Tizians sehr dekorative Darstellung hängt – noch einmal ist Europa übers Meer entführt worden – in der Sammlung Gardiner in Boston. Auch Dürer hat die Szene verschiedene Male gezeichnet. Das bekannteste und schönste Bild ist die glanzvolle Komposition Veroneses im Dogenpalast in Venedig.

Die Darstellungen, welche die Antike uns hinterlassen hat, sind nicht zahlreich. Für Griechen und Römer hat der Name Europa noch nicht den Klang gehabt, den er für unsere Ohren hat. Doch ist das Thema immer lebendig gewesen. Das früheste erhaltene Beispiel ist eine griechische Terrakotte aus dem 6. Jahrhundert vor Christi Geburt. Dann gibt es eine Marmorgruppe im Vatikan, ferner die Metope von Selinunt, ein Relief vom Gebälk des Tempels, die heute in Palermo aufbewahrt wird, und die Metope vom Apollontempel in Delphi. Auf Vasen ist die Szene häufiger dargestellt worden. Die eindrucksvollste antike Wiedergabe der Geschichte ist das prachtvolle Wandgemälde aus Pompeii, das sich heute in Neapel befindet.

Im Mythos vom Raub der Europa spiegelt sich in einer dem griechischen Geist höchst eigentümlichen Weise eine Fülle von Tatsachen, Verflechtungen und Zusammenhängen wider. Die Trümmer der Stadt Tyros, der Heimat Europas, liegen, halb im Sand vergraben, im Süden des heutigen Staates Libanon. Die Wiese, auf der sich die Story abgespielt hat, deren Happy-End wir selber sind, wird noch gezeigt. Übrigens liegt sie unweit der Stelle, an der der große Fisch den Propheten Jona an Land gespieen hat.

Schon der Stammbaum unserer Ahnherrin ist bemerkenswert. Ihr Vater, der König Agenor, ein Sohn des Meergottes Poseidon, ist aus Ägypten nach Syrien gekommen. Sein phoinikischer Name ist ›Chnas‹. Dieser Name erscheint in der Bibel als ›Kanaan‹. Der Name Phoinikien wiederum stammt von einem Sohn König Agenors, der Phoinix hieß. Einige Gelehrte vertreten sogar die erstaunliche Ansicht, daß die Kanaaniter oder Phoiniker, da viele ihrer Sitten auf Ostafrika hinweisen, ursprünglich nicht einmal aus Ägypten stammen, sondern erst aus Uganda nach Ägypten gekommen seien. Agenor sandte seine fünf Söhne aus, ihre Schwester Europa zu suchen. Keiner hat sie gefunden. Sie alle gründeten neue Reiche an den Küsten des Mittelmeers. Der eine von ihnen, Kadmos, gelangte zunächst nach Rhodos, dann nach Thera, das heute Santorin heißt. Dann besuchte er Delphi. Das Orakel befahl ihm, die Suche nach seiner Schwester aufzugeben. Er gründete die Stadt Theben in Boeotien. Daß es eine Stadt gleichen Namens in Ägypten schon gab, ist ein Grund mehr, die Herkunft des Geschlechts des Königs Agenor in Ägypten zu vermuten.

Auch hier weist der Mythos auf tatsächliche Geschehnisse hin. Die Expeditionen der fünf Söhne König Agenors dürften in Wirklichkeit eine Flucht phoinikischer Stämme nach Westen im Anfang des zweiten Jahrtausends gewesen sein. Damals ist Korinth entstanden, von dem man durch die Ausgrabungen weiß, daß es von Phoinikern gegründet worden ist.

Die Geschichte von Zeus und Europa ist wohl auch eine alte Erinnerung an einen griechischen Raubzug an die Küste Syriens. Der Schriftsteller Johannes Malalas, der zur Zeit Kaiser Justinians in der Mitte des 6. Jahrhunderts nach Christi Geburt in Konstantinopel gelebt hat, erwähnt einen noch zu seiner Zeit in Tyros jährlich gefeierten ›Abend des Übels‹. Er wurde begangen zur Erinnerung an ›Tauros‹ – das griechische Wort für Stier –, einen König von Kreta, der Tyros in Abwesenheit des Königs Agenor und seiner Söhne angegriffen und erobert hatte. Tauros nahm viele Gefangene mit, darunter Europa, die Tochter des Königs. Herodot erwähnt dieses Ereignis. Daß Zeus, dieser unasiatische, ganz und gar griechische Gott Europa nach Kreta bringt, ist ein Hinweis auf sehr frühe Beziehungen der Griechen zu dieser Insel. Auf der einen Seite ist die Geschichte vom Raub der Europa eine Erinnerung an einen griechischen Raubzug nach Phoinikien. Auf der anderen Seite weist die Tatsache, daß Europa aus Phoinikien stammt, auf die Rolle hin, die die Phoiniker für die griechische Kultur gespielt haben. Ihnen haben die Griechen das

Alphabet zu verdanken und wahrscheinlich auch noch die Kenntnis des Kupfers, des Weinbaus und der Olive.

Es ist ein zartes und wunderbares Geflecht von Dichtung, Frömmigkeit und Historie, das die Phantasie der Griechen über die Anfänge gebreitet hat. Nicht weniger bewundernswert ist der freilich auch auf griechische Tradition zurückgehende Scharfsinn der Gelehrten, die die Muster dieses Geflechts durch Vergleich Hunderter, ja Tausender einzelner Tatsachen zueinander in Beziehung gesetzt haben. Mit dieser unendlichen Geduld hat die Wissenschaft das Meisterstück zuwege gebracht, den Sinn des Mythos zu erhellen, Licht in die Anfänge zu bringen.

Von keinem Anfang freilich können wir wissen, ob er nicht zugleich das Ende einer großen Vergangenheit gewesen ist. Die schöne Frau auf dem Rücken des Stiers stellt eine Szene dar, die auch einen religiösen Aspekt hat. Die auf dem zum Opfer bestimmten Sonnenstier reitende Hohepriesterin des Mondes ist die Repräsentantin eines uralten Fruchtbarkeitskults, dessen Spuren in allen vorgriechischen aegaeischen Kulturen nachweisbar sind. Der Mythos von Zeus und Europa, der mit so schönem poetischem Pathos den Anfang der europäischen Kultur darstellt, ist gleichzeitig das letzte, auf geheimnisvolle Weise lebendig gebliebene Urbild einer verschollenen Religion.

2

Durch die Straßen von Herakleion weht eine frische Morgenbrise. Der Himmel ist blank gefegt. In der Sonne fängt es an, warm zu werden. Ich gehe in mein Stammcafé, wo ich mit Michael, meinem kretischen Freund, verabredet bin. Wir wollen nach Knossos zum Palast des Königs Minos fahren.

Von meinem Platz aus sehe ich eine Straße entlang, auf der rechts und links der Markt zugange ist. Unter schattigen Markisen werden Früchte, Blumen, Gemüse, frischer Fisch und Geflügel feilgeboten. Nur die Fleischstände sind an anderer Stelle aufgebaut, in einer Gasse, die so eng ist, daß die Sonne nicht hineinscheinen kann.

Obwohl ich erst einen Tag in Herakleion bin, genieße ich doch schon in meinem Caféhaus die Rechte eines Stammgastes. In diesem Land begrüßt der Wirt den Xenos, den Fremdling, bereits, wenn er zum zweiten Male kommt, mit einer freundlichen Geste des Wiedererkennens. Mein Wirt ist ein großer, breitschultriger Mann. Das graue

Haar trägt er kurz geschoren. Die rechte Augenhöhle ist eine Narbe. Sein anderes, schwarzes, funkelndes, ein wenig listiges Auge ist das Auge eines Kreters. Mit dem scharfen, ernsten Blick des Menschenkenners mustert er den Kömmling. Sein Urteil ist in einem Augenblick gefällt. Von diesem einen Augenblick kann in diesem Land des Mutes, der Freiheitsliebe und des Fanatismus gelegentlich sogar das Leben eines Fremdlings abhängen. Der bemerkenswerte Kerl trägt noch die alte Tracht, wie die Bauern auf dem Land sie tragen – hohe Stiefel und Pluderhosen, dazu die kurze, gestickte, vorn offene Jacke über dem weißen Hemd und die um den Leib geschlungene schwarze Schärpe, in der noch vor nicht allzulanger Zeit bei jedem freien Mann ein Dolch steckte und eine lange Pistole oder deren zwei.

Man kann stundenlang in so einem kleinen Caféhaus sitzen, ohne daß jemand nach einer Bestellung fragt. Das wird nicht nur dem Xenos erlaubt. Das kann jeder Bauer, jeder Fischer und auch jeder Bettler tun, der seine müden Glieder ein wenig ausruhen will. Der Wirt kommt erst, wenn man ihn ruft. Ein paar höfliche Worte werden getauscht. Es ist nicht schwer, das Wohlwollen eines Einäugigen zu erwerben. Die meisten Menschen starren fasziniert auf die Narbe, das Trauma des Schicksals, so daß es dem Einäugigen selten gegeben ist, einem Mitmenschen ins Auge zu schauen. Einem Einäugigen erscheint der, der wirklich den Blick mit ihm tauscht, als ein Bruder auf Erden. Ihn zu fragen, auf welche Weise ihm das Auge verlorengegangen sei, habe ich freilich nicht gewagt.

Die Höflichkeit des Kreters wird von einem Element vornehmer Zurückhaltung beherrscht. Aber die Frage nach dem Woher? ist auch ihm erlaubt. Nun also, ich bin ein ›Germanos‹. Das ist niemals nur eine einfache Feststellung, wenn man sich in einem Land befindet, in dem noch vor einem halben Menschenalter ein erbitterter Kampf zwischen Gewalt und Freiheit getobt hat. Durch ein kleines, nachdenkliches Achselzucken, durch eine ein wenig gehobene Augenbraue, durch ein leicht geseufztes »Ah, Germanos!« deutet der Frager an, daß er, als Sieger in diesem Kampf, nicht gewillt ist, seinem alten Feind die Unbill nachzutragen, die er durch ihn erlitten hat. Als ich einmal die kleine dämmrige Bude betrete, die der Bereitung des Mokkas dient, entdecke ich, daß die alte türkische Kaffeemühle auf einem guterhaltenen römischen Marmorsarkophag steht. Wir unterhalten uns über das prächtige Stück, dessen Wert dem Alten durchaus bewußt ist. Das Museum will den Sarkophag seit langem haben. Er lehnt es ab, ihn zu verkaufen. Er habe ihn von seinem Vater geerbt. Meine kräftige Akklamation zu diesem vortreff-

55

lichen Motiv führt dazu, daß er zwei Gläser auf den Marmor stellt, um durch einen kleinen Ouso einen Separatfrieden zwischen der Vergangenheit und der Zukunft abzuschließen. Allmählich tut die Zeit, die alte Zauberin, ihr Werk.

Vor dem Caféhaus wartet schon der Stiefelputzer. Stiefel vertreten kein nationales Prinzip. Stiefelputzen ist eine Angelegenheit der Philosophie. Man sitzt in der Sonne. Man schlürft einen guten Mokka. Überall, wo einmal Türken geherrscht haben, ist der Mokka ausgezeichnet. Nicht jedes Weltreich hinterläßt der Menschheit eine so angenehme Errungenschaft. Mit Heiterkeit sieht man zu, wie der Staub des vergangenen Tages dem Glanz des neuen weicht. Und schon am frühen Morgen hat der Fremdling Gelegenheit, durch eine Drachme extra ein kleines Lächeln in die Welt zu zaubern.

Die Morgenbrise, die durch die Marktstraße weht, mischt den Duft der Macchia, den sie von den fernen Bergen mitbringt, mit dem Duft der Blumen und Orangen und dem Geruch des Fischs. So linde dieses Lüftchen daherkommt, sein Wehen hat Geschichte gemacht. Die Brise ist von wunderbarer Regelmäßigkeit, die darauf beruht, daß bei gleichmäßiger Sonnenbestrahlung das Land sich sowohl schneller erhitzt als auch schneller abkühlt als das Wasser. Steigt warme Luft vom Land auf, weht die Brise von See her. Steigt, bei abgekühltem Land, die Luft von der wärmeren See auf, herrscht ablandiger Wind.

Die seewärts gerichtete Brise setzt oft schon gegen neun Uhr abends, spätestens gegen Mitternacht ein und dauert bis etwa neun Uhr morgens. Die landwärts wehende Brise schlägt sich gegen Mittag ein und klingt spätestens gegen acht Uhr abends ab. So gehen die Fischer vor Mitternacht auf See und kommen mittags zurück. Auch mit einem kleinen Boot kommt man mit dem ablandigen Wind leicht aufs Wasser hinaus und mit der von der See her wehenden Brise leicht wieder in den Hafen zurück. Zweifellos ist es dieser meteorologischen Liebenswürdigkeit der Natur zu verdanken, daß sich die Inselbewohner schon früh aufs Wasser hinausgewagt haben. So haben sie gelernt, wenigstens im Sommer vom Fischfang zu leben. Ein zu bestimmten Jahreszeiten regelmäßig wehender Nordwind hat große Bedeutung für die Handelsschiffahrt nach Ägypten und Asien gehabt. Auch hat die genaue Kenntnis der Konstanz der Windverhältnisse in der Meerenge zwischen der Insel Salamis und dem Festland eine Rolle in Themistokles' taktischem Kalkül der Seeschlacht gegen die Perser gespielt. Der in seinen Überlegungen von ihm richtig angesetzte Wind hat, wie Plutarch berichtet, zum Sieg der Griechen bei Salamis entscheidend beigetragen.

So war auch in den frühen Zeiten der mächtigste Gott der Griechen der Beherrscher des Meeres, der »stranderschütternde Poseidon«. Zeus ist der jüngere Bruder Poseidons gewesen, der erst in fast schon geschichtlicher Zeit in den Vordergrund tritt. Professor Otto, der gelehrte Graezist, hat diesen Wechsel in der Herrschaft zweier Götter einmal in einen jener Sätze zusammengefaßt, in denen die Weisheit eines Kenners einen schwierigen Sachverhalt in einer einzigen kurzen Formel zum Ausdruck bringt. Er sagte: »Der Zorn Poseidons in der Odyssee klingt nur noch wie das Grollen eines abziehenden Gewitters.«

Als Michael kommt, unterbreite ich ihm meine morgendlichen Mokkameditationen. Er lächelt ein wenig und bemerkt nur, daß Platon das alles sehr viel weniger feierlich ausgedrückt habe, indem er von sich und seinen Landsleuten einmal spöttisch gesagt habe: »Wie Frösche um den Sumpf sitzen wir um das Meer herum.«

Der Palast von Knossos ist eine der großartigsten Ruinen, die es auf der Welt gibt. Als er noch in all seiner pittoresken Schönheit unter der Sonne lag, war er die Mitte einer der großen frühen Kulturen der Menschheit. Als ausgegrabene Ruine ist er das erstaunlichste Denkmal, das sich die jüngste Zivilisation der Erde, die Epoche der Technik, gesetzt hat. Man achtet meistens nicht darauf, daß die Altertumswissenschaft kein bißchen weniger modern ist als die moderne Naturwissenschaft. In einer eigentümlichen Parallelität haben sich diese beiden Wissenschaften entwickelt, ohne voneinander Notiz zu nehmen. Zwar haben sich die Geisteswissenschaftler durchaus für die Entdeckungen der Naturwissenschaftler und die Naturwissenschaftler für die Ergebnisse der historischen und kulturgeschichtlichen Forschungen interessiert; aber die einzelnen wissenschaftlichen Disziplinen gerieten unter der Wirkung der fortschreitenden Spezialisierung in eine immer stärkere Isolierung hinein. Die Naturwissenschaft verzichtete darauf, die Deutungen ihrer Ergebnisse einer philosophischen Prüfung zu unterwerfen. Sie wurde zur Dienerin einer Technik, die in primitiver Weise in eine Zukunft starrte, die durch sie nur schlimmer werden konnte. Unterdessen hatte der seiner selbst sich wieder bewußt werdende Geist Europas die Vergangenheit zu seinem Thema gemacht.

Das erste, was am Palast von Knossos auffällt, ist die Unscheinbarkeit seiner Lage. Von der Burg von Mykenai sieht man die von Bergen eingerahmte Ebene von Argolis bis zum fernen Meeresstrand ausgebreitet vor sich liegen. Delphi, am Hang des Parnassos, gewährt ein See- und Gebirgspanorama, das einzigartig auf der Welt ist. Olympia liegt in einem weiten freien Tal, über das alle Sachsen, die es je besucht haben, sich einig sind, daß es als lieblich bezeichnet werden muß. Milets Horizont ist von einer Kette von Inseln begrenzt. Knossos dagegen liegt in einem kleinen Tal auf der Kuppe eines Hügels, der sogar noch von den niedrigen Höhenzügen, die das Tal begrenzen, ein wenig überragt wird. Obwohl das Meer nur ein paar Meilen entfernt ist, kann man es auch von den höheren Terrassen aus nicht sehen. Man weiß nur, daß kleine Schiffe von der Küste durch Treideln bis zum Palast gebracht worden sind.

Die Ruinen bedecken ein weites Gelände. Man steigt auf flachen Stufen wunderbar breite Treppen hinauf. Teile der Fassaden mit den charakteristisch kurzen, gedrungenen, nach oben sich verbreiternden Säulen sind wiederaufgerichtet worden. Von einer der Terrassen aus kann man das Ruinenfeld gut übersehen. Auf den ersten Blick ist es nicht möglich, in der Vielzahl dieser Kammern, Treppen, Durchgänge und Höfe eine Ordnung, einen Zusammenhang, einen Plan zu entdecken. So ist es nicht verwunderlich, daß die Griechen der Antike geglaubt haben, das seien die Trümmer des geheimnisvollen Labyrinths, in dem der Minotauros gehaust habe. Das einzig erkennbare, architektonisch ordnende Element ist ein mächtiger gepflasterter Hof. Er ist fast tausend Quadratmeter groß. Auf diesem Hof stand der Altar für die Opfer, die den Göttern gebracht wurden. Und hier wahrscheinlich auch haben die religiösen Tänze und Stierspiele stattgefunden, von denen die Fresken, die Vasenbilder und die Siegel erzählen.

Um diesen Hof herum sind eine Anzahl Gebäude von verschiedener Größe errichtet worden. Die vielen, lose aneinandergefügten Bauteile scheinen keinen inneren Zusammenhang untereinander zu haben. So sieht es also zunächst so aus, als sei das die Bauweise von Leuten gewesen, die es nicht besser verstanden hätten. Wir wissen aber, daß die minoische Kultur eine Welt von großer Differenziertheit gewesen ist, und gerade die Architektur ist von allen Künsten diejenige, aus der man am meisten über das Wesen der Menschen erfahren kann.

Wenn man die Palastfronten von Knossos nach den archäologischen Rekonstruktionen vor sich aufzubauen versucht, stellt sich nach einiger Zeit das Gefühl ein, daß die lose Aneinanderreihung der Bauteile doch nicht zufällig ist. Die minoische Architektur ist malerisch. Der große Platz in der Mitte wirkt nach allen Seiten der ganzen Anlage weiter, bindet die Bauteile aneinander. Gleichzeitig empfindet man diese pittoreske Unordnung, dieses Fehlen eines durch die ganze Anlage hindurchgehenden konstruktiven Prinzips als Ausdruck einer großen inneren Freiheit der Architekten, die diesen Palast im Lauf der Zeit errichtet haben. Sie müssen ausgeprägte Persönlichkeiten gewesen sein. So ist es sicherlich auch kein Zufall, daß die Überlieferung den Daidalos, als er eines Mordes wegen aus Athen fliehen mußte, beim König Minos auf Kreta Schutz finden läßt. Dieser geheimnisvolle Athener, der in seiner genialen Vielseitigkeit als Künstler und Ingenieur nur mit Lionardo da Vinci vergleichbar ist, galt den Griechen als der Erfinder der Bildhauerkunst. In seinem schönen Roman ›Ich und die Könige. Projekte, Zwischenfälle und Resümees aus dem Leben des Ingenieurs D.‹ hat Ernst Schnabel mit der Souveränität eines gelehrten Poeten die faszinierende Persönlichkeit des Daidalos für uns wieder zum Leben erweckt.

Der Palast in Knossos ist die Bühne einer Welt des Traumes gewesen, und dieser Traum ist uns auf eine geheimnisvolle Weise vertraut.

Der an der Peripherie sich auflösenden Offenheit der Palastanlage entspricht die Tatsache, daß keine Spuren von Befestigungen gefunden worden sind. Die Archäologen erklären das mit einer jahrhundertelang nicht bedroht gewesenen Seeherrschaft. Das Lebensgefühl dieser Menschen muß von einem Element existentieller Sicherheit und Beständigkeit getönt gewesen sein. Blieben von den achtziger Jahren des 19. Jahrhunderts einer späteren Zeit nur die Bilder des Impressionismus erhalten, man würde von diesem Zeitalter einen ähnlichen Eindruck gewinnen, wie wir ihn von der Welt des frühen Kreta haben.

Nachdem in der spätminoischen Epoche die Achaier in Knossos zur Macht gekommen waren, änderte sich das. Die neuen Herren legten ein Netzwerk von durch Forts befestigten Straßen an, um eine Herrschaft zu sichern, die sie über die Kykladen bis Attika und vielleicht sogar bis Sizilien ausgedehnt hatten.

Der schon erwähnte Entdecker der kretischen Kultur, der englische Archäologe Arthur Evans, hat in Oxford und Göttingen studiert. Von ihm stammt auch die Bezeichnung ›Minoische Kultur‹, die die Archäologie unterdessen international akzeptiert hat. Unglaubliche Schätze sind es, die Evans in dem Palast ans Tageslicht gefördert hat. Goldener Schmuck wurde gefunden, Elfenbeinplastiken, herrliche Bronzewaffen, Kessel und Kultgegenstände, Vasen von großer Schönheit. Zu den Besonderheiten der kretischen Kunst gehören die

Siegel. Ihre Gravierungen beginnen mit geometrischen Mustern, um später figürliche Darstellungen zu zeigen, die in ihrem künstlerischen Rang den vorzüglichsten Erzeugnissen antiker Gemmenkunst gleichzusetzen sind. Unter den figürlichen Themen dieser Siegel tritt sehr früh das Motiv des Löwentors von Mykenai auf.

Das Wunder des Palastes sind die Fresken, die in ihm trotz Feuer und Erdbeben erhalten geblieben sind. Während wir von der Malerei der Griechen nicht ein einziges Original besitzen, ist in Knossos aus einer um ein Jahrtausend früheren Zeit so viel erhalten geblieben, daß wir uns von der Malerei der kretischen Welt ein Bild machen können.

Die Farben waren weiß, schwarz, rot, blau, gelb und hin und wieder auch grün. Da es sich, im Gegensatz zu der vorausgegangenen Epoche der aegaeischen Kunst, die ungegenständlich gewesen war, um eine gegenständliche Kunst handelt, kann man aus den Inhalten der Bilder eine Fülle von Schlüssen ziehen.

Die Originale dieser Fresken befinden sich heute, ihrer Kostbarkeit und Empfindlichkeit wegen, im Museum von Herakleion. Aber Evans, später Sir Arthur, ist ein reicher Mann gewesen. Er hat aus eigenen Mitteln einige Räume des Palastes wiederherstellen und an ihren Wänden nach den gefundenen Resten ergänzte Kopien anbringen lassen. Über seine Rekonstruktionen ist viel gestritten worden. Die Gelehrten sind nicht alle entzückt. Die Archäologie schreitet in ihren Erkenntnissen fort. Es ist eine heikle Sache, eine wissenschaftlich hochaktuelle neue Wahrheit sogleich in Beton zu gießen. Im Gelehrtenstreit ist eine hochaktuelle Wahrheit bald überholt und wird von einer neueren, noch aktuelleren ersetzt. Beton aber kann man mit Argumenten nicht beseitigen. Doch ist vielleicht gerade das, was an überholten wissenschaftlichen Ansichten in Knossos so fest betoniert dasteht, geeignet, die Gelehrten an die Vergänglichkeit ihrer Wahrheiten zu erinnern. Der Laie jedenfalls, ein Individuum ohne Skrupel, erfreut sein Auge an den Wandornamenten im Badezimmer der Königin und an dem herrlichen Greifenfries, der sich hinter dem Alabasterthron des Fürsten an der Wand des Thronsaales entlangzieht.

In den Vorratskammern, teilweise in die Erde eingelassen, stehen noch immer riesige Tongefäße, in denen der wahre Reichtum des Herrschers, Getreide und Olivenöl, aufbewahrt worden ist. Der ganze Palast hat eine vollständige, modernen Ansprüchen genügende Kanalisation gehabt.

Von der kretischen Kultur, die uns so vertraut erscheint, kann man sagen, sie liege in verschleierter Klarheit vor unseren Augen. Wir wissen aus den Fresken, wie diese Menschen ausgesehen, wie sie sich gekleidet haben. Wir kennen ihre Kunst. Wir können aus den Darstellungen viele ihrer öffentlichen Gebräuche ablesen. Wir können uns von ihrer Religion einen gewissen Begriff machen. Die in Hellas lebendig gebliebenen Überlieferungen dieser Kultur lassen sich in hundert Spuren nachweisen. Aber wir wissen nichts von dem geistigen Gehalt dieser Welt.

Zwar hat die geheimnisvolle, bisher stumme Zivilisation plötzlich zu sprechen begonnen. Im Jahre 1956 gelang es den beiden englischen Gelehrten Ventris und Chadwick, mit Hilfe mathematischer Methoden, die im zweiten Weltkrieg zur Dechiffrierung feindlicher Geheimcodes entwickelt worden sind, eine der kretischen Schriften, die Linear B, zu entziffern. Aber unglücklicherweise sind es nur die Zahlmeister, die zu sprechen begonnen haben. Die Tontäfelchen in Linear B, die in Knossos ausgegraben worden sind, enthalten Verzeichnisse von Vieh, Waren und Magazinvorräten. Texte literarischen Inhalts sind bisher nicht gefunden worden. Das hat seinen Grund wahrscheinlich darin, daß literarische Texte auf Papyros geschrieben worden sind, ein Material, das zwar kostbarer, aber leider auch weniger haltbar als gebrannter Ton ist. Die überraschendste Feststellung, die sich aus der Entzifferung der Linear B ergeben hat, ist die, daß die Sprache dieser kretischen Schrift ein frühes Griechisch ist, und zwar ein aiolischer Dialekt. Allmählich lassen sich Vermutungen über die Art und Weise anstellen, wie die mykenische Kultur mit der in ihren Anfängen sicher nicht griechischen Kultur Kretas verflochten gewesen ist.

Das Eigentümliche in der Art, in der die kretische Kultur sich uns darstellt, diese optische Klarheit hinter einem geheimnisvollen Schleier, kann man sich deutlich machen, wenn man einmal annimmt, wir hätten keine Kenntnis von der englischen Kultur des Mittelalters und verstünden auch die englische Sprache nicht, und jetzt hätten wir die Möglichkeit, ein Königsdrama Shakespeares zu sehen. Ungefähr so viel, wie wir aus dem schließen könnten, was wir auf der Bühne mit eigenen Augen zu sehen bekämen, können wir aus den kretischen Fresken schließen.

Die Menschen waren klein, schwarzhaarig, zierlich, die Frauen von grazilem Charme. Es ist ein Fresko ausgegraben worden, das die Ausgräber ›La petite Parisienne‹ genannt haben. Nicht nur ist das entzückende Persönchen dieses Freskos so lebendig wiedergegeben, daß wir die Darstellung als ein Portrait empfinden, auch die Malweise wirkt modern. Man könnte das Bild für ein Werk Marie Laurencins halten.

Die Ethnologen sagen uns, daß die Kreter der minoischen Kultur keiner europäischen, sondern der urmittelländischen Rasse angehört haben. Echte Nachkommen dieses Volkes, sogenannte Eteokreter, gibt es noch heute auf der Insel.

Die minoische Kunst ist, wie schon bei der Architektur gesagt wurde, eine malerische, eine dekorative Kunst gewesen. Auch das wirkt modern. Großplastiken scheint es nicht gegeben zu haben. Dafür sind die Kleinplastiken von unerhörter Feinheit und Eleganz. Eine Schlangenpriesterin, ein goldener Stierkopf, ein Stierkämpfer aus Elfenbein sind Beispiele dafür.

Die Sammlung der Ausgrabungen der minoischen Kunst im Museum von Herakleion enthält eine Fülle herrlicher Keramiken. Durchwandelt man die Säle des Museums, scheint es einem, als ob ein Rausch von Formen und Farben jahrhundertelang in einer unerschöpflichen Fülle von Einfällen wie eine Woge über die irdenen Töpfe dahingegangen sei. Der überströmende Reichtum dieser wie musikalische Themen unendlich variierten heiteren Motive ruft beim Beschauer den Eindruck hervor, daß hier ein gewaltiger Hymnus das Lebensgefühl einer glücklichen Epoche ausdrückt. In dieser Sache freilich darf man mit den Schlüssen nicht zu weit gehen. Das Rokoko ist das Prélude der Französischen Revolution gewesen.

Die Motive der Keramik sind Blumenmuster von großer Lebendigkeit, Seetiere und unendliche Variationen von Ornamenten. Auf den Fresken finden sich spielende Delphine, Jagdszenen, Vögel, springende Katzen und immer wieder der Stier. Es hat da eine spielerische Akrobatik gegeben, bei der ein Jüngling das Horn des stürmenden Stiers ergriff und einen Salto über den Stier hinweg machte, um von einem zierlichen Mädchen aufgefangen zu werden. Die erfahrensten spanischen Stierkämpfer, denen es schließlich weder an Mut noch an Geschicklichkeit gebricht, erklären, das sei ein Ding der Unmöglichkeit. Aber die Darstellungen sind so wirklichkeitsnah, so naturalistisch, daß wir die Sache doch wohl glauben müssen.

Zu den Gebräuchen der Feste gehörten neben den Stierspielen religiöse Tänze. In den Fresken, auf denen Szenen solcher Feste abgebildet sind, werden Volksmengen dargestellt, ein Motiv, das der ganzen antiken Kunst fremd ist. Bei den Tänzen bildeten sich Ketten von Tänzern, die einander an den Händen faßten. Diese Art des Tanzes, die auch Homer beschreibt, wird noch heute in Kreta und in Hellas geübt. Sie hat etwas so Verführerisches, daß sie einen nach dem anderen die Zuschauer und Zuschauerinnen in ihren Kreis zieht.

Es gab Erntedankfeste. Es gab feierliche Zeremonien zur Herbeirufung der Gottheit. Die Religion hat einen durchaus spirituellen Charakter gehabt. Es scheint, daß es Götterbilder, die verehrt wurden, nicht gegeben hat. Die immer wiederkehrenden Symbole – die Doppelaxt, die Säule, die heiligen Tiere Löwe, Stier und Greif – hatten die Bestimmung, einem Platz den Charakter ritueller Heiligkeit zu geben. Alle diese Symbole haben eine alte asiatische Geschichte. Die Aufstellung solcher Symbole war die Bedingung für die Epiphanie, das Erscheinen der Gottheit. Auf einem Siegel findet sich die Darstellung einer solchen Epiphanie. Es ist die Darstellung einer Vision, etwas für eine so frühe Zeit ganz Außergewöhnliches. Das Thema kommt erst in hellenistischer Zeit wieder vor. Die Gottheit konnte auch die Gestalt eines Vogels annehmen. Das finden wir in der Odyssee wieder, wo Athene einmal als Schwalbe auftritt. In diesem Zusammenhang darf daran erinnert werden, daß der Heilige Geist in der christlichen Kunst durch eine Taube dargestellt wird. Daß die Seele des Menschen für unsterblich gehalten wurde, beweisen die Totenbräuche. Auf einem in Hagia Triada gefundenen Sarkophag ist ein Mann abgebildet, der am Eingang zu seiner Grabkammer einige Stücke Vieh und ein Schiff in Empfang nimmt, während sein Weib der Gottheit ein Opfer spendet.

Ganz modern wirkt es auch, daß die Verehrung des Fürsten offenbar keine große Rolle gespielt hat. Darstellungen, die der Majestät des Herrschers huldigen, sind nicht gefunden worden. Die Fürsten von Knossos sind mächtig, aber human gewesen. Es fehlt jede Spur des sowohl im Orient wie später auch im Mittelmeer weitverbreiteten Brauches, den Fürsten nach seinem Tod in den Rang einer Gottheit zu erheben. Es hat keine Pyramiden, keine Ziggurats, keine monumentalen Gräber gegeben. Zu der Vermutung, daß die Herrscher einen sehr humanen Typ verkörpert haben, paßt es gut, daß Minos, der erste König von Kreta, nach seinem Tod wegen seiner Weisheit zum Richter in der Unterwelt bestellt wurde.

Etwas freilich an der Kunst Kretas ist nicht ›modern‹ gewesen. Die kretische Kunst war nicht säkularisiert, war nicht ›L'art pour l'art‹. Auch in ihren Naturdarstellungen ist sie immer Ausdruck eines großen, die Welt und das Sein umfassenden religiösen Gefühls.

Die kretische Kultur macht den Eindruck größter Feinheit, ohne dekadent zu sein, größter Differenziertheit, ohne daß es dabei zu den starren Ritualen kam, wie sie, in fast dem gleichen Zeitraum, in

Ägypten entstanden sind. Matz verglich einmal die minoische Welt mit der japanischen Kultur der Samuraizeit, die den gleichen dekorativen Naturalismus, den gleichen Mangel an monumentaler Architektur zeige. Vielleicht dürfen wir aus der außerordentlichen Feinheit der künstlerischen Leistungen dieses Volkes und der Eleganz seiner Frauen auf eine Feinheit der Sitten schließen, wie sie die Samuraizeit unter ähnlichen Voraussetzungen hervorgebracht hat.

Es hat da also in der Zeit vom Anfang des zweiten Jahrtausends bis in sein letztes Drittel hinein auf der Insel Kreta eine glänzende, geistig und künstlerisch hochentwickelte, von der Schönheit der Frauen erhellte, von einer Seemacht beschützte, Handel treibende Kultur gegeben. Die Achaier haben sich dieser Kultur, die sie teils übernommen, teils zerstört haben, mit so viel Respekt erinnert, daß ihr Mythos die Geburt ihres höchsten Gottes, des Zeus, nach Kreta verlegt hat. Es ist dieses Kreta, in dem die Geschichte des europäischen Geistes ihren glorreichen Anfang genommen hat.

Es sei, als eine nachdenkliche Marginalie, noch erwähnt, daß der Palast von Knossos auf einer sieben Meter mächtigen Schicht vorgeschichtlichen Schutts errichtet worden ist. Da man ungefähr einen Meter auf tausend Jahre rechnet, sind diese sieben Meter Schutt die Reste einer bäuerlichen Steinzeit, in deren siebentausend Jahren keine Unterbrechung ihrer Kontinuität festgestellt werden konnte.

3

Eine Küste der Aegaeis entlangzufahren ist jedesmal ein erlesenes Vergnügen. Die Landschaft zieht am Auge des Reisenden vorüber wie ein Film, dessen Thema die Schönheit der Welt ist.

Der Wagen verläßt Herakleion durch einen Einschnitt in den Festungswällen, die von den Venezianern erbaut worden sind. Fünfundzwanzig Jahre lang hat Admiral Francesco Morosini auf diesen Wällen die Stadt gegen die Türken verteidigt. 1669 mußte er kapitulieren. In Herakleion gibt es einen marmornen Löwenbrunnen, der zur Erinnerung an diesen Admiral den Namen Morosinibrunnen trägt. Wie hübsch ist es, wenn der Ruhm als klares Wasser auf einem Marktplatz plätschert und die Vögel darin baden!

Nachdem wir die Stadt verlassen haben, geht es zunächst eine gute, gerade Straße entlang. Wir wollen Gournia im Osten der Insel besuchen und dann zum Berg Dikte hinauffahren, zu der Grotte, in der Zeus von seiner Mutter Rhea zur Welt gebracht worden ist.

Als wir die erste niedrige Bodenwelle hinter dem Flugplatz erklommen haben, liegt linker Hand vor unserem Auge die offene See. Eine zweimotorige Maschine, die soeben aufgestiegen ist, nimmt mit einer eleganten Kurve, in der Sonne aufblitzend, Kurs auf Athen. Hinter uns zeichnet der schneebedeckte Ida die Kontur seines breit hingelagerten Rückens in den hellen, nach dem Sturm der Nacht von Wolken freien Himmel. Vor uns erhebt sich ein kleines, ins Meer hinausspringendes Vorgebirge, um dessen Klippen die Brandung einen weißen Saum zieht. Die Straße schneidet die kleine Halbinsel ab. Das Meer verschwindet. Wir gleiten in ein enges, fruchtbares, baumbestandenes Tal hinein, an dessen steilen Hängen sich die mit Steinmauern abgestützten Terrassen der Äcker und Äckerchen in die Höhe ziehen. Ein Bach fließt durch das Tal. Am Eingang des Tals liegt eine byzantinische Kapelle. Der Führer hält an, um der Madonna eine Kerze zu weihen. Kurz darauf erreichen wir einen niedrigen Paß. Die See taucht wieder auf. Die Straße senkt sich zu einer tief ins Land einschneidenden Bucht hinab. Die Brandung schlägt gegen den Steindamm, auf dem die Straße keine zwei Meter über dem Wasserspiegel entlangführt. Wir umfahren die Bucht, um sogleich wieder ein anderes wohlbestelltes kleines Tal zu passieren. Dieser ständige Wechsel zwischen der bescheidenen bäuerlichen Landschaft und der weiten, offenen, in der Sonne leuchtenden See ist von großem, das Auge immer aufs neue erfreuendem Reiz.

Auf einem der nächsten Pässe machen wir eine kleine Pause. Eine Weile blicken wir in die Weite hinaus. Plötzlich dreht sich Michael zu mir um und schlägt mir mit jener rauhen Herzlichkeit, die für zarte männliche Seelen so charakteristisch ist, auf die Schulter. Ob ich verstehen könne, wie sehr er dieses karge Land liebe? Ob ich verstehen könne, daß er nirgends anders als auf dieser Insel leben möchte?

Michael ist ein großer, schlanker Mann von etwa vierzig Jahren. Er ist weit in der Welt herumgekommen. Mit seinen fünf Brüdern zusammen besitzt er ein Weingut am Hang des Ida. Der Vater, von dem er mir ein Bild zeigt, ist ein würdiger Greis mit weißem Haar und weißem Bart. Er trägt die alte kretische Tracht. Er hat noch – es ist wie eine Sage aus uralten Zeiten – in den heldenhaften Aufständen gegen die Türken gekämpft.

Jeder freie Kreter hat in jeder Generation Freunde, Brüder, Vettern gehabt, die für die Freiheit gefallen sind. Zuweilen ist es auch eine Schwester oder eine Mutter gewesen. Und diese ebenso schreckliche wie noble Tradition geht bis ins Altertum zurück. Als ob es eine

65

politische Angelegenheit von gestern sei, erwähnt Michael beiläufig, daß Kreta das einzige Stück griechischen Bodens sei, das Alexander der Große nie erobert habe. Für Michael ist Alexander noch heute ein makedonischer Usurpator, und so hat in Kreta tatsächlich Demosthenes, des Königs engster Feind, noch immer einen Anhänger.

Im Weinberg arbeitet Michael mit seinen Brüdern zusammen. Wenn die Fremden kommen, wird er Dolmetscher. Er ist ein hervorragender Kenner der Geschichte seiner Insel.

Nur die kargen Landschaften der Erde haben den wunderbaren Duft, der die Ursache des Heimwehs ist, jener süßen Trauer, deretwegen Helden Tränen vergießen dürfen, wie Homer uns von Odysseus berichtet.

In einer dieser Buchten, weit im Osten der Insel, liegt Gournia, das Ziel unserer Fahrt. An diesem Platz ist nicht ein Palast, sondern eine ganz gewöhnliche, unbedeutende kleine Stadt ausgegraben worden, von der nirgends in der Geschichte irgendwo irgend etwas berichtet wird. Es ist nicht ohne tiefere Bedeutung, daß diese Ausgrabung, die uns Eindrücke nur vom friedlichen Alltag vermittelt, von einer Frau durchgeführt worden ist. Es ist die amerikanische Archäologin Miß Boyd.

Hekatompolis, »hundertstädtig«, wird Kreta von Homer genannt. Michael versichert mir, daß man von diesen hundert Städten ungefähr wisse, wo sie gelegen waren, und wahrscheinlich habe es ihrer noch mehr gegeben. Millionären, denen nichts einfällt, wenn sie darüber nachdenken, was sie mit ihrem allzu schnell verdienten Geld anfangen sollen, steht hier ein weites Feld zur Beruhigung ihres Gewissens offen.

Gournia, auf einem Hügel gelegen, an den das Meer mit einer seiner Buchten fast heranreicht, ist ein Hafen gewesen. Die ganze kleine Stadt ist vollständig freigelegt worden. Sie stammt aus spätminoischer Zeit, als schon die Archaier von der Peloponnes auf Kreta herrschten.

Wir steigen zwischen Mauerresten, die von lauter kleinen Häusern stammen, in engen, von Treppen unterbrochenen Gassen den Hügel hinan. Auf der Höhe des Hügels stoßen wir auf die guterhaltenen Grundmauern eines größeren Gebäudes, in dem offenbar der Herr der Stadt residiert hat. Von hier führt eine Treppe von etwa zwanzig Stufen auf den Marktplatz hinab. Die Häuser sind, wie sich rekonstruieren läßt, kubisch geformt gewesen und haben flache Dächer gehabt. Der Blick, der sich bot, wenn man aus dem Herrenhaus heraustrat, muß sehr hübsch gewesen sein. Der Phantasie fällt es nicht schwer, das Bild von damals wieder vor das Auge zu zaubern. Die Bauweise, an einem Hang kleine Häuser mit flachen Dächern eines hinter und über das andere so zu setzen, daß man von jedem Dach aus einen freien Blick auf die See hinaus hat, ist altaegaeisch. Man findet sie noch heute auf allen Inseln. Spuren beweisen, daß die Häuser von Gournia auch damals schon schneeweiß gekalkt gewesen sind. Um die Wende vom dritten zum zweiten vorchristlichen Jahrtausend ist in Alteuropa die Aegaeis der einzige Raum, in dem es Stadtkultur gegeben hat.

Das Leben an diesem kleinen Platz mit seinen engen Gäßchen muß bunt, bewegt und behaglich gewesen sein. Der Umkreis der bebauten Fläche hat einen Durchmesser von nur hundertsechzig Metern gehabt. In einem Haus hat man die Werkstatt eines Kupferschmieds, in einem anderen die eines Töpfers gefunden. Aber es hat nicht nur Kupferschmiede und Töpfer gegeben. Die Zahl der Berufe ist überraschend groß gewesen. Wie man aus den Pylostäfelchen weiß, hat es Schneider, Böttcher, Jäger, Holzfäller, Zimmerleute, Schiffbauer, Bäcker und Ärzte gegeben. Zum Herrenhaus hinauf ertönte der fröhliche Lärm des Fleißes, und von da oben, aus einer nicht allzu hochmütigen Höhe, sah man auf die tüchtige kleine Stadt hinab, hinunter zum Hafen und zur See. Am Strand wurden Netze getrocknet, Boote kalfatert, Segel geflickt. Die Sammler der kostbaren Purpurschnecke zogen mit ihren Körben den Strand entlang. Rings auf den Hügeln arbeiteten Bauern auf den Äckern, in den Weinbergen, in den Olivenhainen und in den Obstplantagen. Über die vom Menschen kultivierte Landschaft erhoben sich die von Zypressen- und Zedernwäldern bestandenen Berge. Und damals wie heute goß die Sonne verschwenderisch ihr Licht über den Frieden dieser Küste aus.

Wir sitzen auf den heißen Quadersteinen der alten Mauer, die einst den Marktplatz umschlossen hat. Eine Eidechse beäugt uns neugierig, um dann blitzschnell in einem Riß der Mauer zu verschwinden. Wir blicken hinab auf die Ruinen, in denen vor so langer Zeit das bescheidene Glück des Alltags gewohnt hat. Kinder haben da gespielt und den Esel, den lieben Esel, mit Blumen gefüttert. Hunde haben gebellt. Die Mutter hat gefegt, geputzt, gekocht und auf die zerrissene Hose ihres Jüngsten einen spätminoischen Flicken gesetzt. Gute und schlechte Ernten haben viele Generationen lang in undurchschaubarem Rhythmus einander abgelöst. Die Menschen wandelten im Schutz der Götter. Hier wurde mir klar, was Ranke meint, wenn er von den leeren Blättern im Buch der Geschichte spricht. Über Gournia hat die Geschichte nichts zu vermelden. Es ist ein glücklicher Platz gewesen.

Michael setzt ein tolerantes Lächeln auf, als ich mir aus einem großen Haufen Scherben, die in der Werkstatt des Töpfers herumliegen, einen mitnehme. Der Scherben zeigt einige schmale rötliche Streifen von der Hand eines Künstlers, der ein halbes Jahrtausend vor Homer gelebt hat. Das Stück liegt jetzt auf meinem Kamin, den ein Künstler des 20. Jahrhunderts gebaut hat. Die grauen Kacheln des Kamins haben ein wunderschönes Craquelée. Dem Archäologen, der nach weiteren dreitausend Jahren die Fragmente des Kamins mit dem Scherben aus Gournia zusammen ausgraben wird, werden einige Schwierigkeiten in der Datierung nicht erspart bleiben.

Wir werfen noch einen nachdenklichen Blick auf die Schönheit der Welt rings um uns. Dann fahren wir die Straße, die wir gekommen sind, zurück, bis sie nach Süden ins Gebirge abbiegt. In Serpentinen mit tollen Haarnadelkurven klettern wir an den Berghängen hoch. Die wenigen Waldstücke bleiben bald unter uns zurück. Die steilen Hänge der Berge sind von Felsen durchbrochen, zwischen denen nur niedriges Gestrüpp wächst. Selten nur, daß die Straße durch ein bescheidenes Dorf führt.

Auf einem Paß treffen wir auf einen Hirten mit seinen Ziegen. Es mögen an die hundert Stück sein. Ziegen sind merkwürdige Geschöpfe. Ihre gelbgrünen Augen haben etwas Rätselhaftes. Immer sehen diese Tiere aus, als seien sie auf dem Sprung, in die Freiheit auszubrechen. Eine Ziege mit dem entzückenden Namen Amalthea ist es gewesen, die das neugeborene Knäblein Zeus ernährt hat. Dieser vornehmen Herkunft dürfen sich die Ziegen Kretas rühmen. Michael wirft mir einen Blick zu. Wir halten an. Der Hirt steht auf einer kleinen Anhöhe neben der Straße. Er hebt sich scharf gegen den Himmel ab. Ein steifer Filzmantel hüllt ihn ein. Er stützt sich auf seinen Stab. Sein Hund, ein lebhafter Spitz, bereit zu allem, was sein Herr ihm befehlen wird, sitzt neben ihm und schlägt mit dem Schwanz den Boden. Das dunkle, von einem weißen Bart umrahmte Gesicht des Hirten ist von der Sonne und dem Wind vieler Jahrzehnte gegerbt. Auf dem Kopf trägt er einen grandiosen alten Filzhut, der ihn wer weiß wie lange schon begleitet. Der Hut ist mit einer frischen Heckenrose geschmückt. Die Füße des Hirten sind mit Tüchern umwickelt, zusammengehalten von Stricken, die an einer Ledersohle befestigt sind. Mit großen, ruhigen, schwarzen, von hundert Fältchen umgebenen Augen sieht er uns an. Wir kommen aus einer Welt, die nicht die seine ist. So steht er da, ein Denkmal des Menschen, wie die Hirten auf diesen Bergen gestanden sind seit jenen Zeiten, in denen der Mensch lernte, das Tier zu zähmen. An diesen Hirten ist die Geschichte vorübergezogen, Jahrhundert um Jahrhundert. Sie haben sich nicht verändert, und sie werden sich nicht verändern, was auch immer noch kommen möge.

Würdig und gemessen steigt der alte Mann zu uns herab. Wir begrüßen einander. Wie in dieses alte, zerfurchte Gesicht vom Herzen her ein Lächeln aufsteigt! Es ist das Lächeln eines Fürsten der Einsamkeit. Der, dem es gilt, fühlt sich beschenkt.

Wir teilen Brot und Oliven mit ihm. Aus seinem Beutel kramt er scharfen, herrlich würzigen Ziegenkäse hervor. Wir trinken harzigen Retsinawein, den Michael aus dem Wagen geholt hat. Auch der Hund bekommt sein Teil. Brot, Oliven, Käse und Wein sind die alten homerischen Speisen.

Als ich dem Alten eine Zigarette anbiete, nimmt er sie, bricht sie mit seinen hageren Fingern auseinander und stopft sie in seine Pfeife. Als wir uns verabschieden, nimmt der Greis seinen Filzhut vom Kopf. Der Wind weht durch sein weißes Haar. Er ergreift die kleine Heckenrose von seinem Hut und steckt sie mir ins Knopfloch. Es ist wie die Verleihung eines Ordens. Als wir weiterfahren, hebt der Alte ein wenig seinen Stab, das Königsszepter seines weiten Reiches. Je höher wir kommen, um so ärmlicher werden die Siedlungen. Mit dampfendem Kühler halten wir endlich in einem kleinen Dorf am Fuß des Dikte, der sich als kahler Kegel vor uns erhebt. Das Dorf, in dem kein Mensch zu sehen ist, hat viele zerfallene Häuser. Die Armut springt ins Auge, und ein wenig auch klopft sie ans Gewissen.

Auf einem schmalen, steinigen Pfad klettern wir an der Flanke des kahlen Kegels hoch. Für den Fremdling ist es ein mühsamer Weg. Der Bauernjunge, der uns führt, springt die Felsen hinauf wie ein junger Ziegenbock. An einigen Stellen kann man noch den unter Geröll verschütteten Pfad erkennen, den in der Antike die hier aus allen Teilen der Welt zusammengeströmten Pilger hinaufgewandert sind. Heute ist das alles einsam, verfallen, verlassen.

Die taktische Lage der Höhle, in der Zeus geboren worden ist, entspricht in verblüffend genauer Weise den mythologischen Erfordernissen.

Zeus ist ein Sohn des Kronos und der Rhea, die zu den Titanen gehörten, den Kindern des Uranos und der Ge. Die Titanen sind also die Kinder des Himmels und der Erde gewesen. Sie sind sehr alte Göttergestalten. Im historischen Griechenland hören wir nichts mehr von ihrer Verehrung. Selbst für die frühesten Griechen, von deren Religion wir etwas wissen, gehörten die Titanen einer grauen, nebelhaften Vergangenheit an. Nur für Kronos selbst, der seinen Vater Uranos gestürzt und dann die Herrschaft über die Welt angetreten hatte, ist in Athen, Rhodos und Theben ein Fest gefeiert worden, die Kronia. Sie sind ein Erntefest gewesen. Rhea ist, nach dem Stammbaum der Götter, sowohl die Schwester als auch die Gemahlin des Kronos. Sie ist Kybele, der asiatischen Muttergöttin, gleichzusetzen, die dann auch im späteren Rom als ›Mutter der Götter‹ verehrt wurde. Auch verschmilzt Rhea vielfach mit einer anderen, ebenfalls sehr alten und verehrten Macht der Fruchtbarkeit, die der vorgriechischen kykladischen Religion angehört.

In den Göttergestalten der klassischen Mythologie sind fast immer verschiedene Gottheiten zu einer verschmolzen gewesen. Die Erinnerung an frühere Kristallisationen ist niemals ganz verlorengegangen. So gibt es für jede der klassischen Göttergestalten mehrere Überlieferungen.

Kronos ist im Bewußtsein der späteren Griechen einfach der Vater des Zeus. Im geschichtlichen Ablauf der Religionsvorstellungen ist Kronos aber ein vorgriechischer Gott gewesen, den es offenbar schon gegeben hat, bevor die Griechen nach Hellas gekommen sind. Dieser frühere, vorgriechische Gott bleibt der klassischen Zeit in der Rolle des Herrschers des ›Goldenen Zeitalters‹ erhalten. Diese Überlieferung sowie der Mythos vom Aufstand des Zeus gegen Kronos und dem schließlichen Sieg des jüngeren über den älteren Gott sind Ausdruck der Tatsache, daß hier der Gott eines Siegervolkes an die Stelle des Gottes der Besiegten getreten ist. Diese Tatsache findet auch darin ihren Niederschlag, daß die Verehrung des jüngeren Gottes, des Gottes der siegreichen Herren, zur Staatsreligion wurde, während die Verehrung des älteren Gottes der Besiegten sich jahrhundertelang nur in den Volksbräuchen hielt.

Da die Griechen anschaulich dachten, sich ihre Götter als Personen vorstellten, konnte es nicht zu einer religiösen Dogmatik kommen. Die Gestalten der Götter waren lebendige Wesenheiten, die sich im Lauf der Jahrhunderte wandelten und wandelten. Man könnte die Frage aufwerfen, ob die Götter jemals existiert haben und in welcher Schicht des Realen diese Existenz stattgefunden habe. Da es innerhalb der modernen Physik keine Beweise mehr gibt, mit deren Hilfe man ausschließen könnte, daß die Götter existiert haben, hat diese Frage die gleiche Berechtigung erlangt wie die theologische Frage nach der Existenz des Teufels.

Empedokles, Aischylos, Platon, Dichter und Philosophen der klassischen Zeit, haben nicht mehr an einen persönlichen Zeus geglaubt. Im ›Agamemnon‹ sagt Aischylos einmal: »Zeus, wer immer er auch sein möge . . .« Diese großen Geister glaubten an eine höchste Macht im All, an ein Gesetz des Universums, an eine universale Vernunft. Schon um 500 vor Christi Geburt spottet Xenophanes der Eleat, daß die Nubier, stellten sie die Götter in menschlicher Gestalt dar, ihnen natürlich platte Nasen geben würden. So früh schon hat der Zweifel eingesetzt. Aber nicht das ist verwunderlich. Verwunderlich ist angesichts dieses frühen Zweifels, wie lange die Götter noch gelebt haben. Seit jeher sind die Atheisten dem Irrtum verfallen gewesen, schon damit, daß sie selbst existierten, sei bewiesen, daß Gott nicht existiere.

Die Kernstücke dieser verwickelten Mythologie, deren Verwandlungen die Wissenschaft erforscht und aufgeklärt hat, sind durchaus einfache Geschichten, die im religiösen Bewußtsein des griechischen Volkes stets gegenwärtig gewesen sind, Geschichten, die poetische Kraft und tiefere Bedeutung auf eine unübertreffliche Weise miteinander vereinten. Auch die Geschichte von der Geburt des Zeus ist einfach.

Dem Kronos, dem Vater des Zeus, war von seinem eigenen Vater Uranos geweissagt worden, daß so, wie er seinen Vater des Throns beraubt habe, eines dunklen Tages eines seiner eigenen Kinder auch ihn seiner Herrschaft berauben werde. So verschlang Kronos seine Kinder, sobald sie geboren waren. Als Rhea mit Zeus schwanger ging, beschloß sie, dieses Kind vor der Furcht seines Vaters zu retten. Sie brachte es heimlich in einer Höhle zur Welt. Dem Kronos gab sie statt des Kindes einen in Windeln gewickelten Stein.

Die Höhle, in der Rhea ihren Sohn zur Welt brachte, hat in vortrefflicher Weise ihrer Absicht, die Geburt geheimzuhalten, entsprochen. Aus dem Kegel des Dikte, etwa dreihundert Meter unter seinem Gipfel, wölbt sich, nur durch einen schmalen Sattel mit dem Hauptberg verbunden, ein Felsvorsprung heraus. In diesem liegt die Höhle; aber der Eingang ist dem Hang des großen Kegels zugekehrt, so daß dieser Eingang tatsächlich von nirgends her, auch nicht von einem der anderen Berge aus, eingesehen werden kann. Die Rampe, die, um den Felsvorsprung herumlaufend, zum Eingang der Höhle führt, bietet einen großartigen Rundblick. Unter uns erstreckt sich eine fast kreisrunde Hochebene von etwa zwanzig Kilometern Durchmesser, die mit zahlreichen weißen Flecken übersät ist. Erst dachte ich, es seien blütenbedeckte Bäume. Michael erklärt mir lachend, daß es die weißen Flügel von ungefähr zwölftausend über die Ebene verstreuten Windmühlen seien. Mit ihrer Hilfe wird das Grundwasser, mit dem die Felder und Wiesen bewässert werden, aus der Tiefe heraufgepumpt.

Die Berge, die diese Hochebene einschließen, sind felsig, wild zerklüftet, ohne Weg und Steg. Sie stürzen nach Süden zur Afrikanischen See, nach Norden zur Aegaeis ab. Mächtige Gebirgsmauern sind es, die den verlorenen Winkel schützen, in dessen Einsamkeit Zeus das Licht der Welt erblickt hat. Mehrere Male in der Geschichte ist diese Hochebene die letzte Zufluchtsstätte der Freiheit Kretas gewesen. Die wenigen Pässe ließen sich mit einer Handvoll tapferer Männer verteidigen. Und diese steinige Hochebene hat, so karg sie ist, immer gerade noch genug hergegeben, daß die Freiheit nicht dem Hunger erlag. Die Erde selbst hat ihre Kinder beschützt.

Die Höhle besteht aus einer oberen Grotte, die auf gleicher Höhe wie die Rampe liegt. Von ihr führt ein steiler Steig hinab in eine zweite darunterliegende Grotte, von deren Decke Stalaktiten wie große Eiszapfen herabhängen. Bei Grabungen in dieser Höhle hat man eine mehrere Meter tiefe, mit Weihgeschenken durchsetzte Schicht gefunden. Die Weihgeschenke stammen aus mykenischer und zum Teil sogar noch aus vormykenischer Zeit. Viele Jahrhunderte hindurch ist die Höhle im Dikte ein Wallfahrtsort gewesen.

Wir klettern den Steilhang zu unserem kleinen Dorf wieder hinab. Unterdessen sind wir hungrig geworden. Unser netter Bauernjunge bereitet uns eine tüchtige Portion Spiegeleier. Dazu gibt es frisches, grobes Brot. Als wir ihm klargemacht haben, daß wir auch Durst haben, setzt er uns, mit einem kleinen listigen Lächeln, einen Krug einfachen, wunderbar herben rötlichen Landweines vor. Dazu gibt es wieder den berühmten kretischen Ziegenkäse.

Dieser Knabe hat nicht die glänzenden, schwarzen Augen, wie sie für Kreter so typisch sind. Seine Augen sind hellgrau. Nichts kann die Bewegtheit der Geschichte des kleinen Kontinents Kreta eindringlicher demonstrieren als das Grau der Augen dieses Bauernjungen am Fuß des Dikte. Dieses Pigment kann er ebensogut von einem Dorer aus der Zeit Homers geerbt haben wie von einem langobardischen Söldner aus dem Mittelalter. Die Venezianer haben während der Jahrhunderte, in denen sie Kreta besetzt gehalten haben, ihre Veteranen mit Vorliebe auf dieser Insel angesiedelt, um die schwer zu beherrschende Bevölkerung mit loyalen Elementen zu durchsetzen.

Unzählbar sind die Ereignisse, die nach dem Glanz von Knossos und dem Frieden von Gournia über den kleinen Kontinent dahingegangen sind. Viele dieser Ereignisse erfüllen noch heute das Herz des Kreters mit Stolz. Viele haben Trauer und unendliche Tränen zur Folge gehabt.

Theseus erschien mit schwarzen Segeln vor Knossos, um Athen von dem jährlichen Tribut von Jungfrauen und Jünglingen zu befreien, die dem Minotauros, dem stierköpfigen Ungeheuer im Labyrinth von Knossos, zum Opfer gebracht wurden. André Gide hat die wunderbar poetische Möglichkeit erwogen, daß Theseus den Minotauros in der Mitte des Labyrinths schlafend findet und von der Schönheit dieses Fabelwesens, das halb Mensch, halb Stier ist, so ergriffen wird, daß er nicht vermag, seinen Vorteil wahrzunehmen und den Minotauros im Schlaf zu töten. Ariadne verläßt mit dem Schiff des Theseus ihr Vaterhaus, um aber von dem Geliebten, dem sie durch ihre List mit dem Wollknäuel den Rückweg aus dem Labyrinth möglich gemacht hatte, in Naxos verlassen zu werden. Dankbarkeit ist eines der sprödesten Motive für Liebe. Die Griechen selbst schon sind, worin spätere Gelehrte ihnen recht gegeben haben, der Meinung gewesen, daß sowohl Lykourgos, der Gesetzgeber der Spartaner, als auch Solon, der Gesetzgeber der Athener, sich einige ihrer juristischen Weisheiten aus Kreta geholt hätten. Auf der berühmten Mauer von Gortyn ist das Stadtrecht, unter dem dieser Platz in klassischer Zeit stand, aufgezeichnet. Diese Inschrift ist die wertvollste Quelle unserer Kenntnis des griechischen Rechts. Übrigens ist es die umfangreichste griechische Inschrift, die wir besitzen, und niemals hat es ein Gesetz gegeben, das sauberer war. Die Mauer von Gortyn ist lange Zeit hindurch die Ufermauer eines Bachs gewesen. In den Perserkriegen hat Kreta keine Rolle gespielt. Weder an den Schlachten gegen den Feind aus Asien noch an den späteren schrecklichen Bürgerkriegen ist die Insel beteiligt gewesen. Unter den Römern hat sie die *Pax Romana* genossen. Einige der Barbareninvasionen, die Hellas in der Zeit getroffen haben, als Kreta zum Byzantinischen Reich gehörte, sind bis auf die Insel gelangt. Aber die Eindringlinge wurden immer wieder schnell vertrieben. Die Araber haben Kreta, das sie im 9. Jahrhundert erobert hatten, während der Zeit, die sie dort herrschten, zum größten Sklavenmarkt des Mittelmeers gemacht.

Die Eroberung Konstantinopels durch die Kreuzritter, die für das

Byzantinische Reich ein so bitterer Schlag gewesen ist, hat sich für Kreta als Glücksfall erwiesen. Der Marquis von Montferrat, der sich zum König von Saloniki gemacht hatte, verkaufte Kreta an die Venezianer. Vierhundert Jahre lang hat Venedig in Kreta geherrscht. Die Insel hat es unter der erfahrenen Verwaltung der Signoria zu hohem Wohlstand gebracht. Aus Herakleion wurden in guten Jahren 12 000 Fässer Wein verschifft. Der Wein aus Kreta kam bis Lübeck, und von den Portugiesen wurde er sogar nach Indien exportiert. Die Einnahmen Venedigs aus der Insel betrugen jährlich eine Million Dukaten. Doch scheint es nicht so, als ob die venezianischen Steuern das Land allzusehr bedrückt hätten. Doch wie auch immer das gewesen sein mag, den Kretern stand die Freiheit höher als die Prosperity. Von 1207 bis 1365 haben sie vierzehn Aufstände gegen die Venezianer entfesselt. Gleichwohl hat die bis 1669 dauernde venezianische Besatzung für Kreta einen unschätzbaren Vorteil gehabt. Sie ist nicht türkisch gewesen. In allen von den Türken besetzten Ländern ist im Lauf der Jahrhunderte das geistige Leben zum Erliegen gekommen. Nur die griechisch-orthodoxe Kirche, die den Vorteil der Toleranz genoß, die den Islam in seinen großen Zeiten auszeichnete, hat, insbesondere auf dem Balkan, Sprache und Überlieferung der unterdrückten Völker am Leben erhalten. In Kreta dagegen ist unter dem wenn auch unerwünschten Schutz Venedigs im 14. und 15. Jahrhundert eine Renaissance erblüht, die hinsichtlich der Literatur bemerkenswert, hinsichtlich der Malerei glänzend gewesen ist. Dieser kretischen Renaissance verdanken wir einen Maler, der einer der bedeutendsten Epochen der europäischen Malerei sein Siegel aufgedrückt hat.

Von der kretischen Literatur des 14. Jahrhunderts ist im Jahr 1953 ein Werk von Lionardo Dellaporta in der Bibliothek eines Klosters auf dem Athos entdeckt worden. Lionardo Dellaporta endete nach einem glanzvollen Leben im Dienst der Republik Venedig unschuldig im Gefängnis. Dort dichtete er in Versen einen ergreifenden Dialog zwischen dem Poeten und der Wahrheit. In dem Gedicht eines Unbekannten aus dem Ende des 15. Jahrhunderts, das den Fall Konstantinopels zum Thema hatte, ruft der Verfasser dazu auf, das Haupt des letzten Verteidigers von Konstantinopel, des Kaisers Konstantin XI. aus dem Haus der Palaiologen, nach Kreta zu überführen, um das heilige Erbe von Byzanz zu bewahren. Welch stolzes Bewußtsein von der Größe einer Tradition, die über die Zeiten lebendig zu erhalten die Kreter sich vom Schicksal berufen fühlten! Die Gegenwärtigkeit der kretischen Malerschule des 15. Jahrhunderts wurde mir eindringlich klar, als Michael und ich am Nachmittag einen Spaziergang durch Herakleion unternahmen. Wir kletterten auf den riesigen alten Festungswällen umher. Wir streunten durch kleine, reizende Gassen. Wir erfreuten unser Auge an alten byzantinischen Kapellen. Schließlich kamen wir auf einen Platz, auf dem eine ganz neue, in weißem Marmor leuchtende griechisch-orthodoxe Kathedrale steht. Sie ist dem heiligen Titus geweiht, der als Begleiter des Apostels Paulus auf die Insel gekommen und der erste Bischof von Kreta gewesen ist. Ich weiß, daß es zum feinen Ton gehört, solche weißen Marmorkirchen abzulehnen. Aber dieser Hochmut widerstrebt meinem sächsischen Gemüt. Ich habe mir erlaubt, die Kirche wunderschön zu finden.

Sechs Tafelbilder des Michael Damaskinos werden in der Kirche des heiligen Minas aufbewahrt.

»Gehen wir hinein!« sagte Michael. »Es sind ein paar wunderschöne Tafeln. Alle sechs sind signiert.«

Von diesen Bildern ist das vorzüglichste eine Anbetung der Heiligen Drei Könige. Es ist eine prachtvolle, lebendig bewegte Komposition. Das Schönste auf dem Bild sind drei herrliche Kamele. Der Maler hat wahrscheinlich nie ein Kamel gesehen. So hat er die platonische Idee des Kamels in ihrer ganzen Vornehmheit gemalt. Im Mittelpunkt der Tafel sieht man die drei Weisen aus dem Morgenland, deren einer, mit den Zügen eines persischen Aristokraten, in ein Gewand von leuchtendem Burgunderrot gekleidet ist. Kennte man den Maler nicht, man würde an Piero della Francesca denken.

Von dem Maler, der dieses Meisterwerk geschaffen hat, glauben die Kreter, daß er der Lehrer von Domenikos Theotokopoulos war, der in Europa El Greco, der Grieche, genannt wird. Greco ist einer der großen Meister am Beginn des Barock. Welch wunderbare späte Blüte, die da noch einmal dem alten Boden Kretas entsprossen ist!

Nachdem wir die Kirche verlassen und uns zu einem Mokka niedergelassen haben, erzählt Michael ein wenig Caféhausklatsch aus dem 16. Jahrhundert.

»Wissen Sie, den Theotokopoulos haben die Venezianer zwar nach Venedig geholt, aber dort hat er sich natürlich nicht wohl gefühlt. Schließlich ist es ja die Besatzungsmacht gewesen! Da wurde er immer so ein bißchen über die Schulter angesehen, ein wenig von oben herab behandelt. Und dann – der Domenikos war doch so begabt! Die Venezianer haben gefürchtet, er werde ihren Tizian ausstechen. Und da ist Domenikos schließlich aus Venedig weggegangen, nach Toledo, in die Freiheit – zu König Philipp II. von Spanien!«

Die Sesklo-Leute und der Dimini-Vorstoß

Das Bild vom ›Dunkel der Vorzeit‹ ist eine jener Metaphern der Aufklärung, deren hochmütige Verkehrtheit eine Menge falscher Vorstellungen zur Folge gehabt hat. Als ob die Vorzeit sich in einer undurchsichtigen Dämmerung abgespielt und erst die Wissenschaft ihr etwas Helle gebracht habe! Als ob die Frühgeschichte der Menschheit nicht der Welt angehörte, in welcher aus Abend und Morgen der erste Tag ward! Dem Licht der Schöpfung hat der Mensch der Vorzeit nähergestanden als wir.

Die Wissenschaft, die sich mit dem vorgeschichtlichen Menschen beschäftigt, ist eine merkwürdige Mischung von Phantasie, Skepsis und Genauigkeit. Viele der heute in der prähistorischen Forschung anerkannten Tatsachen sind bei ihrem ersten Auftreten wilde und unglaubhafte Vermutungen gewesen.

Ein um die Jahrhundertwende berühmter Ägyptologe trug lange Zeit eine goldene Kette mit sich herum, die er in einem ägyptischen Grab aus der Zeit um 1400 vor Christi Geburt gefunden hatte. Die Kette war nicht ägyptisch; aber auch die besten Orientkenner, denen er das kostbare Stück vorlegte, konnten ihm nicht sagen, woher sie stammen könne. In einem Club in London traf der Ägyptologe endlich einen Iren, der das ägyptische Gold entzückt begutachtete. Der staunende Ägyptologe erfuhr, daß ein ganz ähnliches Exemplar in einem Grab in Irland gefunden worden sei. Der staunende Ire erfuhr, wie alt die beiden Ketten, die offenbar aus der Werkstatt desselben Meisters stammten, tatsächlich seien. Ursprünglich hatte niemand sich vorstellen können, daß es um 1400 vor Christi Geburt in Irland ein so hochstehendes Goldschmiedehandwerk gegeben habe. Noch weniger glaubhaft schien, daß damals eine Verbindung zwischen Irland und Ägypten bestanden habe. Tatsächlich hat es aber Handelsbeziehungen zwischen dem Mittelmeer und den Nordmeeren schon früher gegeben. In Falmouth, dem berühmten alten Segelschiffshafen an der Südküste von Cornwall, ist ein Bronzebarren gefunden worden, der aus Kreta etwa aus der Zeit um 1700 vor Christi Geburt stammt. Die ältesten Goldfunde in Irland werden auf 1800 vor Christi Geburt datiert.

Noch vor dem ersten Weltkrieg wurde in einem Grab in Mesopotamien ein kleiner, aus Stein gemeißelter Affe gefunden. Weder hat es in Mesopotamien je Affen gegeben, noch war es möglich, die Herkunft der Gesteinsart festzustellen, aus der die Plastik gefertigt war. Welche Überraschung, als sich ein Menschenalter später herausstellte, daß der Affe aus dem oberen Industal stammte, aus der bis dahin unbekannten, neu entdeckten Kultur von Mohenjo Daro, die im dritten vorchristlichen Jahrtausend geblüht hat!

Schliemann wurde für einen Narren gehalten, als er auf seiner Reise in die griechische Vergangenheit Homer wie einen Baedeker benutzte. Wissenschaftlich gesehen war das, was er unternahm, phantastisch. Aber sein Glaube an die Poesie erwies sich als eine Wünschelrute. Nicht nur, daß er im Hügel von Hissarlik einen Schatz fand, den der besorgte Besitzer so geschickt versteckt hatte, daß er viertausend Jahre lang nicht entdeckt wurde, der Kenner Homers stieß tatsächlich auf Reste des ›heiligen Ilion‹. Nach der heutigen, von dem Amerikaner Blegen nach seinen jahrelangen Ausgrabungen in Troia vorgeschlagenen Einteilung wird die Schicht, welche als die des homerischen Troia gilt, als Schicht VII a bezeichnet.

Funde wie die irische Goldkette aus dem Grab in Ägypten oder das indische Äffchen in Mesopotamien bleiben zuweilen lange unerklärt liegen. Aber eines Tages verwandelt sich das Unerklärte im Blitz des genialen Einfalls eines Gelehrten in ein durchdringendes Argument. Solche Erleuchtungen können dadurch ausgelöst werden, daß eine Tonscherbe mit einem an sich bekannten Dekorationsmotiv an einer Stelle gefunden wird, an der niemand das erwartet hat; oder durch eine neue Deutung einer umstrittenen Stelle eines alten Schriftstellers; oder durch die Entdeckung, daß ein bisher unbekannter Name in einer Inschrift, auf einem Tontäfelchen oder in einem Papyros eine Interpretation zuläßt, durch die er zu dem einer bekannten Person wird. Der in hethitischen Inschriften vorkommende ›Attarissyas‹ dürfte Atreus, unter den ›Ahhijava‹ dürften die Achaier zu verstehen sein. Mit dem ›Alaksandus von Uilusa‹ einer anderen Quelle könnte Alexandros von Ilion, der zweite Name des Paris, gemeint sein.

Manchmal handelt es sich darum, daß ein Gelehrter einen Zusammenhang sieht, für den es nicht den geringsten Beweis gibt. Dann macht er sich daran, für diesen Zusammenhang die Beweise zu suchen, eine Aufgabe, die zuweilen ein ganzes Leben in Anspruch nimmt. Manchmal liegen zueinandergehörige Argumente lange ungeordnet in der wissenschaftlichen Landschaft umher, ehe jemand darauf kommt, daß sie, geordnet miteinander verbunden, der Beweis für einen Zusammenhang sind, den nur noch niemand gesehen hat. Methodisch ist dieser Sachverhalt ganz ähnlich dem, der beim Stellen einer medizinischen Diagnose vorliegt. Im einen Fall hat der Arzt eine blitzartige Erleuchtung. Er stellt eine Diagnose ›auf den ersten Blick‹, um dann erst die Symptome zusammenzusuchen, die vorliegen müssen, wenn seine Entscheidung richtig war. Im anderen Fall sammelt er systematisch Symptome, um aus ihrer spezifischen Zuordnung zueinander die Diagnose zu ermitteln.

Die Entdeckung der frühkretischen Kultur hat darin bestanden, daß Evans einen Zusammenhang zwischen einer wissenschaftlich unerklärten und einer wissenschaftlich nicht vorhandenen Tatsache vermutet hat. Ursprünglich hatte er nichts in der Hand als eine Anzahl aus Kreta stammender alter Siegel mit einer noch nicht entzifferten Schrift. In dieser Schrift sah er den in Stein geschnittenen Beweis dafür, daß in Kreta eine frühe Kultur, die die Wissenschaft nur als Mythos gelten ließ, tatsächlich existiert hatte.

Der andere Fall ist Mykenai. Beweise für die Existenz von Mykenai hat es lange schon gegeben, bevor Schliemann den Platz ausgegraben hat. Der mit König Otto I. nach Hellas gekommene Archäologe Ross, einer der Pioniere der klassischen Altertumswissenschaft, hat schon in den dreißiger Jahren des 19. Jahrhunderts an Hand von Gemmen, die er, da er sie auf verschiedenen Eilanden der Aegaeis gefunden hatte, ›Inselgemmen‹ nannte, darauf aufmerksam gemacht, daß es eine vorgeschichtliche aegaeische Kultur gegeben haben müsse. Auf der Insel Santorin stieß man bei der Gewinnung von Pozzolana, einem vulkanischen Stoff, der für den Bau des Suezkanals gebraucht wurde, auf eine Siedlung mykenischen Ursprungs. Auch aus Jalyssos auf Rhodos und aus ägyptischen Gräbern ist Keramik bekannt gewesen, die aus Mykenai stammte. Sogar ägyptische Nachahmungen des mykenischen Stils hat es gegeben. Und es gab den Homer! Nur daß eben vor Schliemann niemand genug Phantasie gehabt hatte, das alles miteinander in Verbindung zu bringen.

Der dritte Fall endlich ist der, daß zwei Tatsachen wissenschaftlich anerkannt sind, aber der Zusammenhang zwischen ihnen nicht gesehen wird. Die Zerstörung des mächtigen Troia der Schicht II g hat etwa um 2200 vor Christi Geburt stattgefunden. Die Zeit der Erbauung der ersten Paläste von Knossos liegt etwas später. Die eine Tatsache folgt zeitlich der anderen. In einen Zusammenhang zueinander treten die beiden Tatsachen dadurch, daß ein Archäologe auf den Einfall kommt, das Aufblühen von Kreta könnte eine Folge der Zerstörung der Macht von Troia II g gewesen sein. Geht er nun hin, die Fülle der bekannten Tatsachen daraufhin durchzumustern, wieweit er Argumente für seine neue Hypothese findet, kann es geschehen, daß alle Beweisstücke für die Richtigkeit seiner Vermutung schon existieren und nur bisher noch nicht methodisch einander zugeordnet worden sind.

Wenn es also sicher ist, daß die keramischen Motive ›Spirale‹ und ›Mäander‹ rumpfeuropäisches Eigengut sind, dann kann gar kein Zweifel mehr darüber bestehen, daß »die Träger des Dimini-Vorstoßes der ostbandkeramischen Koinê ungarischer Prägung angehört haben und vom Donauraum über den Balkan in das Gebiet der Sesklo-Leute eingedrungen sind«.

Dieser unverständliche, ein wenig komisch anmutende Satz beschreibt in der Fachsprache der Prähistoriker einen Vorgang, der für die Geschichte Griechenlands einschneidendere Folgen gehabt hat als etwa das Vordringen der Römer nach Thessalien, Makedonien und zur unteren Donau.

Menschen, die in einem neuen Raum eine neue Kultur zum Leben erwecken, wirken in allen in diesem Raum folgenden geschichtlichen Vorgängen weiter. Es ist der Stil der von ihnen geschaffenen Gesittung, der nicht untergeht. Dieser Stil entsteht aus der Art und Weise, in der Klima und Landschaft auf die Eigenschaften einwirken, die ein Volk in eine neue Umwelt mitbringt. Man wird die Inkas nicht verstehen, wenn man niemals die dünne Luft der Hochanden geatmet hat. Man wird die Beduinen nicht verstehen, wenn man niemals ein durstiges Kamel hat trinken sehen. Man wird die Griechen nicht verstehen, wenn man niemals an den Küsten der Aegaeis das Spiel des Lichts zwischen Meer und Gebirge erlebt hat. Die vorübergehende Eroberung einer Kultur verändert ihre Oberfläche. Den Grundcharakter der besiegten Gesittung zu verwandeln vermag sie nicht. Ein thessalischer Bauer unserer Tage dürfte einem Bauern der Sesklokultur noch immer ziemlich ähnlich sein. Sein Haus baut er noch heute nach einem Plan, der vor fünftausend Jahren entworfen worden ist. An diesem Bauern ist die römische Herrschaft vorübergegangen, ohne Eindruck auf ihn zu machen. Die Gene, die die Legionäre des Imperiums bei den hübschen Mädchen Thessaliens zurückgelassen haben, sind unterdessen rezessiv geworden.

Als ein Scherz in der Geschichte der Baukunst und als ein Beweis für die Lebenskraft eines Stils mag angemerkt werden, daß noch die säulengeschmückten Fassaden der Großbanken des 19. Jahrhunderts auf ein griechisches Modell zurückgehen, dessen Urzelle eine Schöpfung der Diminileute aus dem Anfang des dritten vorchristlichen Jahrtausends gewesen ist.

Wenn Eroberer in dem von ihnen eroberten Raum bleiben, ändert sich das Bild. Sie unterliegen dann den gleichen Umwelteinflüssen, die vor langer Zeit die Alteingesessenen geformt haben. Sowohl diese Umwelteinflüsse als auch die unmittelbare Einwirkung der Alteingesessenen auf die Kömmlinge führen zu einer Angleichung der neu entstehenden Mischwelt an den vorhandenen überlieferten Stil.

Diese Angleichung tritt um so eher ein, als in den meisten Fällen Sieger zwar kräftiger, jünger und unbekümmerter sind als Besiegte, die Besiegten aber dafür gewöhnlich die feinere Gesittung haben. Da es die Frauen sind, die die Gesittung tragen, und die Eroberung der Frauen überhaupt erst nach dem Sieg beginnt, haben sich siegreiche Barbaren schon immer ziemlich bald bemüht, die guten Manieren der erschlagenen Männer nachzuahmen, um die Witwen damit zu trösten. Den ›Kavalier der alten Schule‹ hat es schon in der Steinzeit gegeben.

Menschen vorgeschichtlicher Kulturen werden in der Wissenschaft häufig ›Primitive‹ genannt. Das ›Dunkel der Vorzeit‹ hat sich auch über diesen Begriff, der zunächst nicht mehr bedeutet als ›ursprünglich‹, ›anfänglich‹, gebreitet und ihn verfälscht. Lévy-Brühl in seinem epochemachenden Werk ›La mentalité primitive‹ hat schon vor mehr als dreißig Jahren gezeigt, wie vielschichtig die seelische und geistige Seinsweise der Primitiven ist und daß sie wohl, verglichen mit der unseren, anders ist, aber nicht minderen Ranges. Dem Wort primitiv die Beutung von ›roh‹, ›tierisch‹, ›plump‹ beizulegen, ist seitdem nicht mehr vertretbar. Und nun gar diese degenerierte Bedeutung von primitiv auf den vorgeschichtlichen Menschen anzuwenden, ist vollends unmöglich, weil wir von den geistigen Horizonten der Menschen prähistorischer Kulturen immer nur sehr wenig wissen. Das aber, was wir von ihnen kennen, ihre Kunst, ist fast immer von den Anfängen an hochstehend.

Niemand würde etwas dabei finden, wenn an dieser Stelle statt des Wortes ›hochstehend‹ das Wort ›hochentwickelt‹ stünde. Aber das Wort ›hochentwickelt‹ enthält die Voraussetzung, daß die Kunst der Primitiven sich unbedingt vom Niederen zum Höheren entwickelt haben müsse. Auch das ist eine Suggestion. So wird zum Beispiel ohne weiteres unterstellt, daß die Erfindung der Töpferscheibe ›natürlich‹ ein ›Fortschritt‹ gewesen sei und daß sich daraufhin die Keramik zu höheren Formen ›entwickelt‹ habe. Das klingt ganz schön, aber sachlich stimmt es nicht. Die vor der Erfindung der Töpferscheibe am Ende des vierten Jahrtausends vor Christi Geburt entstandene Kunst von Tell Halaf, die Oppenheim im nördlichen Mesopotamien ausgegraben hat, gehört zum Schönsten, was es an Keramik auf der Welt gibt. Die Selbstverständlichkeit, mit der überall Entwicklung vorausgesetzt wird, ohne daß ein Beweis für ihr Vorhandensein auch nur versucht wird, stammt aus dem reichen Schatz des naturwissenschaftlichen Aberglaubens des 19. Jahrhunderts. Doch gehört dieser Aberglaube heute schon so sehr zur allgemeinen Bildung, daß man mit seinem baldigen Aussterben rechnet.

Ein schönes und überzeugendes Symptom der Humanität der Primitiven der dunklen Vorzeit ist die Tatsache, daß vorgeschichtliche Landnahmen erstaunlich häufig ohne Krieg vor sich gegangen sind. An einem bestimmten Zeitpunkt tritt ein neues Bevölkerungselement auf, ohne daß Spuren von Eroberung oder Brandschatzung aus der gleichen Zeit gefunden werden. Wie es scheint, ist der Vorstoß der Diminileute in das Gebiet der Sesklokultur eine solche unkriegerische Aktion gewesen. Übrigens sind solche friedlichen Landnahmen noch in der Zeit der Völkerwanderung vorgekommen. Als die Westgoten im Anfang des 5. Jahrhunderts nach Christi Geburt aus Aquitanien, der südwestlichen Provinz Galliens, in Spanien eindrangen, erschlugen sie die Bauern nicht, sondern verlangten von ihnen nur die Übergabe von zwei Dritteln des bebauten Bodens. Gewiß stand hinter dieser Forderung militärische Gewalt. Aber immerhin doch bezeichneten die Goten mit großer Höflichkeit die Bauern, denen sie ihr Land wegnahmen, als ›Hospites‹, als Gastgeber. Man vergleiche damit die Auseinandersetzung der Spanier mit den Indios in Mittel- und Südamerika, der Engländer mit den Indianern in Nordamerika und aller europäischen Nationen mit den Negern in Afrika.

Hätte man um die Jahrhundertwende einen gebildeten Europäer nach den Wurzeln der griechischen Kultur gefragt, hätte er wohl, mit dem müden Lächeln, das dem Fin de siècle so wohl anstand, geantwortet, die Griechen seien Indogermanen gewesen. Der Glaube an das Kulturbestimmende eines doch eher zur Physis als zur Geistseele des Menschen gehörenden Merkmals, wie es die Rasse ist, war zu damaliger Zeit unter der Suggestion der Naturwissenschaft schon so verbreitet, daß man begann, Rassezugehörigkeit für etwas Wichtiges zu halten. Wie wenig sie für das Element des Schöpferischen bedeutet, kann man daraus ersehen, daß Thales von Milet ein halber Phoiniker, Vergil ein halber Kelte, Dürer ein halber Ungar, Lessing ein halber Slawe war und Puschkin einen Äthiopier zum Großvater hatte. Eher also ist es gerade die Mischung von Rassen, die eine für die Entstehung des Schöpferischen günstige Voraussetzung schafft.

Freilich, es ist auch eine indogermanische oder, wie man heute besser sagt, indoeuropäische Sprache gewesen, die die Griechen gesprochen haben, und sicherlich ist die Sprache ein Ausdruck der Geistseele des Menschen. Aber Rasse und Sprache sind erst zwei der Elemente, die bei der Entstehung einer Kultur in einem neuen Lebensraum eine Rolle spielen. Es kommt noch hinzu die von Klima und Landschaft mitbestimmte geistige Umwelt der Menschen, in die der Fremdling friedlich oder erobernd eindringt. Es ist nicht möglich, diesen verschiedenen konstitutiven Elementen einer neuen Kultur eine unterschiedliche Wertigkeit zuzumessen. Sie sind eines wie das andere in gleicher Weise wirksam.

Den Griechen der klassischen Zeit ist durchaus bewußt gewesen, daß es vor ihnen eine aegaeische Kultur gegeben hatte. Für die vorgriechische Bevölkerung hatten sie, anderthalbtausend Jahre nach dem Beginn ihrer Einwanderung in Hellas, noch immer eigene Namen. Diese nicht indoeuropäischen, vorgriechischen Bewohner der Aegaeis heißen bei Herodot ›Pelasger‹, bei Thukydides ›Tyrsener‹. Die Pelasger, von denen Reste noch heute an einzelnen Plätzen im Norden der Aegaeis nachweisbar sind, gelten auch als die Stammväter der Etrusker, die selber ihre Herkunft auf Pelasger Thessaliens zurückgeführt haben. Kekrops, der mythische erste König von Athen, ist ein Pelasger gewesen. Ein Stück einer Mauer am Niketempel auf der Akropolis galt noch in klassischer Zeit als von ihm erbaut. Es wurde als heilig betrachtet.

Die Zeitpunkte, an denen unsere Kenntnis der verschiedenen konstitutiven Elemente der griechischen Kultur einsetzt, liegen weit auseinander. Am kürzesten kennen wir die Griechen selbst, nämlich erst seit ihrem Auftreten im aegaeischen Raum im Anfang des zweiten Jahrtausends vor Christi Geburt. Was sie vorher getan haben, woher sie gekommen sind, wo ihre Urheimat liegt, darüber gibt es nur Vermutungen. Es gibt auch keine anderen indoeuropäischen Quellen, die älter sind. Das älteste indoeuropäische geschichtliche Zeugnis, das wir kennen, ist in Anatolien gefunden worden. Es ist die Tafel von Alişar, deren Verfasser der Hethiterkönig Anitta von Kuşsara ist. Die Tafel wird etwa auf das Jahr 1800 vor Christi Geburt datiert. Der Zeitpunkt, an dem für die heutige Wissenschaft die Kenntnis der Aegaeis beginnt, liegt Jahrtausende vor dem Auftreten der Griechen. Ein prähistorischer Dandy könnte es sich leisten festzustellen, daß das Erscheinen der Griechen ein ziemlich spätes Ereignis in der Geschichte der Aegaeis sei.

Woher stammt die Sesklokultur? Woher sind die Diminileute gekommen? Wie ist die Welt, in welche die Griechen einbrachen, beschaffen gewesen?

Betritt einer, ahnungslos aber mutig, das Feld der Vorgeschichte, stürzen von allen Seiten unbekannte Namen über ihn herein. Nehmen wir, zum Exempel, die Jahrhundertwende von 2900 vor Christi Geburt! Das ist, dreihundert Jahre vor der Erbauung der Pyramiden, der Zeitpunkt, an dem die Ereignisse in Ägypten gerade anfangen, geschichtlich zu werden. Vom Beginn der griechischen Einwanderung ist diese Jahrhundertwende noch durch fast ein Jahrtausend getrennt. In der Geheimsprache der Fachleute würde sie charakterisiert sein durch einen Bogen, der von Djemdet Nasr über Kum-Tepe, Frühminoisch I und Dimini bis Starcewo III, Gumelniza und Cucuteni A reicht. Das wären von Vorderasien über Troia, Kreta, Hellas, Serbien und Bulgarien bis zur Moldau die Plätze, an denen Funde, die aus dieser Zeit stammen, gemacht worden sind.

Die Namensgebung der Prähistoriker ist nicht ganz einheitlich. Im allgemeinen wird eine neu in Erscheinung tretende Kultur nach dem Ort benannt, an dem sie entdeckt wird. Zuweilen aber benennt man sie auch nach einem besonderen Merkmal oder nach einem nur bei ihr vorkommenden Gegenstand. Sesklo- und Diminikultur sind nach zwei schlichten Dörfern in Thessalien benannt, die Bandkeramiker dagegen nach dem für sie typischen Dekor ihrer Tongefäße, die Streitaxtleute nach einem für sie charakteristischen Gegenstand.

Sesklokultur, Diminileute und Bandkeramiker gehören noch der jüngeren Steinzeit an. Das Auftreten der Streitaxtleute im aegaeischen Raum fällt in den Anfang der Bronzezeit.

Ganz kann die Wissenschaft ihre Benennungen, so objektiv sie sein mögen, nicht vor der Magie der Sprache schützen. Unter Bandkeramikern stellen wir uns unwillkürlich friedfertige Leute vor, die großen Spaß daran gehabt haben, zur Freude der Prähistoriker die Ornamente auf ihren Töpfen mannigfach zu variieren. Streitaxtleute machen auf uns von vornherein einen kriegerischen Eindruck. Daß beide Vorstellungen, wie sich allmählich zeigt, dem wirklichen Sachverhalt ungefähr entsprechen, ist ein amüsanter Zufall.

In der Tat ist so ein Name wie ›Streitaxtleute‹, sprachlich betrachtet, ein sehr sonderbares Phänomen. Es hängt da sozusagen ein einzelnes Merkmal frei an einem Zweig der Vorgeschichte, wie ein Hut an einem leeren Garderobenständer hängt, und die Aufgabe ist nun die, sich zu dem Hut eine Person dazuzudenken. Aber eines Tages wird es wahrscheinlich, daß die Streitaxtleute Indoeuropäer gewesen sind. Schon bekommt das Wort eine erste, fast schon historische Aura. Dann stellt sich heraus, daß mit den Streitaxtleuten erstmals das Pferd in einem Randgebiet der Aegaeis, in Makedonien, aufgetaucht ist. Die Zähmung des Pferdes ist eine Sache, die den Streitaxtleuten eine sympathische Note verleiht. Dann findet man ihre Spuren an immer mehr und mehr Plätzen. Sie sind also ›lebhaft schweifend‹ gewesen, Nomaden demnach oder Krieger. Jeder Fund trägt, als ein vom Menschen geschaffenes Produkt, Züge seines Schöpfers an sich. Ein keramisches Muster ist ›von übersprudelnder Phantasie‹, oder es ist ›nüchtern‹, und so ist sein Schöpfer eben auch von übersprudelnder Phantasie oder ein nüchterner Mensch gewesen. Mit dem sich vermehrenden Material füllen sich die zunächst leeren Bezeichnungen mit menschlichen Zügen. So bekommen die vorgeschichtlichen Namen allmählich Leben, und der Prähistoriker spricht schließlich von Bandkeramikern und Streitaxtleuten, wie andere von Skandinaviern und Kelten sprechen. Hat man dann noch Gelegenheit, einige der Ausgrabungen zu besuchen und sich die Landschaften anzusehen, in denen diese Menschen gelebt haben, werden sie einem endlich fast vertraut. Was sich im aegaeischen Raum abgespielt hat, bevor die ersten Griechen in Erscheinung getreten sind, ist in seinen Grundzügen heute schon übersehbar.

Es gibt auf unserer alten Erde Landschaften, in denen das erste größere Ereignis der Jüngste Tag sein wird, und es gibt Landschaften, die dazu bestimmt sind, Schauplatz der Historie zu sein. Das Studium des von den Gelehrten zusammengetragenen vorgeschichtlichen Materials zeigt, daß das Gebiet der Aegaeis von allem Anfang an ein Spannungsfeld der Geschichte gewesen ist, in das ununterbrochen Menschen und Ideen eingeströmt sind, das ununterbrochen den Kontrasten zwischen Morgenland und Abendland ausgesetzt war. Es zeigt sich auch, daß die Begriffe Orient und Okzident durchaus nicht etwa nur Kategorien unseres Denkens sind. Die reale Entsprechung dieser Begriffe hat von allem Anfang an bestanden. Schwankend ist nur die Grenze gewesen. Zu einer Zeit gab es einen anatolisch-aegaeischen Kulturkreis, zu einer anderen bildete die Aegaeis zusammen mit Südosteuropa eine Einheit. Zuweilen war sie mit der zwischen den beiden Küsten liegenden Inselwelt ein selbständiges Gebiet mit wechselnden Herrschaftszentren, zuweilen auch war der aegaeische Bereich in viele kleine, voneinander unabhängige Bezirke aufgesplittert. Immer wieder mußten die Kulturen dieser Insel- und Küstenwelt sich zur Wehr setzen, Erbe verteidigen, Neues aufnehmen, Altes abstoßen, sich bewähren. Siege verschleudernd, Niederlagen überlebend mußte das Leben tatsächlich allen Gewalten zum Trotz sich erhalten, und das rief schließlich die Götter herbei.

Dieses jahrtausendelange Existieren in einem Spannungsfeld, dieses Oszillieren zwischen Abwehr und Aufnahmebereitschaft führten dazu, daß sich im Bereich der Aegaeis eine gewisse kulturelle Unabhängigkeit und Selbständigkeit entwickelte. Es ist diese aus unzähligen und auch noch nicht vollständig übersehbaren Elementen zusammengesetzte aegaeische Welt, welche die eine Komponente jener Kultur darstellt, deren andere die Griechen selbst sind.

Von Anfang an waren die Länder und Küsten der Aegaeis im Ausstrahlungsbereich der alten orientalischen Stadtkulturen gelegen. Schachermeyr stellte einmal kategorisch fest, daß aller künftige Anstieg im Mittelmeerbereich seinen Ausgang vom Orient, von Vorderasien und von den angrenzenden Teilen Nordafrikas genommen habe. Neueste Ausgrabungen südwestlich Ankaras, bei denen zahlreiche Kleinplastiken gefunden worden sind, werden von dem ausgrabenden Archäologen auf das Jahr 6000 vor Christi Geburt datiert. Diese Jahreszahl wirft alle bisherigen chronologischen Vorstellungen so vollständig über den Haufen, daß eine Bestätigung dieser Datierung abgewartet werden muß.

Schachermeyr hat vor einer Reihe von Jahren in einer umfassenden Untersuchung – der Fall der Diagnose auf den ersten Blick mit der nachfolgenden Zusammenstellung der beweisenden Symptome – gezeigt, daß der gesamte Typenschatz der beginnenden jüngeren Steinzeit, des Neolithikum, auf kilikische und nordmesopotamische Vorbilder zurückgeht. Unter Typenschatz versteht man die Gesamtheit einerseits der Formen der Gefäße, andererseits der auf Keramiken, Steingefäßen und später Metallgegenständen vorkommenden Ornamente.

Die jüngere Steinzeit im Bereich der Aegaeis hat mit einer über lange Zeiträume sich erstreckenden Kulturdrift begonnen, die von Kilikien, der Zypern gegenüberliegenden Südküste Anatoliens, und vom nördlichen Zweistromland ausgegangen ist. Man hat für dieses geschichtliche Phänomen die Bezeichnung Drift gewählt, weil es ein allmähliches Einsickern, eine langsame Verbreitung, ein offenbar in unkriegerischer Weise sich abspielender Vorgang gewesen ist, bei dem sowohl Menschen wie Errungenschaften gewandert sind. Damals ist die Kenntnis des Ackerbaus vom Orient nach dem Westen gelangt. Die Drift hat auch nicht auf dem griechischen Festland haltgemacht. Sie ist nach Nordwesten weitergeströmt. So ist schließlich eine Kulturprovinz entstanden, die vom fünften bis zum beginnenden dritten Jahrtausend vor Christi Geburt Vorderasien und Südosteuropa vereinigt hat. In unserer heutigen politischen Vorstellungswelt bestehen zwischen Budapest und Bagdad keine Beziehungen. Aber diese Koinê, dieses Zusammenleben einer Welt, die sich vom Euphrat bis zur Donau erstreckt hat, ist noch zweimal in der Geschichte verwirklicht gewesen – unter der Herrschaft von Byzanz vor dem Einbruch des Islams und nach der Eroberung des Balkans durch die Türken am Ende des 15. Jahrhunderts.

Es hat sich noch eine zweite solche Kulturdrift nachweisen lassen, die, von Ägypten und Nordafrika ausgehend, über die Inseln des Mittelmeers und über Spanien das europäische Festland erreichte, um dort auf die Ausläufer der vorderasiatischen Kulturdrift zu stoßen. Die Großräumigkeit dieser vorgeschichtlichen Vorgänge hat etwas Atemberaubendes. Welch ein Augenblick, als zum ersten Mal ein Gelehrter die Kühnheit gehabt hat, zu so früher Zeit solche interkontinentalen Zusammenhänge zu vermuten!.

Die Welt, die auf dem griechischen Festland als Ergebnis der vorderasiatischen Kulturdrift entstand, war die Sesklokultur, die sich mit einer sogenannten seskloiden Außenzone bis an die Donau, an einzelnen Stellen sogar über diese hinaus erstreckt hat.

Von dieser Kultur nunmehr ein farbenprächtiges Bild zu entwerfen, wäre ein ebenso verführerisches wie unsachliches Unternehmen. Die bis heute bekanntgewordenen Funde lassen das nicht zu. Es ist erst eine Kontur, die sich abzuzeichnen beginnt. Die Vorgeschichte ist eine gestrenge Dame. Machen wir unsere Verbeugung vor ihrer Strenge und hören wir, was sie zu sagen hat.

Die Sesklokultur ist agrarisch gewesen. Schiffahrt war bekannt. Handel hat es gegeben. Obsidian kam von der Kykladeninsel Melos, Feuerstein von den ionischen Inseln Leukas und Ithaka. Auf der Insel Skyros sind Spuren von Besiedlung gefunden worden. Die auf Steinfundamenten erbauten Häuser erreichten eine Ausdehnung bis zu 7,75 mal 6,75 Meter. Luftgetrocknete Ziegel wurden benutzt. Zahlreich gefundene kleine Plastiken sind Idole, die offenbar eine Fruchtbarkeitsgöttin darstellen. Die meisten sind aus Ton gebrannt. Es gibt aber auch solche, die aus Stein gemeißelt sind. Die Seskloleute hatten also diesen im Orient bis in die allerältesten Zeiten zurückverfolgbaren Kult übernommen. Vogel- und Stierstatuetten sind ausgegraben worden. Sie sind vermutlich Weihgeschenke gewesen. Es hat Knopfsiegel gegeben, von denen noch unklar ist, wie sie verwendet worden sind. Schmuck, dessen Verwendungsart

86

seit Eva klar ist, wurde gefunden, und natürlich Keramik in Mengen.

Diese Aufzählung ist zunächst genauso trocken wie die luftgetrockneten Ziegel der Seskloleute. Aber die Sache sieht anders aus, wenn man zusammenstellt, was das, was man weiß, bedeutet.

Die Zahl der Sesklosiedlungen im Peneiostal im nordgriechischen Thessalien ist doppelt so groß gewesen wie die Zahl der Siedlungen heute. Die Seskloleute müssen also von der Ackerbestellung und vom Gartenbau eine Menge verstanden haben. Die Arbeit auf dem Acker für das Brot, das die Menschen im Schweiße ihres Angesichts verzehrt haben, ist von einem religiösen Kult, von einem Glauben überwölbt gewesen, und dieser Kult war mit einer mutterrechtlichen Gesellschaftsordnung verbunden. Räume von 7,75 mal 6,75 Meter Größe sind entschieden als repräsentativ zu bezeichnen. Sesklo, in dem diese Häuser standen, ist eine kleine Stadt, eine Polis, gewesen. Urban war diese Kultur also schon im dritten Jahrtausend vor Christi Geburt. Erst die Etrusker haben die Gewohnheit, in Städten zu siedeln, nach Italien, und erst die Römer haben die Urbanität über die Alpen zu uns gebracht. Der Handel über See weist auf mutige Männer hin, die in gebrechlichen Fahrzeugen den Gefahren des Meeres getrotzt haben.

Die aus Ton gebrannten Idole sind von großer Mannigfaltigkeit der Darstellung. Es hat also künstlerische Freiheit gegeben. Die aus Stein gemeißelten Plastiken verraten eine hohe Kunstfertigkeit. Mit diesen Idolen beginnt die Geschichte der Skulptur in der Aegaeis. Von allem Anfang an steht die Plastik unter einem religiösen Aspekt, der erst in hellenistischer Zeit seine Wichtigkeit zu verlieren beginnt. Es ist eine unzulässige Abstraktion, die griechische Plastik nur ihrer Schönheit wegen zu bewundern. Ihrem Wesen nach ist sie Ausdruck von Frömmigkeit.

Die Seskloplastik beginnt naturalistisch, um dann allmählich zu abstrakteren Formen überzugehen. Dieser Wechsel zwischen Naturalismus und Abstraktion wiederholt sich erst in der Kunst Griechenlands und später in der Europas immer und immer wieder. Der eine Stil ist geometrisch, ornamental, gegenstandsfeindlich, der andere gegenständlich, die Welt in der Fülle ihrer Erscheinungen darstellend. Beide Stilformen stehen in ständigem Kampf miteinander, um zuweilen, wie in der frontarchaischen Epoche der griechischen Kunst, in der glücklichsten Weise einander zu durchdringen und zu ergänzen. Es ist bemerkenswert, daß ein ästhetisches Prinzip, das einen so großen Einfluß auf die Geschichte der abendländischen

Kunst gehabt hat und noch heute hat, zu so früher Zeit schon vollständig ausgebildet war.

In die Welt der Seskloleute brach der ›Diminivorstoß‹ ein. Er ist archäologisch erkennbar an einem plötzlichen Auftreten zweier besonderer dekorativer Elemente auf den Keramiken – der ›Spirale‹ und des ›Mäander‹. Beide Elemente kommen ursprünglich im aegaeischen Bereich nicht vor. Sie stammen aus der Kultur der Bandkeramiker, die bis zum Aufbruch der Diminileute auf Rumpfeuropa beschränkt gewesen ist. An bestimmten Besonderheiten ihrer Keramik läßt sich feststellen, daß die Diminileute aus dem Osten der bandkeramischen Welt, die sich von Belgien bis in die Gegend des heutigen Ungarn erstreckt hat, gekommen sind. Ihre Spitzentrupps sind bis in die nordöstliche Peloponnes vorgedrungen.

Nun ist es natürlich nicht so, als ob die Diminileute mit nichts als mit Spiral- und Mäandermustern tätowiert nach Hellas gekommen wären. Diese Muster sind nur das äußere Merkmal der bandkeramischen Koinê, aus der sie gekommen sind. Sie haben eine volle und sogar ziemlich alte Kultur mitgebracht. Es ist eben nur eine Eigenheit der Vorgeschichte, daß das erste und zuweilen lange Zeit einzige, was sie in der Hand hat, die Scherbe mit ihren Ornamenten ist. Gebrannter Ton ist, außer daß er zerbrechlich ist, praktisch unzerstörbar. So sind es die von den Hausfrauen zerschlagenen und weggeworfenen Krüge und Töpfe, aus denen List und Geduld der Prähistoriker die vorgeschichtlichen Kulturbilder zusammensetzen. Die ersten blassen Schemata solcher Entwürfe, die dem Fachmann soviel Aufregung verursachen, sind natürlich für den Laien nicht besonders attraktiv. Aber ein einziges Merkmal schon kann einer solchen am Horizont der Vorgeschichte auftauchenden Gruppe Wichtigkeit verleihen. Es ist kaum möglich, sich die griechische Kultur ohne Tempel vorzustellen. Der klassische griechische Tempel ist aus dem mykenischen Megaron, einem Haus mit Säulenvorhalle, entstanden. Den Urtyp dieses mykenischen Megarons haben die Diminileute nach Hellas mitgebracht. Sie ihrerseits verdanken dieses Modell der vorderasiatischen Kulturdrift, die sie noch vor ihrem Aufbruch nach Süden in ihrer alten südosteuropäischen Heimat erreicht hat. Milojcic vermutet sogar aufgrund seiner Ausgrabung der Otzaki-Magula, daß die vorderasiatische Kulturdrift den Megarontyp zweimal nach Hellas gebracht habe, einmal über das Aegaeische Meer und das zweitemal auf dem Umweg über die Diminileute. Das allererste Vorkommen des Haustyps des Megarons ist in Jericho schon in vorkeramischer Zeit nachgewiesen. Der griechische Tempel verdankt seine architektonische Würde nicht zuletzt dem außerordentlichen Alter der Tradition, aus der er hervorgegangen ist.

Der Diminiwanderung folgten am Ausgang des Neolithikums noch verschiedene Vorstöße nördlicher Stämme nach Hellas, von denen mindestens einer bis auf die Kykladen gelangt ist.

Am Übergang vom Neolithikum zur Bronzezeit, gegen die Mitte des dritten Jahrtausends vor Christi Geburt, beginnt die aus den geschilderten vorderasiatischen und südosteuropäischen Einflüssen gemischte Kultur der Aegaeis. Um sich von ihrer Ausdehnung ein Bild zu machen, haben die Gelehrten eine witzige detektivische Methode entwickelt. Es gibt in Griechenland zahlreiche Ortsnamen, die ihrem sprachlichen Charakter nach nicht griechisch sein können. Nach bestimmten linguistischen Merkmalen läßt sich feststellen, welche dieser Ortsnamen altaegaeisch sind. Zeichnet man alle diese Ortsnamen in eine Karte ein, ergibt sich die verblüffende Tatsache, daß diese Kultur nicht auf die Aegaeis beschränkt gewesen ist, sondern sich über das ganze östliche Mittelmeer ausgedehnt hat. Einzelne solcher Ortsnamen lassen sich sogar noch auf dem Balkan und in Sizilien nachweisen. Offenbar eben hat schon dieses aegaeische Urvolk auf dem Seeweg Kolonien gegründet.

Das Altaegaeische ist keine indogermanische Sprache gewesen. Soweit sich überhaupt eine Verwandtschaft feststellen läßt, kommt vorläufig nur das Sumerische in Frage, die Sprache, die Abraham in seiner Jugend in Ur gesprochen hat. Ein breiter Strom des Aegaeischen ist in das spätere Griechisch eingeflossen. Viele der Namen griechischer Götter entstammen ihm. Selbst wir sprechen noch eine Menge Aegaeisch. Wenn jemand für jemanden die Kastanien aus dem Feuer holt, sind das vorgriechisch-aegaeische Kastanien. Und wenn ein Jüngling unter einer Zypresse seiner Liebsten einen Strauß Narzissen oder eine Hyazinthe überreicht und ihr ein Lied auf der Gitarre spielt und nachher, wenn er einen Korb bekommen hat, zum Trost einen Absinth trinkt, dann ist er ein alter Aegaeer, älter als Zeus. Kyparissos – Zypresse, narkissos – Narzisse, hyakinthos – Hyazinthe, kithara – Gitarre, apsinthion – Absinth sind Wörter der aegaeischen Sprache.

In der frühen Bronzezeit treten dann auch die ersten indoeuropäischen Streitaxtleute im Bereich der Aegaeis auf. Im 20. Jahrhundert vor Christi Geburt erscheinen unter den Streitaxtleuten die ersten als solche erkennbaren Griechen.

Der Mythos der aegaeischen Religion ist so alt wie der Ackerbau.

Der Urtyp des griechischen Tempels gehört der jüngeren Steinzeit an. Die Problematik der modernen Kunst kommt schon in der Seskloplastik zum Ausdruck. Die Küsten des Lichts beginnen, ihre Geheimnisse preiszugeben.

Das Antlitz Agamemnons

Der erfolgreichste Schatzgräber, den die Welt je erlebt hat, war der Sohn eines armen Landpfarrers in Mecklenburg. Doch hat die Armut den Vater nicht gehindert, seinem Sohn·Verstand und Bildung auf den Weg ins Leben mitzugeben. Das dritte, dessen der Schatzgräber zu seinem Erfolg noch bedurfte, ein großes Vermögen, erwarb er sich selbst. Dieser Mann war Heinrich Schliemann.

Als Lehrling in einem Kolonialwarengeschäft hatte er angefangen. Auf einem Schiff nach Venezuela hatte er als Steward gearbeitet. Er erlitt Schiffbruch, und beinahe wäre er ertrunken. Er war Buchmacher in Amsterdam gewesen und hatte es schließlich in St. Petersburg zum Kaufmann erster Gilde gebracht. Der Krimkrieg machte ihn reich. Unterdessen hatte er acht Sprachen erlernt. Altgriechisch und Neugriechisch beherrschte er in gleich vollkommener Weise.

Dieser ungewöhnliche Mann hatte eine fixe Idee. Sie unterschied sich von anderen fixen Ideen durch drei Besonderheiten. Erstens war sie richtig. Zweitens hatte er sie schon im Alter von zehn Jahren feierlich verkündet. Und drittens saß sie in einem mecklenburgischen Dickschädel. Es war die Idee, daß die Epen Homers mehr seien als nur Poesie, daß in ihnen geschichtliche Ereignisse dargestellt seien, daß der Trojanische Krieg stattgefunden habe und daß es, wenn man nur den Angaben Homers folge, möglich sein müsse, Zeugnisse und Spuren dieser geschichtlichen Ereignisse aus der Erde zu graben.

So hatte Schliemann im Jahre 1870 den Ort von Troia richtig bestimmt, dort zu graben angefangen und seinen ersten Schatz gehoben. In Mykenai entdeckte er dann fünf Jahre später einen ganzen großartigen, bis dahin unbekannten Kulturkreis. Die erste Blüte dieser Kultur fällt in eine Zeit, die um ein halbes Jahrtausend dem frühesten bis dahin bekannten Ereignis der griechischen Geschichte, der Dorischen Wanderung, vorausgeht.

Der Höhepunkt der glänzenden Laufbahn Schliemanns ist der Tag gewesen, an dem er das erste Grab innerhalb der Mauer von Mykenai fand. Es war unversehrt. Er öffnete es und entdeckte darin neben vielen anderen Kostbarkeiten ein goldene Gesichtsmaske, die Totenmaske eines Herrschers, der vor dreitausend Jahren die Welt verlassen hatte.

Es muß für den Entdecker überwältigend gewesen sein. Nach Jahrzehnten der Hartnäckigkeit wurde ihm eine großartige Vermutung tatsächlich in einem einzigen Augenblick, in dem Blick auf die goldene Maske des toten Fürsten, bestätigt. Schliemann zeigte sich dem außerordentlichen Événement gewachsen. Um die gebildete Welt Europas von seiner Entdeckung in Kenntnis zu setzen, telegraphierte er am Abend an Seine Majestät den König der Hellenen: »Ich habe Agamemnon ins Antlitz geschaut!«

Diese Goldmaske befindet sich heute im Nationalmuseum in Athen. Selbst in dieser Sammlung der wunderbarsten Seltenheiten gibt es kaum ein Stück, das so aufregend ist wie dieses. Die Maske, ein Bildwerk von einer erschreckenden und hintergründigen Kraft und Strenge des Ausdrucks, verrät die Hand eines Meisters. Es handelt sich, ungeachtet einer vereinfachenden Stilisierung, um ein Portrait. Der Dargestellte ist ein Mann von etwa vierzig Jahren. Er trägt einen Backenbart. Das Kinn ist ausrasiert. Die Oberlippe schmückt ein gepflegter, sehr männlicher Schnurrbart mit etwas aufwärts gebogenen Spitzen. Unter der Unterlippe trägt er eine sogenannte Fliege. Die Nase ist gerade und schmal. Die etwas engstehenden Augen mit den kräftigen, kurzen, nur wenig gebogenen Augenbrauen unter der nicht allzu hohen Stirn sind geschlossen. Die Lippen sind aufeinandergepreßt, die Mundwinkel ein wenig verächtlich nach unten gezogen. Obwohl dieses Gesicht den Eindruck aristokratischer Noblesse macht, geben die zu niedrige Stirn und der abweisend geschlossene Mund ihm etwas Unheimliches, das um so lebendiger hervortritt, je länger man die Maske betrachtet.

Wer ist dieser Mann gewesen?

Man weiß heute, daß es nicht Agamemnon sein kann. Das Schachtgrab, in dem Schliemann die Goldmaske fand, gehört zu einer Gruppe von Gräbern, die aus der Zeit um 1600 vor Christi Geburt stammen. Der Trojanische Krieg findet vierhundert Jahre später statt.

In diesem Irrtum tritt, wahrhaftig in demselben Augenblick, da Mykenai entdeckt wird, das garze Problem Homer noch einmal voll in Erscheinung. Schliemann hatte sowohl unrecht wie recht. Unrecht hatte er in der historischen Präzision. Recht hatte er in seinem Eindruck. Der Mann, den diese Maske darstellt, könnte Agamemnon sein. So könnte der Fürst der Völker ausgesehen haben, und am ehesten in der ungeheuren Enttäuschung seines Todes.

Die Archäologie hat ein Übermaß von Sorgfalt, Beharrlichkeit und Scharfsinn der Frage zugewendet, ob überhaupt und wieweit dann die Schilderungen der mykenischen Welt, die Homer gibt, den Verhältnissen, wie sie aus den Ausgrabungen rekonstruiert werden können, entsprechen. Vieles stimmt bis in Kleinigkeiten. Vieles stimmt nicht. Aber Homer ist weder ein Reporter noch ein Geschichtsschreiber gewesen. Er war ein Dichter. Durch die Kraft seiner Poesie hat er der von ihm dargestellten Welt eine so strahlende Existenz verliehen, daß die Realität seines Vorbildes dahinter im Schatten versank. Aber keine Ausgrabung hat irgend etwas zutage gefördert, was seinem Stil nach nicht in die von Homer geschilderte Welt hineinpaßte. Den größeren Reichtum der archäologischen Entdeckungen gleicht die Poesie durch ihre größere Lebendigkeit aus.

Der Mann, den die Goldmaske darstellt, ist also sicher ein Herrscher von Mykenai, ein βασιλεύς, ein König gewesen, der in der Burg, an deren Fuß er begraben war, wirklich gelebt hat. Und ebenso, wie es sicher ist, daß es diesen Herrscher von Mykenai gegeben hat, ist es sicher, daß es Agamemnon gegeben hat und daß er ein Herrscher von Mykenai gewesen ist. Vielleicht war der Mann, den die Goldmaske darstellt, ein Ahnherr Agamemnons. Er muß ein strenger und wohl auch gewalttätiger Mann gewesen sein. Züge differenzierter Intellektualität oder musischer Verfeinerung fehlen. Aber doch ist dieses Antlitz voll Hoheit und, bei aller Grimmigkeit, nicht ohne einen Zug von Strenge gegen sich selbst. Es ist barbarisch und großartig. Es ist das Gesicht eines Kriegerkönigs einer heroischen Frühzeit.

Die Burg, in der dieser Fürst geherrscht hat, liegt in einem verborgenen Winkel in der nordöstlichen Ecke der an drei Seiten von Bergen umschlossenen, an der vierten, der Südseite, zum Meer sich öffnenden Ebene der ›rossenährenden Argolis‹. Von Norden kommt über den niedrigen Paß von Derwenaki die Straße von Korinth. Der Weg zu diesem Paß führte in mykenischen Zeiten durch das Jagdgebiet des Nemeischen Löwen, dessen Höhle noch gezeigt wird. Erst Herakles befreite das Land von diesem Ungeheuer. Es war die erste der zwölf ihm auferlegten Arbeiten. Das Fell, das Herakles in antiken Darstellungen über der Schulter trägt, ist das dieses Löwen. Hat man den Paß überschritten, öffnet sich dem Auge ein weiter Blick auf eine sonnenüberglänzte, baumbestandene, von Bergen begrenzte Ebene. Im Osten erheben sich kahle, mittelhohe Berge, die die Argolis von der Küste trennen. In eines der Täler etwas weiter im Süden ist das Heilbad Epidauros mit seinem schönen Amphitheater eingebettet. Im Westen erstreckt sich ein hohes, unwegsames Felsengebirge, das die Argolis von Arkadien und von dem Tal trennt, in dessen südlichem Teil, am Eurotasfluß, Sparta liegt. Die eigentümliche geographisch-geologische Zerrissenheit der griechischen Landschaft ist eine der Ursachen dafür, daß das Land in langen Perioden seiner Geschichte in so viele kleine, voneinander unabhängige Staaten aufgesplittert gewesen ist. In der Ferne, weit im Süden, ragt die weiße Akropolis von Argos auf. Neben ihr erscheint ein Streifen des Golfs von Nauplia. Linker Hand, von einer Bodenwelle fast verdeckt, kann man auf der Spitze eines Hügels ein paar unscheinbare Mauerreste erkennen. Das ist Mykenai!

Hinter Mykenai ragt ein pyramidenförmiger Berg auf, der heute dem heiligen Elias geweiht ist. Auf diesem Berg befand sich in mykenischer Zeit ein Kastell. Dieses Kastell ist eine Signalstation gewesen, über die der Lichttelegraph den Fall der Festung Troia am Abend der Eroberung nach der Peloponnes gemeldet hat. In der Tragödie ›Agamemnon‹ des Aischylos schildert Klytaimestra mit einer für eine große Dame erstaunlichen geographischen Sachkenntnis den Weg, den die Nachricht von der Nordwestspitze Kleinasiens nach Argos genommen hat. Das Feuersignal, vom Gott Hephaistos auf dem Berg Ida bei Troia entflammt, nahm seinen Lichtweg über den Hermesberg auf der Insel Lemnos, über ›des Athos' zeusgeweihten Scheitel‹, den Makistos auf Euboea, das Messapergebirge, den Kithairon und so weiter bis zum Kastell von Mykenai, dessen Feuer man sowohl in Mykenai wie in Argos hat sehen können. Die genannten Bergkuppen liegen tatsächlich jeweils in Sichtweite voneinander. Das beweist zunächst zwar nicht mehr, als daß Aischylos das gewußt hat. Aber das kann zu Agamemnons Zeiten sehr wohl auch schon bekannt gewesen sein.

An der Stelle, an welcher der Wanderer von der großen Straße abbiegt, steht ein Wegweiser mit der Inschrift ›Mykenai 4 km‹. Die Inschrift könnte ebensogut lauten ›Mykenai 4000 Jahre‹. Jeder Schritt auf diesem Weg ist ein Jahr unserer Vergangenheit.

Eine schnurgerade Allee führt zu dem heutigen Mykenai, einem kleinen Ort, auf dessen Marktplatz das Gasthaus ›*Zur schönen Helena des Menelaos*‹ steht. Hier hat Schliemann gewohnt und nach ihm alle die großen Archäologen, die sein Werk fortgesetzt haben. Der Wirt begrüßt mich und setzt mir einen Retsina, einen geharzten Wein von feinstem Duft vor. Dann fragt er mich nach dem Woher und Wohin. Ein Mann mit grauem Haar und jener tiefbraunen verwitterten Haut, wie Menschen sie haben, die ihr Leben im

Freien verbringen, gesellt sich, als er hört, daß ich ein Deutscher sei, zu uns. Ich lade ihn zu einem Glas Wein ein, worauf er mir freudig erzählt, daß er ›noch mit Professor Schliemann gegraben habe‹. Aber der vortreffliche Mann ist höchstens fünfzig Jahre alt. Offenbar wird die ehrfurchtgebietende biographische Tatsache, mit Professor Schliemann gegraben zu haben, als so wertvoll betrachtet, daß sie vom Vater auf den Sohn vererbt wird. Die Autogramme im Gästebuch des Wirtes reichen von Winston Churchill bis zu Theodor Heuss. Doch ist Mykenai schon im Altertum ein Ziel der Gebildeten der antiken Welt gewesen. Pausanias hat im zweiten Jahrhundert nach Christi Geburt einen Baedeker über Griechenland geschrieben, der eine Fülle von wertvollen Angaben auch über Mykenai enthält. Vom Gasthaus aus steigt man einen kleinen Hügel hinan. Nach einigen hundert Metern erscheint hinter einer Biegung der Straße der Burgberg. Ein kleines Stück Weges weiter und vor mir ragt, aus mächtigen, roh behauenen Steinen kyklopisch geschichtet, acht bis zehn Meter hoch, die gewaltige Burgmauer auf. Und dann nur wenige Schritte noch, und ich stehe vor dem Löwentor!

Dies ist einer der großen Augenblicke, die die Antike ihren Verehrern zu bieten hat. Mit Rührung erinnere ich mich eines weit zurückliegenden Tages aus der Zeit nach dem ersten Weltkrieg, als ich gerade zu studieren angefangen hatte. An einem Maimorgen, schön wie dieser, hatte ich das anatomische Kolleg verlassen, um ein wenig bei den Kunsthistorikern zu hospitieren. An der Tafel des Auditoriums hing eine große Photogravüre des Löwentors. Der verehrte Geheimrat versuchte gerade, seinen unbedarften Scholaren begreiflich zu machen, was für ein eminentes Bauwerk dieses Tor sei, daß es zu den frühesten Denkmälern der abendländischen Kunst gehöre, daß es ein Werk der Weltarchitektur wie der Parthenon oder die Hagia Sophia sei, daß es als eine jener im tiefsten Grund unerklärlichen Schöpfungen betrachtet werden müsse, in denen der Geist sich der Materie bemächtige, in denen etwas Metaphysisches eine sichtbare Form annehme, in denen die Steine zu reden begännen. Der graubärtige Meister steigerte sich, ganz unwissenschaftlich, in eine Art zornige Begeisterung hinein. Seine funkelnden Augen durchbohrten unsere Ignoranz, und so hat die Ignoranz wenigstens an einer Stelle ein kleines Loch bekommen.

Das Löwentor ist eine Verteidigungsanlage. Sie ist mit großem taktischem Raffinement angelegt. Die Wand, in der das Tor selbst sich befindet, ist die Rückseite eines tiefen, nach außen offenen Vierecks. Der Angreifer, der dieses Tor zu stürmen versuchte, konnte von oben her und von drei Seiten zugleich beschossen werden. Nach links und nach vorn zwar deckte ihn sein Schild; aber von einem vorgeschobenen Turm aus konnte der Verteidiger seine Waffen auch auf die rechte, vom Schild nicht beschützte Seite des Angreifers wirken lassen.

Das Tor selbst ist ungefähr quadratisch. Die Länge einer Seite des Quadrats ist drei Meter. Es besteht aus vier riesigen Blöcken, je einer als Schwelle und als Türsturz und zwei als Seitenpfosten. Der größte Block ist der über der Tür. Er mißt 4,50 mal 2,10 mal 1,0 Meter. Er hat ein Gewicht von schätzungsweise zwanzig Tonnen. Die Erbauer dieses Tores müssen über beachtenswerte technische Kenntnisse verfügt haben, um mit so gewichtigen Massen umgehen zu können. Diesen zwanzig Tonnen dürfte es zu verdanken sein, daß das Bauwerk erhalten geblieben ist.

Über dem Türsturz ist in der Mauer ein Dreieck ausgelassen, das von einer Kalksteinplatte ausgefüllt wird. Zwei wie auf einem Wappen aufgerichtete Löwen stellen ihre Vorderpranken auf ein etwa einen halben Meter hohes steinernes Podest, auf dem zwischen ihnen eine Säule mit einem Kapitell steht. Die Köpfe der Löwen fehlen. Sie sind wahrscheinlich aus Bronze gewesen. Das Kapitell dürfte über die Köpfe der Löwen hinausgeragt haben. Diese Säule ist die älteste, die in Griechenland erhalten geblieben ist.

Auf eine eigentümliche Weise sind in dieser Architektur Taktik und Metaphysik miteinander verquickt. Die Verteidigungsanlage als solche ist rational durchdacht. Das Löwentor selbst ist eine Kultfassade. Diese militärische Verbindung von Defensive und Frömmigkeit hat es noch in der alten preußischen Armee gegeben. Das Schloß des Koppels, an dem das Bajonett, die Waffe für den Nahkampf, hing, trug die Inschrift ›Gott mit uns‹.

Kultfassaden sind eine Institution, die Mykenai von Kreta übernommen hat. Bestimmte Plätze wurden durch Zeichen, welche die magische Bedingung dafür waren, daß die Götter erschienen, zu Kultstätten erhoben. Das Löwenmotiv, das sehr früh auch schon auf kretischen Siegeln vorkommt, ist ein solches Zeichen. Das Tor, die in der Verteidigung empfindlichste Stelle, wurde unter den Schutz der Götter gestellt. Daß die Troer die um das Schiffslager der Griechen vor Troia errichtete Mauer durchbrechen konnten, hat nach Homer seinen Grund allein darin gehabt, daß bei ihrem Bau den Göttern nicht die gebotenen Opfer dargebracht worden waren.

Durch einen glücklichen Zufall ist in Arslantasch in Kleinasien ein phrygisches Felsengrab erhalten geblieben, dessen Vorderansicht ebenfalls eine Kultfassade ist. Sie zeigt als Relief dasselbe Motiv wie das Löwentor in Mykenai. In Arslantasch ist das Podest, auf das die Löwen ihre Vorderpranken stützen, der Eingang zur Grabkammer. Die beiden Reliefs dürften in ihrer Entstehung durch nicht mehr als zweihundert Jahre voneinander getrennt sein. Aber der Unterschied ist frappant. Gerade weil es sich um dasselbe Motiv handelt, wird deutlich, daß hier in Mykenai etwas vollständig Neues geschaffen worden ist. Während bei der jüngeren kleinasiatischen Fassade das Format riesenhaft ist, übt schon der Meister des älteren Löwentors jenes Maßhalten, das von allem Anfang an die griechische Kunst von der des Orients unterscheidet. Während in Arslantasch die Löwen durch vage, bildhauerisch kaum ausgeführte Merkmale nur eben angedeutet sind, tritt hier in Mykenai etwas Naturhaftes in Erscheinung. In dieser Besonderheit zeigt das mykenische Kunstwerk eine gewisse Verwandtschaft mit der vorgeschichtlichen Kultur Alteuropas. Ob es schon die Diminileute gewesen sind, die dieses künstlerische Element einer darstellerischen Nähe zur Natur mitgebracht haben, oder ob erst die Griechen selbst das getan haben, oder ob überhaupt erst aus der Mischung der aegaeischen Bevölkerung mit den eingewanderten Indoeuropäern die so beschaffene schöpferische Darstellungskraft entstanden ist, das sind Fragen, die noch nicht beantwortet werden können. Jedenfalls ist das älteste auf uns gekommene Baudenkmal, das wir ohne Einschränkung als europäisch empfinden, unter der Sonne von Hellas entstanden.

Die Löwen von Mykenai sind die Wappentiere der abendländischen Kunst.

Der Anblick des Tores mit den gewaltigen Mauerblöcken, dem quadratischen, finster und gedrückt wirkenden Eingang, dem riesigen Türsturz und den darüber sich aufrichtenden Löwen macht selbst unter der Sonne der Peloponnes einen düsteren und feierlichen Eindruck. Sicherlich ist dieser Eindruck in alten Zeiten gemildert gewesen durch die Kneipen vor dem Tor, durch schattenspendende Bäume, durch die Werkstätten der Handwerker und die Buden der Händler, durch wasserholende Weiber, durch Bettler, Maultiere und Esel; aber doch war dieses Tor nicht der Eingang zu einer Residenz voll heiteren Lebens wie in Kreta.

Es war das Tor zu einer Burg. In ihren strengen Proportionen, in ihrer Monumentalität, in ihrer Mischung von militärischer Verteidigungstaktik und den Göttern geweihter Heiligkeit drückt diese Architektur herrscherliche Gewalt aus. Durch dieses Tor sind die trotzigen, wilden und leidenschaftlichen Männer, die Homer schildert, auf ihren Streitwagen ausgefahren, waffenklirrend und waffenfroh. Durch dieses Tor ist König Agamemnon ausgezogen, das mächtige Troia zu erobern.

Durch das Löwentor betritt man die Burg. Das erste, was man erblickt, ist ein von hochgestellten Steinplatten umgebenes Rund, innerhalb dessen die heute offenen Schachtgräber liegen. Fünf davon sind von Schliemann, das sechste ist später von Stamatakes entdeckt worden. Auch dieser Platz ist in alten Zeiten eine Kultstätte gewesen. Die Schachtgräber haben zu einer älteren Burg gehört, die sehr viel kleiner gewesen ist als die zweite, in der Agamemnon gelebt hat. Die Mauer, in der das Löwentor sich befindet, ist erst um 1400 vor Christi Geburt errichtet worden. Sie hat die Schachtgräber, die außerhalb der ursprünglichen Befestigung gelegen waren, einbezogen. Ein breiter Weg führt hinauf zu der auf dem Gipfel des Burgberges gelegenen Residenz. Homer erwähnt diese Einzelheit. Er nennt Mykenai εὐρυάγυια, das heißt ›mit breiten Straßen‹. Es gab eine gut funktionierende Kanalisation. Die Residenz mit einem Megaron, einem Thronsaal, einem Badhaus und verschiedenen Seitengebäuden war auf einem mit mächtigen Stützmauern künstlich erweiterten Felsplateau erbaut. Ein Stück dieses Plateaus ist bei einem Erdbeben in die Tiefe gestürzt. Auf seinem erhalten gebliebenen Teil sind die Grundmauern der Gebäude freigelegt.

Ich stehe auf dem Steinboden des Megarons, des Haupthauses des Palastes. Die Burg ist in ihrer Gesamtheit eine einheitliche architektonische Konzeption gewesen, vom Fuß des Burgberges mit seiner mächtigen Mauer kühn sich aufstufend bis zum Megaron auf dem Gipfel des Hügels. Das Megaron war von einer Laterne gekrönt, die das Bauwerk nach oben eindrucksvoll abschloß. Von der Ebene her muß die Burg einen großartigen, eben einen herrscherlichen Eindruck gemacht haben. In der Mitte des Megarons, umgeben von vier Säulen, welche die an den Seiten offene Laterne trugen, stand der Herd, dessen Stuckbemalung teilweise erhalten ist. Er war der Mittelpunkt des Hauses. Er war das Symbol der Familie. Er war heilig. Das ist eine alte indoeuropäische Überlieferung. Bei den Germanen war ein Mann, der keinen Herd hatte, ein ruchloser, nämlich ein rauchloser Mensch. Die Wände waren mit lebhaften Fresken geschmückt, in denen aber, im Gegensatz zu Kreta, überwiegend kriegerische Szenen dargestellt waren. Es ist charakteristisch für mykenische Architekten, daß ihre künstlerische Absicht in gleicher Weise auf den Innenraum wie auf den Baukörper gerichtet war.

Vom Palast aus hat man in der Weite die Ebene bis zum Meer vor Augen. In der Nähe überblickt man das an den Hängen des Hügels gelegene, von der kyklopischen Mauer beschützte Gebiet mit den Häusern des Gefolges, der höheren Offiziere, der Verwaltungsbeamten und der Haussklaven. Die Bevölkerung lebte in kleinen Dörfern auf in der Nähe gelegenen Hügeln. Siedlungen konnten nur errichtet werden, wo ausreichende Quellen vorhanden waren.

Auch die Lage der Burg beweist, daß die Herrscher von Mykenai große Strategen gewesen sind. Sie liegt so weit landeinwärts, daß sie von der See her überraschend nicht angegriffen werden konnte. Dazu hatten diese klugen Krieger ein Straßennetz angelegt, das, radiär von Mykenai ausgehend, mit Hilfe von kleinen, in Sichtweite voneinander gelegenen Kastellen das ganze beherrschte Land mit einem System von Anlagen überzog, die sowohl der Überwachung als auch der Verteidigung dienten. Die Straßen haben Brücken und Abzugskanäle gehabt. Das System der Befestigungen ist ganz ähnlich dem gewesen, das zweieinhalbtausend Jahre später von den Kreuzrittern in Syrien angelegt worden ist. Bei dem weiten Blick, der sich aus den Fenstern des Megarons bot, lag das ganze Land unter den Augen des Herrschers. Alles das macht es wahrscheinlich, daß die mykenischen Achaier eine Herrenschicht waren, die eine unterworfene Bevölkerung regierten. Vom Segen der Arbeit ist denn auch bei Homer nie die Rede.

Zu den vielen Dingen, in denen der Dichter der Ilias durch die Ausgrabungen bestätigt wird, gehört Mykenais Goldreichtum. Bei siebzehn Toten hat Schliemann über dreizehn Kilogramm Gold gefunden, und das, was man den Toten ins Grab mitgibt, ist schließlich immer nur ein Teil dessen, was vorhanden ist. So taucht die Frage auf, woher der Reichtum des Goldenen Mykenai stammte. In der Argolis ist Pferdezucht betrieben worden. Die Pferde waren berühmt und sind wohl auch in andere Länder verkauft worden. Nun sind zwar Gestütsbesitzer und Pferdehändler niemals arme Leute; aber die Argolis ist zu klein, als daß der ganze Reichtum allein aus der Pferdezucht hätte stammen können. Auch der Handel kann nicht die Quelle gewesen sein; er lag in den Händen der Kreter. Vielleicht haben die mykenischen Achaier Kupferbergbau getrieben. Dieses Metall kommt neben Silber und Blei in den Bergen der Peloponnes vor. In der Nähe von Nemea ist ein altes Kupferbergwerk aus dieser Zeit wiederentdeckt worden.

Metalle sind von den frühesten Zeiten an so wertvolle und begehrte Rohstoffe gewesen, daß sie schon immer zu weltweiten Handelsbeziehungen geführt haben. Der Handel der Mittelmeerländer mit Zinn aus Irland und Cornwall läßt sich bis in die frühe Bronzezeit zurückverfolgen. Und sicherlich ist es der Handel gewesen, der auch die mykenische Keramik so weit über die Welt verstreut hat. Mykenische Gefäße hat man aus einem Grab in Palmyra mitten in der Syrischen Wüste ausgegraben. Man hat sie in Ägypten gefunden, in Makedonien, Thrazien, Anatolien, auf Rhodos, Zypern, Sizilien, sogar auf den Liparischen Inseln und auf Ischia.

Eine andere Vermutung, woher der Goldreichtum Mykenais stamme, geht dahin, daß die kriegslustigen und beutefrohen Herren der Burg sich als Condottieri an die vornehmen kretischen Handelsherren verdingt hätten. Die Kreter des 16. Jahrhunderts vor Christi Geburt sind wie die venezianischen Kaufleute des 16. Jahrhunderts nach Christi Geburt viel zu hochmütig, zu dekadent und auch zu intelligent gewesen, um am rohen Waffenhandwerk Freude zu haben. Es ist sogar denkbar, daß der ganze Trojanische Krieg die Intrige eines kretischen Dandolo gewesen ist, der, in der gleichen Weise wie Venedig Byzanz erobert hat, um durch den Bosporus freien Zugang zum Schwarzen Meer zu haben, Troias Macht am Eingang der Dardanellen niederwerfen wollte, um den Zugang zum Marmarameer zu erzwingen. So ist es wohl Raubgold gewesen, aus dem die in den Gräbern von Mykenai gefundenen Diademe, Masken, Halsketten, Ringe, Becher und der Schmuck der Waffen geschmiedet worden sind. Geld gab es in mykenischer Zeit noch nicht. Der Reichtum bestand damals in Land, Herden und Schätzen. Aber alle diese aus Beutegold verfertigten Gegenstände sind prachtvolle Werke der Goldschmiedekunst. Sie sind mit höchstem Geschmack und einer erstaunlich entwickelten handwerklichen Meisterschaft hergestellt. Mykenai ist die Frühzeit einer großen Welt.

Die Art und Weise, wie wir die Kultur Mykenais kennen, ist ohne Beispiel. Wie vertraut ist uns diese Welt und wie rätselhaft fern zugleich! Der Fülle der Kenntnisse, über die die Archäologie verfügt, steht die Fülle der mythologischen Überlieferungen gegenüber. Die beiden Bereiche widersprechen einander nicht, aber zusammenschließen lassen sie sich auch noch nicht. Nur gelegentlich läßt sich zwischen Wissenschaft und Mythologie eine Brücke schlagen. Die Archäologen können heute schon eine ziemlich ausführliche Darstellung der Geschichte Mykenais geben, und seine Menschen kennen wir aus Homer, aus der Sage und aus der griechischen Tragödie. Doch sind bisher noch keine Spuren gefunden worden, aus denen man auf die Verehrung der olympischen Götter schließen könnte.

Auch ist noch kein Fundstück aufgetaucht, das als Beweis für die reale Existenz irgendeines der sagenhaften Helden dienen könnte. Bei den der Zeit Agamemnons angehörenden Gräbern, die später ausgegraben worden sind, stellte sich zum Kummer der Archäologen heraus, daß sie schon geplündert waren. Die Habgier war der Neugier zuvorgekommen. Doch kann, auch wenn es dafür noch keinen unmittelbaren archäologischen Beweis gibt, kein Zweifel darüber bestehen, daß die Überlieferung verläßlich ist. Die Burg von Mykenai ist der Herrschaftssitz der Atriden, der Söhne des Atreus, gewesen. Ihr Schicksal, zu dem der Trojanische Krieg nur den Hintergrund bildet, ist literarisch bis in unsere Tage lebendig geblieben.

Zunächst scheint es, als sei die Chronik dieses Geschlechts nichts anderes als eine Kette barbarischer Grausamkeiten und Verbrechen. Schon mit Tantalos, dem Ahnherrn des Hauses, fängt das an. Tantalos, ein König von Phrygien, war ein Sohn des Zeus. Als einmal die Götter bei ihm zu Gast waren, setzte er ihnen, um ihre Allwissenheit zu prüfen, vielleicht aber auch nur, weil das Fleisch im Hause knapp war, seinen eigenen Sohn Pelops zum Mahl vor. Die Götter rührten die Speise nicht an. Nur Demeter, in der Trauer um ihre Tochter Persephone, die Hades in die Unterwelt entführt hatte, aß gramverloren das Fleisch der linken Schulter. Die Götter gaben Pelops das Leben zurück. Die fehlende Schulter wurde durch Elfenbein ersetzt. Tantalos wurde zur Strafe in den Tartaros verbannt.

Pelops erbte den Thron seines Vaters und residierte einige Jahre in Enete an der Küste des Schwarzen Meeres. Von dort vertrieb ihn Ilos, der König von Troia. Nach dieser Überlieferung ist also die Feindschaft zwischen Agamemnon und Priamos ein alter Zwist der Herrscherhäuser von Mykenai und Troia gewesen. Die Herkunft des Pelops aus Kleinasien bedeutet vielleicht, daß ein Zweig der Achaier aus Anatolien stammt. Aus hethitischen Inschriften geht hervor, daß zwischen den Hethitern und den Achaiern Beziehungen bestanden haben. Die Hethiter haben die achaischen Fürsten anerkannt; allerdings haben sie ihnen nicht den gleichen Rang zugebilligt, den sie selbst beanspruchten.

Pelops verließ mit einer großen Gefolgschaft Anatolien und zog nach Elis, der Landschaft, in der Olympia liegt. Nach ihm ist die Halbinsel Peloponnes benannt. König Oinomaos von Elis hatte seine Tochter Hippodameia dem zur Frau versprochen, dem es gelänge, ihn im Wagenrennen zu besiegen. Der König startete immer erst einige Zeit nach seinem Gegner, jagte ihm nach und bohrte ihm, wenn er ihn eingeholt hatte, den Speer in den Rücken. Auf diese Weise hatte er schon zwölf Freier ins Verderben geschickt. Pelops versprach dem Myrtilos, dem Wagenlenker des Königs, der weit stärker als er selbst von Leidenschaft für Hippodameia erfaßt war, das halbe Königreich und die Brautnacht mit dem schönen Mädchen, wenn er ihm hülfe zu siegen. Myrtilos zog den Achsennagel aus dem Rad seines Herrn und ersetzte ihn durch Wachs. Die Szene vor dem Beginn des Wagenrennens ist im Ostgiebel des Zeustempels von Olympia dargestellt gewesen. Die Skulpturen sind ausgegraben worden. Sie sind besonders gut erhalten. Sie stehen heute im Museum in Olympia. Kenner schätzen ihren künstlerischen Wert höher ein als den der Giebelfiguren des Parthenon.

König Oinomaos fand bei dem Rennen den Tod. Das dem Myrtilos gegebene Versprechen hielt Pelops nicht. Er warf den Wagenlenker des Königs ins Meer. In den Wellen versinkend verfluchte Myrtilos mit seinem letzten Atemzug den Pelops und sein Haus.

Eine eigentümliche Verbindung von Mythos und geschichtlicher Realität ist in dem sonderbaren Sachverhalt gegeben, daß der Name Myrtilos hethitisch ist.

Die beiden Söhne des Pelops, Atreus und Thyestes, waren Zwillinge. Aber die Brüder hatten, wie Esau und Jakob, schon im Mutterleib Streit miteinander gehabt. Thyestes stahl Atreus einen Widder mit goldenem Vlies, an dessen Besitz der Anspruch auf den Thron von Mykenai hing. Aber Atreus konnte sich mit Zeus' Hilfe als der rechtmäßige Besitzer ausweisen. Er verbannte seinen Bruder. Später entdeckte er, daß Aerope, sein Weib, von Thyestes verführt worden war. Atreus rächte den Ehebruch in schrecklicher Weise. Er versöhnte sich zum Schein mit seinem Bruder und lud ihn ein, nach Mykenai zurückzukehren. Nach seiner Ankunft ermordete Atreus die drei Söhne des Thyestes und setzte sie ihm, in Fortsetzung der von Tantalos begonnenen grausigen Familientradition, als Speise vor. Als Thyestes das Mahl beendet hatte, ließ Atreus die Köpfe der Kinder auf Schüsseln hereinbringen. Thyestes fügte dem Fluch des Myrtilos einen noch furchtbareren hinzu. Dann ergriff er die Flucht.

Um zu erfahren, wie er Rache nehmen könne, befragte Thyestes das Orakel in Delphi. Dort wurde ihm die Weisung zuteil, mit seiner eigenen Tochter Pelopia, die eine Priesterin der Athene in Sikyon war, einen Sohn zu zeugen. Er überfiel Pelopia nachts, als sie im Teich des Tempels ihr Gewand reinigen wollte, und vergewaltigte sie. Pelopia erkannte ihn nicht, aber es gelang ihr, dem Unbekannten sein Schwert zu entwenden. Thyestes floh nach dieser Untat nach Phrygien, ins Land seiner Vorfahren.

Atreus hatte Aerope wegen des Ehebruchs mit Thyestes töten lassen. Immer auf der Suche nach seinem Bruder, dessen Rache er ständig fürchtete, kam er nach Sikyon. Er entbrannte in heftiger Leidenschaft für Pelopia und nahm sie zum Weib. Das Kind, dessen Vater Thyestes war, wurde geboren und erhielt den Namen Aigisthos. Atreus glaubte, daß er der Vater des Kindes sei.

Den nächsten Akt dieses Wirrsals von Verbrechen würde man für die Ausgeburt der Phantasie eines modernen Kriminalschriftstellers halten, wenn die Ereignisse nicht von Apollodoros in seiner βιβλιοθήκη, einem großen Werk über die griechische Mythologie aus dem Ende des 2. Jahrhunderts vor Christi Geburt, überliefert wären.

Aigisthos wuchs als Sohn des Atreus heran. Aber Atreus fürchtete noch immer seinen Bruder Thyestes. So schickte er Agamemnon und Menelaos, seine beiden Söhne aus der Ehe mit Aerope, auf die Suche nach seinem Bruder. Durch einen Zufall begegneten sie ihm in Delphi, wohin er von Phrygien aus noch einmal gekommen war. Sie lockten ihn nach Mykenai. Atreus warf ihn ins Gefängnis und befahl dann dem Aigisthos, den Thyestes im Schlaf zu töten.

Aigisthos, fast noch ein Knabe, wollte den Befehl ausführen. Aber Thyestes erwachte, stürzte sich auf den Jüngling und entriß ihm das Schwert. Zu seinem Erstaunen erkannte er, daß es sein eigenes war, das ihm in Sikyon abhanden gekommen war. Der Jüngling, zur Rede gestellt, woher er das Schwert habe, erwiderte, seine Mutter habe es ihm gegeben. Thyestes befahl ihm, die Mutter zu holen.

Pelopia erschien. Sie erkannte sogleich ihren Vater und weinte Tränen des Wiedersehens an seiner Schulter. Befragt, wie sie in den Besitz des Schwertes gekommen sei, erzählte Pelopia, sie habe es einem unbekannten Fremden, der sie nächtens in Sikyon überfallen habe, abgenommen. Thyestes gestand, daß er selbst der Fremde gewesen sei. Pelopia, von Schrecken erfaßt, ergriff das Schwert und tötete sich.

Thyestes enthüllte dem Aigisthos an der blutigen Leiche seiner Mutter, daß er sein Vater sei. Dann schickte er seinen Sohn zu Atreus mit dem Befehl, ihn mit dem blutigen Schwert, mit dem Pelopia sich umgebracht hatte, zu töten. Noch einmal regierte Thyestes für kurze Zeit in Mykenai, aber schließlich entriß ihm Agamemnon das Szepter.

Klytaimestra, Agamemnons Weib, war eine Tochter des Königs Tyndareos von Sparta und der Leda. Die schöne Helena ist ihre Schwester gewesen. Klytaimestra hatte viele Gründe, Groll gegen

Agamemnon in ihrem Herzen zu tragen. In erster Ehe war sie einem König von Elis angetraut gewesen. In einem Krieg gegen ihn hatte Agamemnon nicht nur diesen König getötet, sondern auch dessen Sohn, den Klytaimestra, die Mutter, an ihre Brust gedrückt hielt. Dann hatte er sie zur Ehe gezwungen. Der zweite Grund für den Groll Klytaimestras war der vermeintliche Tod ihrer Tochter Iphigenie. Sie war in Aulis geopfert worden, damit die Götter günstige Winde für die Überfahrt der archaischen Flotte nach Troia schickten. Iphigenie war ihre Lieblingstochter. Bei Aischylos spricht sie einmal von ihr als von ›ihren liebsten Wehen‹. Der dritte Grund ihres Grolls war die Eifersucht auf Kassandra, die Tochter des Priamos, die dem Agamemnon aus der Beute in Troia zugesprochen worden war. Er hatte sie zu seiner Geliebten gemacht. Es ist nicht verwunderlich, daß Klytaimestra in der zehnjährigen Abwesenheit des ungeliebten Mannes den Verführungskünsten des Aigisthos erlegen war. Sie ermordete den heimkehrenden Agamemnon. Später wurde sie selbst von Orestes, dem einzigen Sohn aus ihrer Ehe mit Agamemnon, getötet. Orestes, der Muttermörder, wurde, obgleich er auf Befehl Appollons gehandelt hatte, von den Erinnyen, den Rachegöttinnen, verfolgt. Er befreite seine Schwester Iphigenie, die die Göttin Artemis vor dem Opfer in Aulis bewahrt und nach Tauris im Schwarzen Meer versetzt hatte, und kehrte mit ihr nach Griechenland zurück. Schließlich wurde er vom Areiopag in Athen, der unter dem Vorsitz der Göttin Athene tagte, entsühnt.

Es kann kaum ein Zweifel darüber bestehen, daß die Überlieferung dieses von einem Gott befohlenen Muttermordes eine Erinnerung an die heftigen Kämpfe ist, die sich bei dem Übergang von der alten mutterrechtlichen Gesellschaftsordnung der vorgriechischen aegaeischen Bevölkerung zur vaterrechtlichen der indoeuropäischen Griechen abgespielt haben müssen. Daß die Göttin, die den Orestes schließlich entsühnt, Athene ist, die, statt dem Schoß einer Mutter, dem Haupt des Zeus entsprungen war, unterstützt diese Vermutung. Orestes übernahm als rechtmäßiger Erbe seines Vaters Agamemnon die Herrschaft in Mykenai. Es ist ein versöhnlicher Abschluß dieser Häufung furchtbarer Verbrechen, wenn berichtet wird, Orestes habe als alter Mann auf die Königswürde verzichtet und die letzten Jahre seines Lebens als Hirt in den Bergen Arkadiens verbracht.

Der Fluch des Myrtilos, des von Pelops betrogenen und ermordeten Wagenlenkers des Königs Oinomaos, ist die Ursache dafür geworden, daß wir ins Theater gehen. Er hat die Ereignisse zur Folge gehabt, die nachmals die Themen der großen Tragödien des ersten Dramatikers der Weltliteratur geworden sind. Aischylos hat das Schicksal Agamemnons und seines Hauses in den drei Stücken seiner Orestie dargestellt. Da es die tragischen Grundsituationen des Menschen sind, zu denen Aischylos die Ereignisse emporhebt, haben diese Themen die Dichter bis in unsere Tage hinein immer wieder zur Darstellung gereizt. Und, wie in einem Satyrspiegel ist die Erinnerung an Klytaimestra, diesen furchtbaren Rachedämon ihres Geschlechts, sogar noch auf eine andere als die literarische Weise erhalten geblieben, nämlich im Gedächtnis des Volkes. Im Wallis, hoch oben in den Gebirgstälern an der deutsch-französischen Sprachgrenze, nennen die Bauern noch heute ein böses Weib eine ›Chlütternischtere‹.

Es ist zu erwarten, daß die Entzifferung der Tontäfelchen von Mykenai und Pylos die Zusammenschließung des archäologischen mit dem mythologischen Bereich wieder um ein Stück fördern wird. Es würde genügen, daß einer der Zahlmeister, welche die auf den Tontäfelchen verzeichneten Inventarlisten geführt haben, ein einziges Mal seinen Namen mit eingeritzt hätte und daß dieser Name bei Homer vorkäme. Mit einem Schlag würde die erweisbare Geschichtlichkeit, nämlich die durch ein zeitgenössisches schriftliches Zeugnis erhärtete, um ein halbes Jahrtausend erweitert werden. Dieser Glücksfall würde dann gleichzeitig der einzige Fall der Weltgeschichte sein, daß ein Zahlmeister Weltgeschichte gemacht hätte.

Der Burgberg von Mykenai ist zum ersten Mal im Anfang des dritten Jahrtausends vor Christi Geburt besiedelt worden. Das ist am Übergang von der Steinzeit zur Bronzezeit, also sicherlich wesentlich früher als die nach der mythologischen Überlieferung durch Perseus, den Besieger der Medusa, erfolgte Gründung der Stadt. Spuren der ersten Besiedlung sind auf dem Gipfel, in der Nähe des Löwentors und auf dem kleinen, im Westen gelegenen Hügel von Kalkani, an dessen Fuß eine Quelle entspringt, gefunden worden. Der Aufstieg Mykenais beginnt in der mittleren Bronzezeit, deren Anfang die Prähistoriker auf etwa 2200 vor Christi Geburt festgesetzt haben. Das ist ungefähr die Zeit, in der das vorhomerische Troia zerstört wurde. Kurz danach wird der erste Palast von Knossos errichtet. Zweihundert Jahre später erscheinen die Griechen in Hellas. Etwa um 1800 vor Christi Geburt tritt Mykenai in Kontakt mit der Welt Kretas. Kunst und Sitten und viele der religiösen Gebräuche dieser so überlegenen Kultur werden von Mykenai übernommen. Seine Macht und sein Reichtum wachsen. Aus dem Ende dieser Periode stammt das älteste Schachtgrab, in dem Stamatakes zwei mit großer Pracht bestattete Prinzen gefunden hat.

Mit voller Sicherheit läßt sich freilich noch immer nicht sagen, auf welche Weise dieser kretische Einfluß in Mykenai wirksam geworden ist. Es ist durchaus möglich, daß die Kreter das Festland erobert und die herrschenden Schichten sich miteinander vermischt haben. Aber das Auftreten von ›Crétoiserien‹ in Mykenai braucht natürlich eine Eroberung ebensowenig zu bedeuten, wie das Auftreten von Chinoiserien im Rokoko eine Eroberung Europas durch China bedeutet. Ebensogut ist es möglich, daß die mykenischen Fürsten Kreta überfallen und geplündert und dann dort Künstler geraubt haben, wie man in fortgeschritteneren Zeiten Atomphysiker und Raketenspezialisten raubt. Etwas später sind sicher Achaier die Herren von Kreta gewesen. Zweifellos hat dieser frühe Kontakt der kräftigen und begabten mykenischen Achaier mit der feinen Kultur Kretas dazu beigetragen, den griechischen Geist zu entfalten.

In den drei Phasen der späten Bronzezeit ging die glänzende Entwicklung Mykenais weiter. Die erste Phase ist die der Schachtgräberdynastie. Sie hat ungefähr hundert Jahre gedauert. Ihre Fürsten sind Zeitgenossen der Pharaonen der frühen 18. Dynastie gewesen. Damals schufen die Herrscher Ägyptens, die in Theben residierten, ein Reich, das sich von Nordsyrien und dem oberen Euphrat bis zum Vierten Nilkatarakt erstreckte. Es war das erste Weltreich der Antike. Der Handel mit Ägypten ist, wie die Ausgrabungen zeigen, etwas ganz Alltägliches gewesen. Und übrigens haben die Funde ägyptischer Keramik in Mykenai den Archäologen die Datierungen sehr erleichtert.

Um 1500 erfolgt ein Wechsel in den Bestattungsriten, aus dem man auf einen Wechsel der Dynastie schließt. Unter der neuen Dynastie erreicht der Einfluß Kretas auf die mykenische Kultur seinen Höhepunkt.

Am Beginn der dritten Phase, die von 1400 bis 1150 vor Christi Geburt gedauert hat, wurde die Macht Kretas gebrochen, wahrscheinlich durch eine mykenische Eroberung. Von diesem Zeitpunkt an findet man in Ägypten keine kretische Keramik mehr, sondern nur noch mykenische. Die Herrschaft Mykenais breitete sich über große Teile des Festlandes und der Inseln aus. Zu keiner Zeit ihrer Geschichte ist die aegaeische Welt so einheitlich gewesen wie unter dem Szepter Agamemnons.

In der letzten Phase, die sich im Mythos deutlicher abzeichnet als in den Funden, beginnt eine gewisse Dekadenz. Aber sie hat nicht zu einer Schwächung der lebendigen Kräfte geführt. Eine unterirdische Zisterne wurde angelegt; der Palast, der offenbar um diese Zeit einmal abgebrannt war, wurde erneuert, erweitert und mit schönen Fresken geschmückt, von denen einige erhalten geblieben sind. Die Oberhoheit des Herrschers von Mykenai dehnte sich über die meisten Stämme der Achaier aus. Dies ist der Zeitpunkt, in dem noch einmal alle politischen Kräfte der mykenischen Welt in dem Krieg gegen Troia zusammengefaßt wurden, um einen letzten großen Triumph zu erringen.

Am Ende des 12. Jahrhunderts verschwindet diese Herrlichkeit. Mykenai wird erobert, geplündert und zerstört. Wir wissen nicht, wer die Eroberer waren. Wir wissen auch nicht, wie das Ereignis vor sich gegangen ist. Nur soviel steht fest, daß es in den Beginn der Dorischen Wanderung fällt. Die Katastrophe, die die Stadt getroffen hat, muß furchtbar gewesen sein. Selbst die Ruinen blieben unbewohnt. Das Schicksal hatte niemanden übriggelassen, das Unglück zu beweinen. Und Homer schweigt.

Erst Jahrhunderte später wurde der Platz wieder besiedelt. An der Stelle, an welcher der Altar des mykenischen Palastes gestanden war, wurde ein Heiligtum der Athene errichtet. Wace, der viele Jahre in Mykenai gegraben hat, weist in seinem Buch ›Mycenae, An Archaeological History and Guide‹ darauf hin, daß, während sonst griechische Altäre ostwestlich orientiert sind, in diesem Heiligtum die alte mykenische Nordsüdrichtung erhalten geblieben sei.

Noch einmal tritt Mykenai in das Licht der Geschichte. Getreu der Überlieferung der alten Heldenzeit kämpfte ein Kontingent der kleinen Polis in den Schlachten gegen die Perser bei den Thermopylen und bei Plataiai. Ihr Name ›μυκανες‹ ist in die von den Griechen nach der Schlacht von Plataiai dem Heiligtum in Delphi geweihte Schlangensäule eingraviert. Die Marmorbasis des Denkmals ist in Delphi gefunden worden. Die Säule selbst steht noch heute im Hippodrom von Konstantinopel.

Das Ende dieses späten kleinen tapferen Mykenai gehört zu jenen schrecklichen Ereignissen der griechischen Geschichte, die die Entstehung des Sprichworts ›Der Grieche ist des Griechen Wolf‹ erklären. Zehn Jahre nach den so ruhmvoll verlaufenen Perserkriegen wurde Mykenai von den benachbarten Argivern angegriffen, belagert und erobert. Die Einwohner flohen oder wurden in die Sklaverei verkauft. Die Sieger versuchten, die Festungswerke zu schleifen. Diesen Versuch freilich mußten sie aufgeben. Das Löwentor ist niemals verschüttet gewesen. Pausanias fand den Platz verlassen und öde, und so hat er unter der Sonne gelegen, bis der Pastorensohn aus Mecklenburg ihn zu neuem Leben erweckte.

Seit der Steinzeit sind in der Aegaeis die Kulturen einander begegnet. Erst aus der Fülle dessen, was in diesem Meer der Meere zusammengeströmt ist, läßt sich die außerordentliche Mannigfaltigkeit der griechischen Welt verstehen. Es waren Einflüsse mesopotamischer, phoinikischer, ägyptischer, kretischer, anatolischer und schließlich nördlich kontinentaler Herkunft. In der mykenischen Kultur wurden alle diese Einflüsse zu einer Einheit verschmolzen, die zum ersten Mal in der Geschichte in ihrem Geist und in ihrem Stil europäisch ist.

Mit Mykenai hat das Abendland begonnen.

Störche, Schildkröten und Oleander

Milet an der Küste Kleinasiens ist im 7. Jahrhundert vor Christi Geburt die wichtigste Stadt des Erdkreises gewesen. Heute ragen seine Ruinen in einer Verlassenheit und Einsamkeit in den Himmel, daß man sich verwundert fragt, wie der Platz einst Mittelpunkt der Welt sein konnte. Dieses Stückchen Küste an der Mündung des Maiandros ins Aegaeische Meer liegt heute so hoffnungslos abseits jedes Verkehrs, daß es unmöglich war, in Athen auch nur zu erfahren, wieviel Zeit ein Besuch Milets in Anspruch nähme. Ein türkischer Freund, der die Gegend kannte, machte die rätselhafte Bemerkung: »Ein Esel ist schneller als ein Auto; aber wenn der Regen drei Tage vorüber ist, brauchen Sie von Smyrna nach Milet nicht mehr als einen Tag.« So konnte ich nur hoffen, mit meinem Aeroplan den Anschluß an den milesischen Esel nicht zu verpassen.

Das Flugzeug schraubt sich in Spiralen in den Himmel über Athen und nimmt seinen fast östlichen Kurs auf Smyrna. Wir überfliegen die schroffen Felsenberge Attikas, dann die Euboeas. Man sieht, wie von allen Seiten Meeresbuchten, von Inseln und Inselchen übersät, tief in das Land einschneiden. Die Zahl der Eilande in der Aegaeis wird auf etwa zweitausend geschätzt. Das sind gerade so viele, wie der Mensch Sterne mit bloßem Auge sehen kann. Der Seefahrer kann seinen Kurs von der griechischen zur kleinasiatischen Küste der Aegaeis so abstecken, daß er immer ein Stück Land im Auge behält.

In der Höhe von zweitausend Metern ist der Himmel ein einziger leuchtender Glast. Sein Blau geht ohne Grenze in das des Meeres über. Es gibt keinen Horizont mehr. Die Konturen der Küsten sieht man nur noch wie durch einen Schleier hindurch. Der Fliegende Teppich, der mich durch dieses grenzenlose in der Sonne flimmernde Blau trägt, bietet eine köstliche Chance, ein wenig zu träumen.

Etwa fünfzig Jahrhunderte der Geschichte der Aegaeis sind es, die wir heute überblicken. Helle und dunkle, verfallende und aufsteigende, großartige und furchtbare Saekula haben einander abgelöst. Aber welche dieser Epochen auch immer man betrachten mag, keine ist ohne Bedeutung für das Allgemeine gewesen. Noch der erste Weltkrieg ist in der Aegaeis entschieden worden. Der 1918 aus dem Brückenkopf Saloniki, dem Land der Seskloleute, angesetzte Vorstoß der Alliierten nach Norden in das Gebiet, in dem die Bandkeramiker gesessen waren, leitete den Zusammenbruch der Mittelmächte ein. Der folgenschwerste Fehler des zweiten Weltkrieges ist, daß er nicht in der Aegaeis entschieden worden ist, daß die westlichen Alliierten nicht, wie ein Menschenalter zuvor, in Sofia und Bukarest einmarschiert sind. Irgendwann einmal sind da auf einer Akademie junger Strategen die Perserkriege nicht mit der nötigen Sorgfalt studiert worden.

Vor einer Reihe von Jahren habe ich schon einmal die Aegaeis umwandert. Damals war ich auf der Suche nach frühen Stätten der Christenheit. Ich begann auf der Agora von Athen, wo der Apostel Paulus den ›unbekannten Gott‹ verkündigt hat. Ich kletterte hinauf in die in den Himmel gebauten Felsenklöster von Meteora in Thessalien, die aus dem 14. Jahrhundert stammen. Ich pilgerte zum Heiligen Berg Athos, der ältesten Republik der Welt, in der noch heute das Gesetzbuch die Bibel ist. Von Philippi, dem Platz, an dem Paulus, aus Troia kommend, europäischen Boden betreten hat, über Konstantinopel mit dem Wunder der Hagia Sophia, und Ephesos, die Stadt der großen Synoden, erreichte ich schließlich Tarsos, Damaskus und Jerusalem.

Zwei Einsichten sind es, die sich mir damals aufgedrängt haben. Die erste war, wie sehr die Kultur des Volkes Israels vom Geist der alten Völker Asiens durchdrungen, die zweite, wie tief das frühe Christentum in die hellenistische Welt der Spätantike eingebettet gewesen ist.

Das aus dem Volke Israels hervorgegangene Christentum und die aus der griechischen Kultur erwachsene Spätantike sind die Elemente, aus denen sich in der Epoche der Völkerwanderung das Europa von heute gebildet hat.

An diesem Geschehen ist der Orient in immer sich wandelnden Formen beteiligt gewesen. Schon bei der Entstehung der mykenischen Kultur haben aus dem Osten stammende, in die Aegaeis einströmende Kräfte eine Rolle gespielt. Es sind die gleichen Kräfte gewesen, die auf die Anfänge des jüdischen Volkes eingewirkt haben. Nur waren es im ersten Fall aus den nördlichen Wäldern gekommene Indoeuropäer, an deren aegaeischem Strand sich die letzten Wellen der großen Kulturbewegungen des Ostens brachen, im zweiten Fall aus der Wüste gekommene Beduinen, die von der vollen Wucht dieser aus dem Zweistromland und von Ägypten her sie überflutenden Kultureinflüsse getroffen wurden. So ist Hellas in seiner Frühzeit nicht orientalisiert worden. Doch hat die Übernahme gewisser morgenländischer Elemente in die mykenische Kultur von Anfang an eine gewisse Aufgeschlossenheit für die Gedankenwelt des Ostens geschaffen. Immer sind die Griechen bereit gewesen, östliche Götter zu verehren, östliche Gebräuche und Lebensformen zu übernehmen.

In der nächsten Phase mußten sich die Städte, die nach der Dorischen Wanderung an der Küste und auf den der Küste vorgelagerten Inseln Kleinasiens gegründet worden waren, mit den kommenden und gehenden Großreichen des Ostens auseinandersetzen. Diese ganze Zeitspanne hindurch sind die Griechen den Ausstrahlungen der Kulturen der Lyder, Meder und Perser ausgesetzt gewesen. Man kann das im einzelnen noch nicht alles genau aufzeigen; doch muß man, zum Exempel, bei der Lehre von der Seelenwanderung des Pythagoras von Samos sogar an indische Einflüsse denken.

Wiederum haben, etwa bis zur Zeit der Babylonischen Gefangenschaft, viele dieser Einflüsse in gleicher Weise auf das jüdische Volk gewirkt. Christentum und Griechentum enthalten von vornherein zahlreiche einander entsprechende orientalische Elemente, die über lange Fristen wirksam waren, ehe die beiden Bereiche miteinander in Berührung gekommen sind.

Nachdem Alexander der Große die Länder Asiens bis zum Indus erobert hatte, wurde der Orient hellenisiert. Doch ist die griechische Kultur ihrerseits für die Völker des Orients nicht etwas völlig Fremdartiges gewesen etwa in der Weise, wie unsere technische Zivilisation es für die Chinesen war. Schon vor der Zeit Alexanders hatte griechischer Geist in mancherlei Weise auf den Osten eingewirkt, auch wenn ägyptische Priester noch Solon wegen der Jugendlichkeit der griechischen Überlieferungen verspotteten. Die Priester hatten nicht ganz so recht, wie sie damals glauben durften. Es gab in der griechischen Kultur genug Brillantes, was auf diese alten gebildeten Völker des Morgenlandes einen so großen Eindruck machte, daß sie es bereitwillig aufnahmen. Die durch Alexanders Kriegszüge verursachte Begegnung zwischen dem Osten und dem Westen führte, wie es später in der Epoche der Kreuzzüge noch einmal der Fall gewesen ist, zu gegenseitiger Anregung, Befruchtung und Bereicherung. Im Gegensatz dazu steht die Katastrophe, die aus der kolonialen Eroberung des Orients durch den Westen im 19. Jahrhundert entstanden ist. Der Geist des von Alexander eroberten Ostens drang erneut in die griechische Welt ein, diesmal allerdings in einer so umfassenden Weise, daß das Ergebnis eine Orientalisierung des Griechentums gewesen ist. Auch diese geistige Wechselwirkung zwischen Orient und Okzident hat sich über eine lange Zeitspanne erstreckt. Die Tatsache, daß die Synthese schon vollzogen war, als sich die Apostel von Jerusalem aufmachten, der Welt das Evangelium zu verkünden, hat für die Ausbreitung des Christentums und sogar noch für die Auseinandersetzung der griechischen Kirchenväter mit der Theologie des Islams eine außerordentliche Rolle gespielt. Die Gelehrten nennen die den klassischen Jahrhunderten folgende Phase der griechischen Geschichte die Epoche des Hellenismus.

Das Christentum ist also nicht in die klassische perikleische Welt eingetreten, in der das östliche Element zwar ein Einschlag im Gewebe war, aber doch nicht das Bild bestimmte. Es traf auf die durch den Orient tief verwandelte Welt der Spätantike. Das, was wir heute unter Christentum verstehen, ist, vom Urchristentum deutlich sich absetzend, eigentlich erst in der dialektischen Auseinandersetzung mit der geistigen Welt des Hellenismus entstanden. In dieser Kontroverse, aus der auch die Dogmatik der Kirche hervorgegangen ist, sind also mehrere östliche Einflußströme aufeinandergestoßen, die, ursprünglich aus derselben Quelle stammend, jahrhundertelang getrennt voneinander gewirkt hatten – die hebräische Überlieferung, die erste Orientwelle in der griechischen Frühzeit, die langfristige östliche Einwirkung auf das Griechentum Kleinasiens und endlich die zweite Orientwelle in der Epoche des Hellenismus. Und alles, was aus dem Morgenland nach Europa gelangte, ist über das Meer gekommen, über diese wunderbare Aegaeis, die glitzernd und flimmernd unter mir dahingleitet.

Daß in der Spätantike aus dem Zusammentreffen dieser vielen östlichen Wirkströme kein ›Spätorient‹ entstanden ist, sondern Europa, verdanken wir dem, was die Griechen in den großen klassischen Jahrhunderten erdacht, geschaffen, erworben, erkämpft, verteidigt hatten. Diese klassischen Jahrhunderte haben in Milet begonnen. Das ist der Grund, warum ich auf dem Weg nach Kleinasien bin.

Gerade die durch nichts aus ihrer Bahn zu bringende innere Sicherheit, mit der die griechische Kultur, wie nach einem Kompaß, unbeirrbar auf das Goldene Jahrhundert, das Zeitalter des Perikles, zusteuert, ist eine der bedeutendsten Eigenschaften dieses genialen Volkes gewesen. Es ist, als ob eine Idee dessen, was das Ziel der Entwicklung sei, wie ein Sternbild den Griechen vorgeschwebt hätte. Mit Aristoteles könnte man sagen, es ist, als ob es eine Entelechie, einen ideellen Entwurf dessen, was entstehen sollte, schon gegeben habe, ehe die Sache selbst in die Wirklichkeit der Geschichte eintrat. Solche finalen, solche auf ein Ziel gerichteten Wirkkräfte haben keinen Kurswert in einer wissenschaftlichen Welt, die das Kausalgesetz zu ihrem Leitgötzen gemacht hat. Freilich, man sollte sich immer darüber im klaren sein, daß die Denkschemen der kausalgeschichtlichen Welt nichts zu besagen haben, wenn das Jüngste Gericht zur Debatte steht. Die Anwendung kausaler Denkschemen auf ein endzeitliches Geschehen ist ein wissenschaftlich nicht zu verantwortendes Fehlgreifen in der Wahl der Methode.

Stellen wir noch einmal mehr die alte, müßige und doch so amüsante Frage: ›Was wäre gewesen, wenn . . .?‹

Was wäre gewesen, wenn Xerxes bei Salamis gesiegt hätte? Unter der Herrschaft eines persischen Satrapen wäre Athen eine Provinzstadt geworden. In dieser Provinzstadt hätten dauernd oder vorübergehend gelebt: Aischylos, Sophokles und Euripides, die Schöpfer des Dramas; der Bildhauer Pheidias; der Historiker Herodot; Themistokles, der besiegte Feldherr und Politiker des Dolchstoßes; der Philosoph Sokrates; der mythosfeindliche Atomphysiker Demokrit; Zenon aus Elea, der Intellektuelle; Perikles, der Staatsmann; Alkibiades, der Politiker, Dandy und Condottiere. Eine solche Zusammenballung von Genies ersten Ranges in einen so kurzen Zeitraum hat es außer im Athen des 5. Jahrhunderts nur noch einmal in der Geschichte gegeben, in der italienischen Renaissance. Welch merkwürdige Vorstellung, daß alle diese Genies sich nicht recht hätten entfalten können! Der erste Dramatiker der Weltliteratur wäre niemals aufgeführt worden; die Erregung vaterländischer Gefühle durch die poetische Beschwörung alter Heldenzeiten wäre dem persischen Satrapen ärgerlich gewesen. Niemand hätte Geld genug gehabt, Pheidias seine Meisterwerke in Auftrag zu geben. Perikles wäre im Weinhaus ›Zur verlorenen Freiheit‹ gesessen, wie

Lenin im Caféhaus in Zürich, und hätte mit Zenon dem Eleaten heftig diskutiert. Perikles hätte phantastische Gedanken über die Wiedervereinigung mit Ionien und über einen prachtvollen Ausbau der Akropolis entwickelt. Zenon, der die Athener wegen ihrer Großspurigkeit verachtete, hätte diese Ideen für nutzlose Hirngespinste gehalten. Er hätte nicht ahnen können, daß sie ausführbar waren. Herodot hätte für seine Reisen nie das Visum des Satrapen bekommen; er hätte eine Hauslehrerstelle bei einem Getreidehändler annehmen müssen. Alkibiades wäre als Collaborateur zugrunde gegangen.

Nur drei dieser Männer hätten ihren Beitrag zur Weltgeschichte ungestört leisten können – der Philosoph, der Intellektuelle und der Atomphysiker. Und vielleicht wäre auch noch Aristophanes, der erste Komödiendichter der Griechen und damit Europas, mit einigen Kabarettsongs in Erscheinung getreten. Aber niemals wäre daraus das ›Goldene Jahrhundert‹ entstanden. Die Männer, die in den Schlachten von Marathon, Salamis und Plataiai so furchtlosen Geistes gegen das übermächtige asiatische Großreich angetreten sind, müssen von einer Ahnung bewegt gewesen sein, daß das, was sie verteidigten, eine große Zukunft war. Was sich begeben hat, trägt den Charakter innerer Folgerichtigkeit.

Unsanft werde ich aus meiner inneren Folgerichtigkeit herausgerissen. Trotz des heiteren Himmels fängt das Flugzeug plötzlich heftig zu schwanken an. Es fällt in ein tiefes Luftloch. Erst allmählich habe ich das Gefühl, daß der Pilot die Maschine wieder in die Hand bekommt. Der Schreck ist nicht gering, aber seine Ursache ist einfach und harmlos. Wir überfliegen eine Insel. Die Wärme, die von dem von der Sonne erhitzten Land aufsteigt, hat die Luftwirbel hervorgerufen. Die Insel ist Chios. Von meinem Fliegenden Teppich aus kann ich gut das Tal erkennen, in dem ich unlängst, auf der Suche nach König Salomo, bei Philemon und Baucis zu Gast war. Träumen wir noch ein wenig!

Über die Schönheiten der Aegaeis mit ihren unendlichen Erinnerungen, von der Seeherrschaft des Königs Minos von Kreta bis zur Weltherrschaft der römischen Kaiser, ist wie ein Goldfiligran das byzantinische Jahrtausend gebreitet. Es hat vom Ende der Spätantike bis zur Entdeckung Amerikas gedauert. Sein Mittelpunkt ist das griechische Konstantinopel gewesen. Überall im Bereich der Aegaeis finden wir die Kirchen jener Zeit im Schmuck ihrer wunderbaren Mosaiks. Überall in dieser Welt kretischer, mykenischer, griechischer und römischer Überlieferungen stoßen wir auf Erinnerungen an die

Heiligen der frühen Zeit, an die Konzile mit ihren die Welt bewegenden Entscheidungen, an die Kirchenväter mit ihrer vom Heiligen Geist erleuchteten Gelehrsamkeit.

Die Baufreudigkeit dieser frommen Welt zu Ehren Christi und der Jungfrau Maria war nicht geringer als vordem die zu Ehren der olympischen Götter. Auf eine ganz merkwürdige Weise haben wir aus unserem westlichen Bewußtsein verdrängt, daß die Menschen dieser byzantinischen Welt ohne jede Unterbrechung der Tradition die Nachfahren der Griechen sind, die den Parthenon gebaut haben. Die Frage, was aus der Kultur der Antike geworden wäre, wenn sie nicht zugrunde gegangen wäre, läßt sich beantworten. Wir wissen, was aus ihr geworden wäre, eben das nämlich, was aus ihr geworden ist – die Welt von Byzanz.

Der politische Untergang des Weströmischen Reiches hat nicht zum vollständigen Untergang der antiken Kultur geführt, wie die Gelehrten lange gemeint haben. Dieser Irrtum hat mit Edward Gibbon angefangen, dem großen englischen Historiker des 18. Jahrhunderts, der in seinem berühmten Buch ›History of the Decline and Fall of the Roman Empire‹ die erste Darstellung vom Niedergang und vom Ende des Römischen Reiches gegeben hat. Gibbon hat sein Werk mit dem Satz kommentiert: »Ich habe den Triumph der Barbarei und der Religion beschrieben.« Der Satz ist richtig. Das hat er beschrieben. Was man aber hundert Jahre lang nicht bemerkt hat, ist, daß das, was Gibbon beschrieben hat, nur die eine Seite der Sache ist. Tatsächlich waren es die alten römischen Tugenden, die im Christentum eine glänzende Wiederauferstehung erlebten. Es war die Höhe griechischer Weltbildung, zu der sich die christliche Theologie erhob. Es war die Religion, die die Barbarei schließlich überwand. Und so entstand im Lauf der Jahrhunderte eine Zivilisation, die es Gibbon möglich machte, über ihre Grundlagen tiefschürfende Irrtümer öffentlich zu lehren.

Erst unser Jahrhundert erinnert sich wieder der Kostbarkeiten der byzantinischen Kultur und der Rolle, die Byzanz in der Geschichte Europas gespielt hat.

Zu den bedeutenderen Werken der byzantinischen Kunst, die erhalten geblieben sind, gehören die Mosaiks in der Kirche des Klosters Nea Moni auf Chios mit dem berühmten Purpur des Mantels König Salomos. Das Kloster ist von Kaiser Konstantin IX. Monomachos 1042 nach Christi Geburt gegründet worden. Konstantin IX. hat nur zwölf Jahre, von 1042 bis 1054, regiert. Es war das Jahrhundert, an dessen Ende die Kreuzzüge begannen. Konstantin war in seinen jungen Jahren ein bedeutender und erfolgreicher Feldherr gewesen. In seinem Alter befahl er eine einschneidende Abrüstung der byzantinischen Streitkräfte, um von dem ersparten Geld prachtvolle Bauten zu errichten. Das Kloster Nea Moni auf Chios wurde in einem abgelegenen Waldtal erbaut. Da es ein Werk AD MAJOREM DEI GLORIAM war, schickte der Kaiser aus der Hauptstadt die besten Leute, die er hatte. Die Einsamkeit hat das Denkmal bis in unsere Tage hinein beschützt.

In der Luftlinie ist das Kloster nur etwa fünfzehn Meilen vom Hafen Chios entfernt, aber es liegt ein unwegsamer Gebirgszug dazwischen. Ich heuerte mir einen Mann an, der versprach, mich mit seinem Wagen nach Nea Moni zu fahren. Der Wackere war nicht selbstlos genug, mir zu verraten, daß ich besser daran getan hätte, mir ein Boot zu chartern. Und sicher hätte er auch sein Versprechen eingelöst, wenn nicht die Straße in dreiviertel Höhe des Berghanges plötzlich zu Ende gewesen wäre. Doch stellte sich heraus, daß das kein großes Unglück war. Für einen Griechen ist auch im Zeitalter des Automobils ein Xenos, ein Fremdling, noch immer ein Mensch, den die Götter ihm anvertraut haben. So kletterte er mit mir auf einem kleinen Pfad den Rest des Berghanges hinauf. Von der Höhe aus hatten wir einen Blick in viele kleine, dichtbewaldete Täler. Er zeigte mir den Bergrücken, hinter dem, nach seiner Meinung, das Kloster in gar nicht großer Entfernung liegen müsse. Er versprach, auf meine Rückkehr zu warten.

Ich mache mich auf den Weg ins erste Tälchen hinab. Ein kleiner Fußpfad schlängelt sich zwischen Felsen hindurch an einem Bach entlang. Der Wald duftet nach dem frischen Harz der Kiefern. Der Pfad gabelt sich. Soll ich rechts oder soll ich links weiterziehen? Ich wähle den linken Weg, weil auf ihm Losung von Ziegen liegt. Ich komme mir bei dieser Entscheidung sehr scharfsinnig vor, aber mein Schluß ist falsch. Die Ziegenpfade führen irgendwohin in die Höhe, wo es Weide gibt. Dann hören sie auf. Die Spuren der Maultiere sind es, auf die man achten muß. Hätte ich mir ein Maultier genommen, es wäre von ganz allein zum Kloster gelaufen. So habe ich mich bald gründlich verirrt. Dafür werde ich reichlich belohnt. Auf der Suche nach König Salomo lerne ich Philemon und Baucis kennen.

Nach zwei Stunden erreiche ich einen freien Platz auf einem Bergkamm. Von da oben habe ich den Blick auf ein Tal, das breit am Strand einer blauen Meeresbucht beginnt, wo man leicht mit dem Boot hätte landen können. Das Tal, sich verengend und sanft ansteigend, endet am Berg. Der mir gegenüberliegende Nordhang des Tales ist bewaldet, der Südhang unter mir besteht aus vielen mit Mauern abgestürzten Terrassen. Am Ende des Tales, etwa zweihundert Meter über dem Meeresspiegel, ragt inmitten der von einer hohen Mauer umgebenen Klostergebäude die graue Kirche von Nea Moni auf. Die Terrassen sind einst von den Mönchen bebaute Weinberge und Felder gewesen. Jetzt wächst auf ihnen nur noch Gras. Ölbäume sind über den Abhang verstreut.

Im Jahre 1908 hat der alte Herr Baedeker in diesem Kloster noch zwanzig Mönche getroffen. Von ihnen lebt heute keiner mehr.

Über viele Terrassen kletterte ich hinunter zum Kloster. Bevor ich es erreiche, mache ich, um mich ein wenig abzukühlen, Rast im Schatten eines Maulbeerbaumes. Links unter mir zieht sich eine kleine Mauer hin, an deren andere Seite sich ein bescheidenes Häuschen lehnt. In der Mauer ist ein Pförtchen, von dem ein schmaler gepflasterter Pfad zu einer Quelle führt, die steingefaßt aus dem Berg sprudelt. Die Sonne scheint. Der Brunnen plätschert leise. Kein Lüftchen bewegt sich. Die Hummeln summen. Die Zikaden singen. Hoch im Äther ziehen zwei Seeadler ihre Kreise. Während ich still dasitze, knarrt das Mauerpförtchen. Eine von der Last der Jahre und der Mühsal des Lebens gebeugte Bäuerin, tiefbraun gebrannt, tausend Fältchen im Gesicht, tritt aus dem Pförtchen. Mit einem Tonkrug in der Hand geht sie langsam zum Brunnen. Sie läßt den Krug voll Wasser laufen und trägt ihn durch das Pförtchen wieder zurück.

Wie alt ist diese Szene! So ist Eva zum Brunnen gegangen, so Sara, so Rebekka, so Maria!

Nach einer Weile trete ich durch das Pförtchen in den kleinen Hof. Die Alte begrüßt mich. Ihre tausend Fältchen verklären sich zu einem strahlenden Lächeln. Während sie mir einen wackligen Stuhl herbeischleppt, kommt aus dem Ziegenstall der Bauer, um mir mit Herzlichkeit die Hand zu schütteln. Er ist der einzige Bauer in diesem Tal.

Die Alte bietet mir sogleich aus dem Tonkrug, den sie gerade vorhin gefüllt hat, eine Schale Wasser an und dazu ein Stück Brot. Die Kletterei hat mir kräftigen Hunger, die Hitze mächtigen Durst gemacht. Das Brot kommt aus einem Boden, der nie durch künstlichen Dünger verdorben worden ist. Gesät, geerntet und gedroschen von Philemon, gemahlen, gebacken, geschnitten und geboten von Baucis mit der Geste uralter Gastfreundschaft, dazu der Trunk klaren Wassers – es ist ein köstliches Mahl!

In einer Ecke des kleinen Hofes liegt die offene Feuerstelle. Über die niedrige Mauer hinweg sieht man auf der einen Seite den mächtigen grauen Bau des verlassenen Klosters liegen. Dahinter steigt ein kahler, felsiger Berg an. Nach der anderen Seite schweift das Auge bis zum Meer, einem von grünem Jade umrahmten blauen Spiegel. Die Schiffe, die klein und fern am Horizont entlangziehen, haben Kurs von einem Hafen der großen Welt zum anderen. Niemals mehr werden sie Anker werfen an dieser Küste der vollkommenen und wunderbaren Einsamkeit, in der Philemon und Baucis ihre alten Tage verbringen.

In dem bezaubernden Märchen, das Ovid in den Metamorphosen erzählt, sind es Zeus und Hermes, die als unbekannte Wanderer von Philemon und Baucis gastfreundlich aufgenommen werden. Zeus gibt sich zu erkennen und gewährt den beiden Alten einen Wunsch. Was wünscht sich ein greises, in Frieden miteinander lebendes Paar? Daß keiner den anderen überlebe, daß sie zusammen sterben möchten! So verwandelt der Gott, als ihre Zeit gekommen ist, Philemon in einen Nußbaum und Baucis in eine Linde. Es bedarf nur eines Windhauchs, um beider Blätter miteinander flüstern zu lassen.

Im Kloster gibt es noch zwei alte Nonnen. Der Bauer geht mit. Er holt die eine. Mit einem riesigen Schlüssel sperrt sie die Kirchentür auf. Was ich zu sehen bekomme, ist ein goldenes Wunder. Die Wände sind mit Schönheit wie mit einer Engelsschrift geschmückt.

Die Kirche ist durch ein jüngeres Erdbeben stark beschädigt worden. Die berühmten Mosaiks Kaiser Konstantins ix. haben dabei nicht unerheblich gelitten. Die griechische Regierung läßt die Kirche restaurieren. Mit unendlicher Liebe und Mühe wird die alte Pracht wiederhergestellt.

Das Mosaik ist nicht ein einzelnes Bildwerk, wie unsere Tafelbilder oder unsere Gobelins es sind. Das ganze Innere der Kirche ist vollständig mit Mosaiks ausgekleidet gewesen. Der größte Teil davon ist erhalten geblieben oder wiederhergestellt worden. Der Hintergrund der Mosaiks ist das mystische Gold. Es ist echtes Gold, das nach einer sehr schwierigen Technik mit Glas überzogen wird. Die Künstler verstanden es, durch Veränderung des Neigungswinkels der Steine gegen das einfallende Licht auch sehr großen Flächen eine überraschende Lebendigkeit zu geben. Auf diesem goldenen Hintergrund sind die alten heiligen Geschichten in leuchtenden Farben dargestellt. Es ist, als sei eine Woge frommer Verzückung durch den Raum der Kirche gerauscht.

Philemon und die Nonne warten geduldig, bis ich alles gesehen habe. In der Kuppel steht noch ein Gerüst. Es ist ein etwas wackliges Gestell. Aber ich kann es nicht lassen, die nie wiederkehrende Gele-

116

genheit wahrzunehmen, einmal eines der Mosaiks aus nächster Nähe zu betrachten. Es ist eine Anastasis, eine Auferstehung Adams und Evas. Die Großzügigkeit ihrer Komposition ist ebenso bewundernswert wie die Feinheit der Arbeit und die Köstlichkeit der unter den Sonnenstrahlen aufleuchtenden Farben. Unter der Kuppel zeigt die eine Seite Christus, wie er Adam und Eva von den Toten auferweckt. Auf der anderen Seite sind König David und König Salomo in strenger Hoheit dargestellt. Der Purpur des Mantels König Salomos ist in der Tat unique.

Baucis, die Gute, hat unterdessen das Äußerste an großmütiger Verschwendung unternommen. Sie hat einen Mokka gebraut. Philemon begleitet mich noch den Berg hinauf und bringt mich auf den richtigen Weg. Unter einer Kiefer finde ich meinen Fahrer wieder. Er schläft. Einen halben Tag lang hat er treu auf mich gewartet.

Das Idyll versinkt im Fluge hinter uns. Vor uns tauchen die Berge des kleinasiatischen Festlandes auf.

Nördlich von Smyrna beginnend erstreckt sich entlang der Küste Anatoliens etwa hundertfünfzig Kilometer nach Süden ein vom Hinterland durch unwegsame Gebirge abgetrennter Küstenstreifen von zwischen fünfzig und zwanzig Kilometern Breite. Durch bis zum Meer reichende Vorgebirge wird er mehrfach unterbrochen. Der Küste ist eine Kette von Inseln vorgelagert. Dieser Küstenstreifen mit seinen Inseln hat bei den Historikern den Namen Ionien. Die bedeutendste Stadt Ioniens ist Milet gewesen. Sie ist die einzige der ionischen Städte, die von Homer mit Namen genannt wird. Um 1100 vor Christi Geburt ist sie gegründet worden.

Es sind drei verschiedene Wellen, in denen die Griechen im Lauf des 11. und 10. Jahrhunderts vor Christi Geburt vom festländischen Hellas aus nach der gegenüberliegenden anatolischen Küste der Aegaeis gelangt sind. Es gibt eine aiolische Wanderung im Norden, eine ionische in der Mitte und später noch eine dorische im Süden. Homer kennt die Trennung in Aioler, Ioner und Dorier noch nicht. Das Wesentliche dieser Unterscheidung ist die Abgrenzung der von den verschiedenen Stämmen diesseits und jenseits des Meeres gesprochenen Dialekte.

Die Ursache der beiden ersten, von Westen nach Osten verlaufenden Wanderungswellen ist der Einbruch neuer griechischer Stämme aus dem Norden gewesen. Sie haben die früher gekommenen übers Meer getrieben. Die letzte Welle war eine Fortsetzung der Dorischen Wanderung. Sie hat, von der Peloponnes ausgehend, über die südliche Inselkette der Aegaeis die Südwestspitze Kleinasiens erreicht.

Die Träger der aiolischen und der ionischen Wanderungen sind eine Elite gewesen. Die übers Meer gingen, waren diejenigen, welche die Freiheit in einer unbekannten Fremde, die sie erobern mußten, einer Unterwerfung unter neue Herren vorzogen. Als die Männer, denen es bestimmt war, Milet zu gründen, sich vor den eindringenden Siegern auf die Schiffe retteten, war alles, was sie in die Zukunft mitnehmen konnten, eine Handvoll Erde von dem Land, das ihre Väter so lange bestellt hatten, das Feuer vom Altar der Götter und die Erinnerung an Glanz und Größe der mykenischen Welt, in deren Trümmern sie ihre Frauen zurücklassen mußten.

Dieser verlorene Haufen von Emigranten, die die Freiheit gewählt hatten, landete in der Bucht von Latmos. Sie griffen die Einwohner, auf die sie trafen, an, verjagten sie, nahmen sich die Witwen der Erschlagenen und gründeten eine neue Stadt. An die felsige Küste sich anklammernd hatten sie im Rücken einen feindlichen Kontinent, der sie mit unbekannten Gefahren bedrohte, und vor sich das feindliche Meer, das sie mit ihren gebrechlichen Schiffen befahren mußten, wenn sie nicht zugrunde gehen wollten. Wahrhaftig, es müssen Kerle von ungeheurem Lebensmut gewesen sein! In dem kurzen Zeitraum von vierhundert Jahren entstand aus der kleinen Flüchtlingskolonie Milet das Venedig des Altertums, die wunderbare Weltstadt, in der Europas Philosophie und Wissenschaft geboren worden sind.

Die aus der Peloponnes vertriebenen Ionier trafen im Golf von Latmos auf das Volk der Karer. Die Karer werden in der Ilias als Verbündete Troias erwähnt.

> *»Nastes führte die Karen, ein Volk barbarischer*
> *   Mundart,*
> *Welche Miletos umwohnt und das Waldgebirge*
> *   der Phteirer,*
> *Auch des Maiandros Flut und Mykales luftige*
> *   Scheitel . . .«*

Die Karer müssen, wie später die Milesier, reich gewesen sein. Von ihren Fürsten erzählt Homer:

> *»Nastes, der glänzende Held, und Amphimachos,*
> *   Söhne Nomions;*
> *Er, der mit Golde geschmückt, in die Schlacht*
> *   einging wie ein Mägdlein,*

Tor! Nicht konnte das Gold ihn befrei'n vom
grausen Verderben,
Sondern ihn tilgte die Hand des aiakidischen
Renners
Dort im Strom; und das Gold ward Raub des
erhab'nen Achilleus . . .«

Homer nennt die Sprache der Karer barbarisch. In der Tat gehört sie weder zur indoeuropäischen noch zur semitischen Sprachfamilie. Sie ist eine kleinasiatische Ursprache. Die Gelehrten sind sich nur darüber noch nicht einig, ob die Karer diese Sprache von Anfang an gesprochen oder ob sie sie erst später übernommen haben. Karische Inschriften sind von Lepsius in Abu Simbel in Ägypten gefunden worden. Sie stammen von karischen Söldnern, die im Dienst des Pharao Psammetich 1. standen, der in der zweiten Hälfte des 7. Jahrhunderts vor Christi Geburt regiert hat. Die Karer scheinen vorzügliche Soldaten gewesen zu sein. Sie haben auch die Leibwache der Könige von Lydien gebildet. Es gibt sogar eine antike Überlieferung, nach der sie bereits dem König Minos von Kreta gedient haben.

Auch für die Karer ist die Küste Anatoliens schon ein Zufluchtsort gewesen. Ursprünglich saßen sie auf den Kykladen und wahrscheinlich auch noch auf anderen Inseln der Aegaeis. Von den mykenischen Achaiern sind sie auf das kleinasiatische Festland verdrängt worden. Als Delos in klassischer Zeit von Gräbern gereinigt wurde, fand man, daß mehr als die Hälfte der Toten, wie Thukydides sich ausdrückte, »nach der Weise der Karer« begraben waren. Die antiken Schriftsteller haben, wie man sieht, archäologische Beobachtungen gemacht und daraus ihre Schlußfolgerungen gezogen.

Die Karer haben die ionische Eroberung ihrer Küste überlebt. Zwar sind nicht wenige Männer erschlagen worden, und ihre Frauen, die von den Siegern geheiratet wurden, schwuren, sie würden sich mit ihren neuen Männern niemals an einen Tisch setzen. Diesen Schwur vererbten sie auf ihre Töchter, und tatsächlich gab es noch in klassischer Zeit in Milet die Sitte, daß die Männer an einer gemeinsamen öffentlichen Tafel speisten. Aber sonst ließ man einander leben. Ein karisches Fürstengeschlecht hat noch lange in Halikarnassos, das eine Tagereise südlich von Milet liegt, geherrscht. Seine Macht hat sich auf die der Küste vorgelagerten Inseln Kos, Kalymnos und Nisyros erstreckt. In Halikarnassos baute Königin Artemisia ihrem verstorbenen Bruder und Gemahl, dem König Mausolos, das berühmte Grabmal, das zu den Sieben Weltwundern gehörte. Wenn wir von einem Mausoleum sprechen, gebrauchen wir noch heute einen karischen Namen.

Noch Alexander der Große übertrug nach der Eroberung von Halikarnassos, das von dem Satrapen Orontobates tapfer verteidigt worden war, die Herrschaft an Prinzessin Ada, ein Mitglied der eingeborenen karischen Dynastie.

Wir wissen nicht, welche Bedeutung für die ein paar hundert Jahre nach der Eroberung so glanzvoll aufblühende Kultur Ioniens das karische Erbteil gehabt hat. Herodot, den die Griechen den Vater der Geschichte nannten, hat sowohl dorisches wie karisches Blut gehabt. Geschrieben hat er in ionischem Dialekt. An dieser Küste der Begabungen ist sowohl der Dichter geboren worden, der durch die poetische Kraft seiner Epen den Griechen ihr geschichtliches Bewußtsein gegeben hat, als auch der Historiker, der durch die glänzende Darstellung der Perserkriege der griechischen Freiheitsliebe ein so großartiges literarisches Denkmal gesetzt hat. Nicht zu Unrecht wird Herodot von Longinus, dem spätantiken Rhetor, Philologen und Kritiker aus Emesa in Syrien, der »homerischste aller Historiker« genannt.

Das Flugzeug ist in Smyrna gelandet. Es ist fünf Uhr nachmittags. Ein Omnibus bringt mich in die Stadt. Um diese Zeit sind die Banken schon geschlossen, und da die Devisenvorschriften streng sind, finde ich in diesem Hafen, in dem Schiffe vieler Nationen liegen, niemanden, der mir auch nur einen einzigen Dollar wechseln mag. So bin ich ohne Geld.

Das Hotel, in das ich einziehe, wird von einem Chinesen betrieben. Ich begebe mich an seine Theke. Natürlich weiß er, daß ein Fremder, der nachmittags mit dem Flugzeug ankommt, in Geldverlegenheit ist. Ohne ein Wort zu verlieren, überreicht er mir höflich einen türkischen Geldschein, über dessen Wert ich mir allerdings nicht klar bin. In der Halle des Chinesen treiben sich fröhlich lärmende amerikanische Negersoldaten umher. Es ist eine Lobby der atomaren Weltpolitik. Der Chinese lächelt. Sein Lächeln ist älter als Moskau und Washington zusammen.

Ich suche mir am Hafen das Lokal, in dem die Kapitäne der kleinen Frachter verkehren. Die Speisekarte ist die internationalste, die ich je gesehen habe. Von wackeren Seeleuten hat der tüchtige Wirt die türkischen Namen der Speisen ins Norwegische, Irische, Spanische, Holländische, alles zusammen in zehn Sprachen übersetzen lassen. Was es zu essen gibt, ist ebenfalls von internationaler Güte. Noch nie sind mir so gute Scampi vorgesetzt worden. Dazu trinke ich eine

Menge türkischen Landweins. Ihrer Vorzüglichkeit wegen esse ich
eine zweite Portion Scampi. Als ich bezahlen will, stellt sich heraus,
daß der Geldschein meines Chinesen nicht ausreicht. Neugierig, wie
das ausgehen wird, lasse ich den Wirt rufen.

Ich überreiche ihm meinen zu kleinen Schein und erkläre ihm, daß
ich mehr nicht hätte.

Er gibt mir den Schein zurück und meint gelassen, die Zeche könne
ich auch morgen früh begleichen.

Wann er denn aufmache morgen früh?

Nun, so gegen zehn Uhr.

Ich, leider, führe schon um acht Uhr, wenn ich Geld auf der Bank
geholt hätte, nach Milet und käme nicht nach Smyrna zurück.

Dann, meint er, solle ich morgen früh das Geld durch die Türritze
schieben. Er zeigt mir, daß die Tür unten ein bißchen ausgefeilt sei.
Offenbar kommt der Fall häufiger vor.

Damit schien die Sache erledigt. Aber nun folgte eine Geste des
Wirts, wie man sie nur bei diesen alten Völkern mit ihren guten
Manieren erlebt. Nachdem doch nun klar war, daß ich nicht bezahlen
konnte, fragte der Wirt mich höflich, was ich noch zu trinken
beliebte. Wie sollte man sich nicht wohl fühlen in einer Welt, die die
alte Illusion, daß der Mensch gut sei, nach so vielen Jahrhunderten
der Enttäuschung noch immer aufrechterhält!

Als ich am nächsten Morgen die Kneipe aufsuchte, um mein Geld
durch den Schlitz für ehrliche Sailors zu schieben, saß vor der Tür
ein Bettler auf der Steintreppe und sonnte sich. Freundlich und
erwartungsvoll sah er mich an. Und wie ich da so zögernd stand,
rückte er ein wenig zur Seite und zeigte, verständnisinnig lächelnd,
auf den Schlitz. Wie hätte ich so herzlos sein können, ihn unbedankt
zu lassen! So kam es, daß in dieser Welt einer, der sich des Lasters
der Völlerei schuldig gemacht und dann auch noch die Zeche geprellt
hatte, für seine weitere Reise des Segens Allahs teilhaftig wurde. In
dieser Valuta ist das Konto eines levantinischen Bettlers so leicht
nicht zu erschöpfen.

Mein türkischer Chauffeur war einer dieser vorzüglichen anatolischen Bauernburschen, die ich schon auf meinen früheren Reisen in
der Türkei schätzen gelernt hatte. Diese alten Kameltreiber sind,
eine äonenalte Tradition der Steppe, von großartiger Zuverlässig-
keit. Von dem sehr höflichen Leiter des amtlichen türkischen Reise-
büros erfuhr ich, daß es lange nicht geregnet habe und daß man mit
dem Auto nicht nur bis Milet, sondern sogar bis zum Apollontempel
von Didyma auf dem Poseidonischen Vorgebirge fahren könne. Er

setzte meinem Chauffeur, der nur türkisch sprach, alle meine Wünsche für die nächsten drei Tage auseinander. Als ich vorschlug, in den Ruinen von Milet zu übernachten, lachte mein Kameltreiber mich mit freundlicher Ironie und drei prachtvollen Goldzähnen an. Dann machte er, unnachahmlich überzeugend, mit dem Arm eine Schlange nach. Bei diesem Mann mit seinem fröhlichen Lachen war ich in guter Hut. Schon Hippokrates bemerkt einmal, daß Asiaten sanfter und herzlicher als Europäer seien. Wir fuhren los, in den frischen Morgen hinein.

Nach einer Stunde schneller Fahrt auf gutgeteerter Straße erreichen wir das alte türkische Kastell Ajasoluk. An seinem Fuß besteht Gelegenheit, den ersten Mokka des Tages zu trinken und sich zum zweiten Mal die Stiefel putzen zu lassen.

Einige Meilen später taucht linker Hand, einen Hügel sich hinanziehend, Ephesos auf. Ich werfe einen Blick hinüber nach der in einer Mulde liegenden Ruine des legendären Grabes des Evangelisten Lukas, wo ich einmal in einer wunderbaren Mittagsstunde das schönste Zikadenkonzert meines bewegten Lebens gehört habe. Die Straße läuft auf einem Damm durch das Tal des Kaÿstros, das noch immer von nichts anderem belebt ist als von den Vogelscharen Homers.

> *»Dort, gleichwie der Gevögel*
> *unzählbar fliegende Scharen,*
> *Kraniche oder Gäns' und das Volk*
> *langhalsiger Schwäne,*
> *Über die Asische Wies',*
> *um Kaÿstros' weite Gewässer*
> *Hierhin flattern und dort*
> *mit freudigem Schwange der Flügel,*
> *Dann mit Getön' absenken den Flug,*
> *daß weit das Gefild' hallt . . .«*

Es ist diese ›Asische Wies'‹ am Ufer des Kaÿstros, von der das Wort Asien stammt.

Die Straße wird schlechter, die Landschaft großartiger. Zwischen den Bergen taucht zuweilen das Meer auf. Ein Stück fahren wir an der felsigen Küste entlang. Aus der Ferne leuchtet die Insel Samos herüber. Wie ein Götterschiff liegt sie auf dem Wasser.

Hinter Soki verwandelt sich die Straße in eine sandige Piste. Wir nähern uns der Niederung des Maiandros. Hin und wieder teilt sich der Sandweg. Ich, der ich mich nur nach der Sonne und einer Karte in zu großem Maßstab orientieren kann, hätte schon ein paarmal an Scheidewegen die falsche Richtung genommen. Mein Kameltreiber erläutert mir in einer meisterhaften Pantomime, wie ich ohne ihn mit meinem Wagen im Sumpf versunken wäre. Wenn ich ihn fragend ansehe, lacht er. Seine Goldzähne blitzen. Er weiß Bescheid.

Mitten in dieser verlorenen Landschaft, in der uns nur noch hie und da ein Bauer auf seinem Esel begegnet, ragt, ein wenig windschief, ein kaum mannshoher Wegweiser aus dem Boden. Seine Inschrift weist nach ›Myous‹.

Der Name dieser Stadt, zusammen mit dem des etwas weiter nördlich gelegenen Magnesia, ist verbunden mit einer der listigsten und zweideutigsten Aktionen der Weltgeschichte, mit dem Brief nämlich, den Themistokles nach der Schlacht von Salamis dem Perserkönig Xerxes geschickt hat. Schon vor der Schlacht hatte er dem König in einem Brief Informationen zukommen lassen, die den Eindruck des Verrats machen sollten und auch machten. Xerxes nahm daraufhin die Schlacht an und verlor sie. Themistokles hat damit Hellas gerettet und einiges mehr. Wahrscheinlich ist das auch seine Absicht gewesen. Hätten aber die Perser die Schlacht gewonnen, hätte er sich ebensogut seine Belohnung als Verräter bei Xerxes abholen können.

Nach der Schlacht schrieb Themistokles einen zweiten Brief an den König, hinter dem eine ganz ähnliche geniale Doppellist steckte. Er informierte den König darüber, daß die Griechen die Absicht hätten, die von den Persern über den Hellespont geschlagene Brücke zu zerstören. Damit wäre den Persern, die nach Salamis keine nennenswerte Flotte mehr hatten, Nachschub und Rückzug abgeschnitten gewesen. Es ist nicht einmal sicher, ob die Griechen wirklich die Absicht gehabt haben, zum Hellespont zu segeln. Aber Themistokles hat mit diesem Brief sowohl sein vordergründiges wie sein hintergründiges Ziel erreicht. Xerxes marschierte mit seinen Truppen ab. So hat Themistokles mit seiner List Hellas ohne Schwertstreich von dem zu Land immer noch mächtigen Feind befreit. Als einige Jahre später die Athener den Feldherrn, der sie gerettet hatte, ächteten, flüchtete er nach Persien und erhob bei Artaxerxes, dem Nachfolger des Xerxes, den Anspruch, die persische Armee vor dem Untergang bewahrt zu haben. Niemals wird man erfahren, welche Absichten der geniale Stratege mit seinem Brief wirklich hatte.

Es gehört zum Beruf der Könige, Verräter zu belohnen, damit dieser Brauch nicht aus der Übung kommt. Artaxerxes schenkte dem The-

123

mistokles die Städte Myous und Magnesia am Maiandros und dazu noch, damit er keinen Mangel an Wein leide, die Stadt Lampsakos am Hellespont. Themistokles hatte sogar das Recht, Münzen zu prägen. Eines dieser Stücke aus Magnesia wird im Britischen Museum aufbewahrt. Die Tatsache, daß die Stadt Magnesia schon zweihundert Jahre vorher einmal von aus Südrußland gekommenen Kimmeriern zerstört gewesen war, ist ein beredtes Zeugnis für die Mannigfaltigkeit der geschichtlichen Ereignisse im Bereich der Aegaeis.

Wir fahren an einem Berghang entlang. Es ist die alte Mykale, ein bis zu 1360 Meter aufsteigender Marmorrücken, an dessen Spitze, der Insel Samos gegenüber, ein dem Meergott Poseidon geweihtes Heiligtum, das Panionion, gelegen war. Es war der Mittelpunkt des um 700 vor Christi Geburt gestifteten Ionischen Städtebundes, zu dem neben Milet, das die führende Rolle spielte, unter anderem Ephesos, Samos, Chios, Priene und Myous gehörten. Meilenweit am Berghang entlang zieht sich die in ausgezeichnetem Zustand befindliche antike Stadtmauer von Priene hin, das, malerisch wie Heidelberg, an einem Hang liegt, hinter dem sich ein mächtiger Felskegel, einst die Akropolis der Stadt, erhebt. Von Priene ab führt der Weg nach Milet durch das Schwemmland des Maiandros.

Der Blick auf diese Flußniederung ist einmalig auf der Welt. Meilenweit erstrecken sich blühende Oleanderbüsche, zwischen denen Hunderte von Störchen gravitätisch einherschreiten. Für Frösche muß die Gegend ein ziemlich heroisches Gelände sein. Wunderbar, wie sich die schönen weißen Vögel mit dèn schwarzgeränderten Flügeln vom Boden erheben und in weit ausschwingenden Kurven durch die Lüfte segeln!

Wir müssen unsere ganze Aufmerksamkeit den Schildkröten zuwenden, die über den Weg kriechen. Die berühmte Beweisführung Zenons des Eleaten, daß Achilleus eine Schildkröte niemals überholen könne, wenn sie nur einen auch noch so kleinen Vorsprung habe, scheint den Schildkröten zu Ohren gekommen zu sein. Sie haben es vollständig aufgegeben, sich noch zu beeilen. Auch Pontiac, der große Häuptling der Ottawaindianer, der Patron unseres Autos, der fast so berühmt für seine Schnelligkeit war wie Achilleus, kann eine Schildkröte nicht überholen. Eine Schildkröte zu überfahren bedeutet, daß der Reifen von dem splitternden Schildpatt auf irreparable Weise zerschnitten wird.

Der Weg biegt nach Süden um und erklettert einen Damm, der durch das Schwemmland führt. Die kleinen Furten sind trocken. Bei etwas

Regen kommt der Esel noch hindurch. Bei größeren Regenfällen muß man mit einem Kahn übersetzen. Die Überschwemmungen des Frühjahrs verwandeln die ganze Niederung in einen einzigen großen See. Über den Hauptarm des Maiandros führt eine Brücke.

Wenige Kilometer hinter der Brücke taucht ein sonderbar gezackter Hügel auf. Es ist der ungeheure Torso des Amphitheaters von Milet. Es stammt aus der Römerzeit. Neben dem Colosseum in Rom ist es die größte antike Ruine, die bis in unsere Zeit erhalten geblieben ist. In einem alten Gewölbe stellt mein Chauffeur seinen Wagen in den Schatten und legt sich daneben zum Schlafen nieder. Ich steige in der glühenden Hitze des Mittags zum obersten Rang des Amphitheaters hinauf. Von der Höhe dieser Ruine aus hat der Wanderer einen Blick über Raum und Zeit, wie nur wenige Punkte des Erdkreises ihn zu bieten vermögen.

Milesische Horizonte

Das Amphitheater in Milet hat einmal Platz für fünfundzwanzigtausend Zuschauer gehabt. Das Ausmaß der Treppen und Foyers demonstriert noch heute, daß die Prachtliebe der Spätantike die Harmonien der klassischen Zeit nicht mehr verstanden hat. Der Umgang des obersten Ranges ist fast einen halben Kilometer lang. Die Ruine ragt dreißig Meter über die Ebene empor. Beim Bau hat man es an Gründlichkeit nicht fehlen lassen. Cyriacus von Ancona, ein Kaufherr und Humanist, der Milet im Jahr 1446 besucht hat, berichtet, daß er das Theater in noch immer gutem Zustand vorgefunden habe. Die Werkleute, die den Bau errichtet haben, sind aber nicht nur sachverständig, sondern auch selbstbewußt gewesen. Eine Inschrift gibt Nachricht von einem Streik der Bauarbeiter. Er wurde auf eine Weise geschlichtet, die nicht mehr im Bereich unserer gewerkschaftlichen Möglichkeiten liegt. Eine Instanz wurde befragt, die von Arbeitnehmern und Arbeitgebern in gleicher Weise als verbindlich anerkannt wurde – das Orakel von Didyma. Es war Apollon, der den Streik beilegte.

Die Galerie, überall in der Welt der Rang der wahren Kenner, hat später als Steinbruch für ein Kastell gedient, das die Byzantiner errichtet haben. Erbaut, um das Erzbistum Milet gegen Araber und Türken zu schützen, liegen seine Mauern und Türme nun auch schon wieder seit fünfhundert Jahren in Trümmern.

Beim ersten Blick in die Ebene hinab stellt man, nicht ohne Befriedigung, fest, daß der Lauf des Maiandros tatsächlich mehrfach jenes Ornament bildet, das nach ihm Mäander genannt wird. In unzähligen Windungen durchzieht der Fluß das Schwemmland, das er selbst im Lauf von dreißig Jahrhunderten vom Gebirge herabgeführt hat. Vierzig Kilometer ins Land hinein erstreckte sich einst die Meeresbucht, die der Maiandros in Land verwandelt hat. In der Mitte der Niederung ragt ein kleiner Hügel auf, der einmal eine Insel gewesen ist.

Werfen wir einen Blick auf die verschiedenen Jahrhunderte der Geschichte, die die Horizonte der alten Stadt Milet bilden!

Im Osten erhebt sich in einer Entfernung von etwa dreißig Kilometern der Gebirgsstock des Latmos. Seine fünf Felsspitzen, deren höchste 1375 Meter hoch ist, heben sich scharf vom Himmel ab. Bei den Türken heißt der Latmos darum Besch Parmak Dag, Fünffingerberg. In einer Höhle dieses Gebirges schläft Endymion. Er war ein König von Elis, ein Jüngling von ungewöhnlicher Schönheit. Eines Nachts verliebte sich Selene, die Göttin des Mondes, in ihn. Sie erbat sich von Zeus Unsterblichkeit für ihren Geliebten. Zeus erfüllte ihre Bitte. Er mag dabei gelächelt haben. Es waren fünfzig Töchter, welche Selene der Unsterblichkeit ihres Liebhabers zu verdanken hatte. Dann versenkte sie ihn in einen tiefen Schlaf. Nur zuweilen noch besucht sie ihn in seiner Höhle, um seine Augenlider zu küssen. Die Geschichte ist lehrreich für junge Leute, die sich ewige Liebe schwören.

Doch ist Selene mit ihrem Wunsch nach Unsterblichkeit ihres Liebhabers noch immer besser gefahren als Eos, die Göttin der Morgenröte. Eos hat dem Astraios die Winde geboren. Astraios ist ein Titan gewesen; aber das Wort bedeutet ›der Gestirnte‹. Die Winde sind die Kinder der Sterne und der Morgenröte. In dieser Überlieferung mischt sich, in einer für die griechische Mythologie charakteristischen Weise, präzise Naturbeobachtung mit liebenswürdiger Poesie. Eines Tages entdeckte Aphrodite, daß Eos den Ares, der ihr eigener Liebhaber war, verführt hatte. In eifersüchtiger Rache verzauberte sie Eos, daß sie von nun an ständig von unstillbarem heftigem Verlangen nach immer wechselnden sterblichen jungen Männern geplagt wurde. In der Tat ist die Stunde der Eos eine Stunde des Begehrens.

Zu den Liebhabern der Eos gehörte irgendwann einmal Ganymed, der Sohn des Königs Tros von Troia. Zeus raubte der Eos den Ganymed, um ihn zum Mundschenk der Götter auf dem Olymp zu machen. Um sie über ihren Verlust zu trösten, gewährte Zeus ihr einen Wunsch. Sie bat ihn, ihrem nächsten Liebhaber, Tithonos, dem Bruder des Priamos, des späteren Königs von Troia, Unsterblichkeit zu verleihen. Unglücklicherweise hatte Eos vergessen, für ihren Liebhaber auch die ewige Jugend zu erbitten. So wurde Thithonos alt und dann, mit jedem Jahr seiner Unsterblichkeit, älter und immer älter, grauer und immer grauer, bis er gänzlich zusammengeschrumpft war. Seine Stimme wurde hoch und schrill. Schließlich verwandelte Zeus voller Mitleid den Tithonos in eine Zikade, die Eos von da an in einem kleinen Elfenbeinkästchen mit sich herumtrug. Diese Geschichte ist lehrreich für junge Leute, die niemals daran denken, daß man nur kurze Zeit in seinem Leben jung, aber sehr lange alt ist.

Die höchst poetische, aber nicht eben züchtige Story von Selene und Endymion hat nicht verhindert, daß das einsame Latmosgebirge in den ersten Jahrhunderten des Christentums ein Zufluchtsort frommer Eremiten gewesen ist. Im 10. Jahrhundert nach Christi Geburt wurde hoch oben im Gebirge das Kloster Stylos gegründet. Es wurde dem Apostel Paulus geweiht. In den Höhlen, die zahlreich in der Umgebung des Klosters liegen, sind byzantinische Wandmalereien erhalten geblieben, deren früheste aus dem 7. Jahrhundert stammen. Im Kloster Stylos hat der heilige Christodoulos gelebt. Anfang und Ende seines Heiligenlebens kann man vom Rang der Kenner aus durch eine Drehung um 180 Grad ins Blickfeld bekommen. 1043 verließ Christodoulos das Kloster Stylos. Er ging nach Rom, um das abendländische Mönchswesen zu studieren. Er errichtete viele Klöster in Palästina und Syrien, von denen allerdings die meisten durch die Araber wieder zerstört wurden. 1088 gründete er im Auftrag des Kaisers Alexios Komnenos ein Kloster auf der Bergkuppe oberhalb der Höhle, in der Johannes die Offenbarung empfangen und niedergeschrieben hat. Fern am südwestlichen Horizont liegt in dem über dem Wasser flimmernden Dunst der Mittagshitze die Insel Patmos, wohin Kaiser Domitian den Jünger Jesu verbannt hatte. Das Kloster steht noch heute in voller Blüte. Das Fest des heiligen Christodoulos wird in der ganzen Ostkirche am 16. März gefeiert. Die Goldene Bulle, in der Kaiser Alexios Komnenos die Stiftung des Klosters ausspricht, ist noch vorhanden. Als das kostbarste Stück einer Bibliothek voller seltener Manuskripte ist sie von den Mönchen aus unzähligen Fährnissen gerettet worden und so bis in die Gegenwart erhalten geblieben.

Als Milet gegründet wurde, reichte das Meer noch bis zum Fuß des Latmosgebirges. Auf der anderen Seite des Golfs, der heute zum Land der Störche, der Schildkröten und des Oleanders geworden ist, liegt, in Richtung auf die nördlichste Spitze des Gebirges Myous, die Stadt des Themistokles. Von da zieht sich nach Westen bis zur Meeresküste hin die Mykale, aus der der steile marmorne Burgfelsen von Priene herausragt.

Nach dem Strand hin, inmitten des Schwemmlandes, liegt der Hügel, der einmal die Insel Lade gewesen ist. Hier hat im Jahr 494 vor Christi Geburt eine große Seeschlacht stattgefunden, in der die Perser durch ihren Sieg über die vereinigte Flotte des Ionischen Städtebundes den Aufstand der kleinasiatischen Griechen gegen den Großkönig niederschlugen.

Der Blick von Milet über das blaue Wasser des Golfs hinüber nach den weißen Marmortempeln von Priene, die den Hang der Mykale in halber Höhe und den Gipfel der dahinter aufragenden Akropolis geschmückt haben, muß höchst pittoresk gewesen sein. In Priene hat, um 570 vor Christi Geburt, Bias, der Sohn des Teutamos, gelebt. Er gehört zu den Sieben Weisen Griechenlands. Sein Leben lang hat seine Sorge dem Glück seiner Heimat Ionien gegolten. Er hat dem Thema ein langes Gedicht geweiht. Bias ist ein ›moderner‹ Mensch gewesen. Bei einer der unzähligen Bedrohungen der Freiheit, aus denen die Geschichte Ioniens besteht, machte er, wie Herodot berichtet, den Vorschlag, die Einwohner der zwölf ionischen Städte sollten geschlossen nach Sardinien auswandern, um dort eine panionische Stadt zu gründen. Die Gelehrten sind der Meinung, daß dieser Bericht Herodots durchaus ernst zu nehmen sei.

Wie weltweit und kühn ist das Denken dieser frühen Zeit gewesen! Man möchte die Frage stellen, wie wohl die Geschichte verlaufen wäre, wenn die Ionier, der begabteste Stamm des genialen Griechenvolkes, im westlichen Mittelmeer ein mächtiges und blühendes Reich gegründet hätten. Aber Bias mußte allein aus seiner Vaterstadt flüchten. Bedauert, daß er all seine Habe zurücklassen müsse, faßte er das Unglück seiner Emigration in einem Bonmot zusammen, das die Zeiten überdauert hat. Von Bias stammt das Wort, das in seiner lateinischen Übersetzung bei uns ein Sprichwort geworden ist: ›Omnia mea mecum porto‹. Eine Übersetzung, die diese unnachahmliche Mischung von Weisheit und Resignation zum Ausdruck brächte, müßte lauten: ›Alles, was mir zugehört, trage ich bei mir.‹

Später konnte Bias zurückkehren. Nach seinem Tod wurde er von seinen Mitbürgern durch ein großartiges Begräbnis geehrt.

Der antike Theaterbesucher der oberen Ränge konnte während des Spiels seinen Blick übers Meer schweifen lassen. Ganz rechts liegt

Samos, die der Göttermutter Hera heilige Insel, auf der im Anfang des 6. Jahrhunderts Pythagoras geboren wurde. Er war Mathematiker, Philosoph und Begründer einer Lehre, aus der beinahe eine Religion entstanden wäre; es hat dann freilich nur zu einer Sekte gelangt. Weiter nach Südwesten hin liegen das kleine Eiland Tragia, auf dem im Jahr 76 vor Christi Geburt der junge Caesar auf dem Weg zur Universität Rhodos von Seeräubern gefangengenommen wurde, Patmos, die Insel der Offenbarung, und schließlich Leros, das für seine Schwämme berühmt war und ist.

Seit alten Zeiten gelten die Bewohner dieser kleinen Inseln als kühne Schiffer, verwegene Schmuggler und geschickte Taucher.

Zu Füßen des Hügels, in den das Amphitheater eingebaut ist, liegen die Ruinen, die Theodor Wiegand um die Jahrhundertwende ausgegraben hat. Es ist eine ganze Stadt mit Marktplätzen, Rathaus, Bädern, Stadion und mehreren Tempeln. Nur das Markttor fehlt. Es steht in Berlin.

Von der Höhe des Theaters aus kann man erkennen, daß es ursprünglich eine in die Bucht vorspringende Halbinsel gewesen ist, auf der Milet lag. Seiner Häfen waren vier, einer davon weiträumig genug, eine ganze Flotte aufzunehmen. Auf der Agora der Stadt endete eine der ostwestlichen Karawanenstraßen, auf denen Waren aus Persien und Indien, aus Afghanistan, vom Tarimbecken und aus China kamen. Die Kamele auf dem Marktplatz und die Schiffe im Hafen sind die Wahrzeichen Milets gewesen.

Von der Agora aus führte durch das Südtor eine heilige Straße über einen kleinen Gebirgspaß zum Apollontempel von Didyma. An diesem Platz auf dem Poseidonischen Vorgebirge hat es ein Heiligtum gegeben, lange schon, bevor die ersten Griechen an der Küste Kleinasiens gelandet sind.

Unendlich wechselnde Aspekte der Geschichte umschließen rings den einsamen Wanderer, der in dem riesigen leeren Amphitheater auf einer heißen Marmorstufe hockt wie ein Vogel, der sich in einen Steinbruch verirrt hat. Von einer tieferen Stufe her äugt, über eine ganze Weile hin unbeweglich den Kopf hochstreckend, eine armlange, grün und golden schillernde Schlange zu ihm hinauf. Schließlich verschwindet sie im Geröll des Foyers.

In der Zeit ihres Aufstiegs haben die Milesier zweihundert Jahre lang gegen die Könige von Lydien ihre Freiheit verteidigen müssen. Trotz aller Bedrohungen vergrößerte sich ihr Handel, wuchsen die Umsätze im Gewerbe, insbesondere in der Weberei, von Jahr zu Jahr. Gefahr macht kühn. Milesische Kaufleute schufen Kolonien bis hinauf ans Schwarze Meer. In ihrem Wagemut, in der weitschauenden, zugreifenden Politik der Gründung immer neuer Niederlassungen sind sie den großen Handelsherren der mittelalterlichen Hanse verwandt. Bis zum Beginn des 6. Jahrhunderts vor Christi Geburt waren es achtzig Kolonien, achtzig Partner für Export und Import, die diese kühnen Kaufleute ins Leben gerufen hatten. Auch gelang es den Milesiern schon in sehr früher Zeit, wahrscheinlich schon im 7. Jahrhundert, von den Ägyptern die Erlaubnis zu bekommen, eine Niederlassung für den Handel im Nildelta zu gründen. Dieses Naukratis scheint weitgehend exterritorial gewesen zu sein, ein Shanghai der Milesier im Land der Pharaonen. Ein Tempel der Aigineten, der dem Zeus, ein solcher der Samier, der der Hera geweiht war, und ein dem Apollon geweihter der Milesier, sind in Naukratis nachgewiesen worden.

Durch seine guten Beziehungen zu Ägypten, durch seine handelskräftigen Kolonien, durch seine entwickelte Textilindustrie und seine leistungsfähigen Reedereien, die einen großen Teil des Warenaustausches zwischen Asien und den Küsten des Mittelmeers vermittelten, wurde Milet im Lauf der Jahrhunderte unermeßlich reich. Die Milesier begannen, den Phoinikern den Rang abzulaufen. Milet wurde die volkreichste und mächtigste Stadt der griechischen Welt. Der Glanz von Mykenai kehrte an die Küsten des Lichts zurück. Im Schutz der Macht, in der Schönheit seiner Lage, im milden Klima seines Reichtums wurde Milet der erste große Mittelpunkt des klassischen Hellas, wurden in Milet die abendländische Philosophie und die Wissenschaft von der Natur geboren.

Eine Fülle großer Namen ist der Ruhm der Stadt. An der Spitze steht Thales, der Philosoph. Er ist der Erste in jener Weltrangliste der Weisheit, deren sieben Namen in Hellas jedes Kind kannte und kennt. Thales ist der Schöpfer der abstrakten Geometrie. Er ist der erste Mensch gewesen, der erkannt hat, daß es innerhalb der Mannigfaltigkeit der Natur konstante Abhängigkeiten einer Größe von einer anderen gibt. Mit dieser Erkenntnis ist er der Entdecker der Tatsache, daß es Naturgesetze gibt. Er ist der Schöpfer der Wissenschaft von der Natur. In der Schönheit dieser vor meinen Augen ausgebreiteten Natur hat zum ersten Mal ein denkender Kopf der Menschheit das Unwahrscheinliche für möglich gehalten, daß in einer Mannigfaltigkeit, in der kein Blatt eines Baumes einem anderen gleicht, ein System von Gesetzen verborgen stecke. Das kaum faßbare Etwas dieses einen unerhört neuen Gedankens hat die Welt von Grund auf verändert.

Europa sollte niemals vergessen, daß die Philosophie der Ursprung aller Wissenschaften ist. Die Griechen sind sich dessen immer bewußt gewesen. Für sie war die Philosophie die gestrenge Herrin, der alles Denken unterworfen war. In unserer Zeit haben sich die Wissenschaften von der gestrengen Herrin emanzipiert. Seitdem hat die Anarchie der Welt bemerkenswerte Fortschritte gemacht. David Hilbert, der Göttinger Mathematiker, der zu Beginn unseres Jahrhunderts die von Thales begonnene Axiomatik der Geometrie neu begründete, hat schon vor mehr als einem Menschenalter gesagt: »Die moderne Physik ist für die Physiker viel zu schwer!« Es wird Zeit, daß die Wissenschaften unter die Herrschaft der gestrengen Herrin zurückkehren, ehe der Kalkül der Elektronenroboter das Denken vollständig verdrängt hat. Der Autor jedenfalls rechnet es sich zur Ehre an, daß er seine bescheidenen Variationen über das Thema Aegaeis einer großen Philosophin unserer Epoche widmen darf.

Schon zur Zeit ihrer Entstehung konnte die Wissenschaft auf praktisch sichtbare Erfolge nicht verzichten. Das hohe Ansehen des Thales unter den Griechen seiner Zeit gründete sich nicht so sehr auf ihr Verständnis für die Tiefe und Bedeutsamkeit seiner philosophischen Theorien als auf die Tatsache, daß er eine totale Sonnenfinsternis richtig vorausgesagt hatte. Neuere Berechnungen haben ergeben, daß es die Sonnenfinsternis vom 28. Mai des Jahres 585 vor Christi Geburt gewesen ist.

Es ist eine amüsante Ironie der Weltgeschichte, daß dieselbe Sonnenfinsternis, die zum ersten Mal wissenschaftlich vorausgesagt wurde, ein Triumph des Glaubens an die Götter war. Die Sonnenfinsternis trat ein während einer Schlacht, die zwischen den Medern und den Lydern stattfand. Die kämpfenden Männer glaubten, daß sie ein Zeichen für den Zorn der Götter sei. Sie stellten die Feindseligkeiten ein. Ein Friede wurde geschlossen, der sogar von einer gewissen Dauer war. Vom Augenblick seiner Geburt an bringt das wissenschaftliche Denken den Konflikt zwischen Glauben und Wissen in die Welt.

> *»Wo jetzt nur, wie uns're Weisen sagen,*
> *Seelenlos ein Feuerball sich dreht,*
> *Lenkte damals einen gold'nen Wagen*
> *Helios in stiller Majestät.«*

Es ist eine schöne Welt gewesen, mit deren Zerstörung Thales begonnen hat. Bis in unsere Tage hinein hat es gedauert, ehe man zu begreifen begann, daß die Ratio den Mythos nicht zu ersetzen vermag, am wenigsten dann, wenn man, wie es im Zeitalter der Aufklärung geschah, aus der Ratio selbst einen Mythos machte. In der Antike bemühte sich die Philosophie zu zeigen, daß der Glaube an die Macht der Götter ein Aberglaube sei. Heute muß die Philosophie feststellen, daß der verheerendste Aberglaube der Geschichte der Glaube an die Macht der Wissenschaften ist.

Thales, der Philosoph, hat die Regierung von Milet auch in politischen Dingen beraten. Zu jener Zeit konnte es einem Denker und Gelehrten noch nicht zustoßen, daß man ihm sagte, er verstehe nichts von Politik. Ein so ahnungsloser Hochmut wäre im demokratischen Gelächter der Agora untergegangen. Auch der Demokratie wird es immer nützlich sein, die gestrenge Herrin als Autorität anzuerkennen.

Thales hat über die Wissenschaft von der Natur, der er den Namen Physiologie gab, ein großes Werk geschrieben, das leider verlorengegangen ist. Sein Schüler Anaximandros baute seine Lehre weiter aus. Er schon stellte eine Evolutionstheorie auf. Damit hat er einen Streit begonnen, der noch in unseren Tagen nicht zu Ende ist.

Zu den großen Denkern, in deren Köpfen die Philosophie erwacht ist, gehören von Milesiern noch Anaximenes mit seiner Theorie des Pneuma und Leukippos, der Lehrer des Demokrit von Abdera. Demokrit entwickelte eine Atomtheorie, welche wesentliche Elemente der modernen Atomphysik vorwegnimmt. Alle diese Philosophen werden unter dem Begriff der ›Vorsokratiker‹ zusammengefaßt. Niemals ist eine größere Ehrung mit mehr Recht einem Philosophen zuteil geworden, als es diese Namensgebung für Sokrates ist. Er ist es gewesen, der die größte Entdeckung gemacht hat, die je einem Philosophen gelungen ist. Er entdeckte das Gewissen.

Zu den berühmten Namen von Milet gehört weiterhin der des Kadmos, der eine Chronik der Stadt Milet geschrieben hat. Es war das erste Mal, daß ein Stück Geschichte in Prosa abgefaßt wurde.

Nach Kadmos gewann Hekataios als Historiker Ruf und Namen. Er wird als ein Meister der Sprache gerühmt. Er hat die erste uns bekannte Landkarte entworfen. Sie war auf eine Bronzetafel geätzt. Mit dem Versuch, sich bei dieser Karte nur auf sachliche Angaben zu stützen, wurde Hekataios der erste wissenschaftliche Geograph.

Aus Milet stammt Hippodamos, der erste Architekt, der ein Städtebauer gewesen ist. Er hat den Wiederaufbau von Milet nach der Schlacht von Lade nach einem Plan durchgeführt, der in Rechnung stellte, daß die Morgen- und Abendwinde die Straßen kühlten. Hippodamos kam so in Mode, daß er auch die Aufträge für den Piraeus, für Thurioi in Unteritalien und für Rhodos erhielt. Es sollte auch nicht vergessen werden, daß, als Kaiser Justinian ein Jahrtausend später die Hagia Sophia, eines der großartigsten Bauwerke der Christenheit, in Konstantinopel errichtete, der eine der beiden Erbauer, die er berief, der Architekt Isidoros von Milet war. Auch der andere, Anthemios, der Ingenieur des Projekts, war ein Ionier. Er kam aus dem nahen Tralleis.

Aus Milet stammte Aspasia, eine der gebildetsten und zugleich elegantesten Frauen der griechischen Geschichte. Sie war die Geliebte und später die Ehefrau des großen Perikles.

In Milet wurde das von den Phoinikern übernommene Alphabet vervollständigt. In Milet wurden um 700 vor Christi Geburt die ersten griechischen Münzen geprägt. Die Kunst der Münzprägung hatten die Griechen von den Lydern erlernt. Die Veränderungen, die die geprägte Münze in die Welt gebracht hat, sind Gegenstand einer ganzen Wissenschaft. Am Rand sei vermerkt, daß die Münzprägung zur gleichen Zeit wie in Kleinasien noch einmal im Fernen Osten, in China, erfunden worden ist. Die bildende Kunst jener Zeit hat einen hohen Stand gehabt. Leider ist in Milet aus diesen Jahrhunderten des Anfangs so gut wie nichts erhalten geblieben. Doch können wir uns aus an anderen Stellen gefundener Plastik des 7. und 6. Jahrhunderts vor Christi Geburt ein Bild dieser künstlerisch so großartigen Epoche machen. Auch das, was wir von der Poesie jener Zeit noch besitzen, ist nur ein Bruchteil dessen, was geschaffen worden war. Das Erhaltene freilich, von Homer bis Terpander und Sappho, ist der Anfang der europäischen Literatur.

Der Höhepunkt der Geschichte Milets fällt in das Ende des 7. und den Anfang des 6. Jahrhunderts vor Christi Geburt, als die Stadt unter der Herrschaft des Tyrannen Thrasyboulos stand.

Das Wort Tyrann hat in jenen Zeiten dem Ohr anders geklungen, als es heute klingt. Die Geschichte der griechischen Städte an der Küste Kleinasiens beginnt gewöhnlich mit der Herrschaft einer landbesitzenden Aristokratie. Die Tyrannen sind dann die Vertreter des aufsteigenden Mittelstandes, der zu Reichtum gekommen und später gebildet gewordenen Kaufleute. Unter den Tyrannen dieser frühen Zeit gibt es hervorragende Männer voller Großmut und Weitherzigkeit, mit politischem Weitblick und mit Liebe zu den Künsten und Wissenschaften.

Dem Tod des Thrasyboulos folgten schwere und blutige Bürgerkriege. Sie sind die andere Seite der Freiheit. Die Grausamkeit, mit der diese Kriege von den Trägern einer so hohen Zivilisation geführt worden sind, gehört zu den vielen Unbegreiflichkeiten des menschlichen Charakters.

Durch die inneren Kämpfe wurde die Macht Milets und damit die des Ionischen Städtebundes allmählich geschwächt, so daß es schließlich Kroisos, dem König von Lydien, gelang, die griechischen Städte Kleinasiens zu unterwerfen. Bei Milet allerdings mußte er sich mit einem Bündnis begnügen. Mit dem Sieg Kyros' des Älteren über Kroisos im Jahr 546 vor Christi Geburt geriet Ionien unter persische Herrschaft. Das Regiment der Perser, die ein Volk von aristokratischer Gesinnung waren, ist im ganzen genommen so milde gewesen, daß das Verhältnis Milets auch zum persischen Hof eher den Charakter eines Bündnisses gehabt hat. Auch beim Propheten Jesaja erfreut sich Kyros großen Wohlwollens. 44,28 sagt der Herr von Kyros:

> *». . ., der ist mein Hirte und soll all meinen Willen erfüllen.«*

Und 45,1:

> *». . ., den ich bei seiner rechten Hand ergreife . . .«*

In diesen ruhmvollen Erwähnungen kommt die Dankbarkeit des Propheten zum Ausdruck für die elegante Leichtigkeit, mit der Kyros der Babylonischen Gefangenschaft der Juden ein Ende gemacht hatte. Noch heute ist der Name des Begründers der persischen Großmachtstellung in seiner lateinischen Form Cyrus ein in Amerika beliebter Vorname.

Zähigkeit und Beharrlichkeit des Aufstiegs der Ionier stehen in einem eigentümlichen Gegensatz zu ihrem politischen Wankelmut in der Zeit, in der der Reichtum und der Luxus, die zur geistigen Blüte der Stadt geführt hatten, im weiteren Verlauf der Ereignisse zur Ursache ihres Niedergangs wurden. Ein gutes Beispiel dafür ist Histiaios.

Die Könige von Persien haben den Plan, Griechenland zu erobern, ein halbes Jahrhundert lang verfolgt. Sie haben das Unternehmen mit bemerkenswertem strategischem Weitblick vorbereitet. Da das persische Heer auf dem Landweg über die Dardanellen und Thrakien nach Griechenland marschieren sollte, war es wichtig, die ausgedehnte rechte Flanke des Nachschubs zu schützen. Thrakien ist ein schmaler, fruchtbarer, von hohen Bergen begrenzter Küstenstreifen. Hinter den ziemlich unwegsamen Gebirgen lebten die freiheitsliebenden Skythen. Im Jahr 512, ein Menschenalter vor der Schlacht von Salamis, unternahm König Dareios Hystaspes einen Kriegszug in diese Gebiete. Er marschierte zunächst zur Donau. Die Skythen zogen sich nach Norden und Osten zurück. Dareios baute eine Brücke über den mächtigen Strom. Zu ihrer Bewachung ließ er das Korps seiner ionischen Hilfstruppen zurück, das unter dem Kommando des Histiaios, des Tyrannen Milets von persischen Gnaden, stand. Dann marschierte Dareios mit seinem Heer gen Osten. Er verschwand in den unendlichen Steppen, die der deutsche Soldat des zweiten Weltkrieges so beklagenswert gut kennenlernen sollte. Herodot berichtet, Dareios sei bis zum Oaros gekommen. Mit dem Oaros dürfte die Wolga gemeint gewesen sein.

Die ganze Geschichte ist nicht so unwahrscheinlich, wie sie zunächst klingt. An der Nordküste des Schwarzen Meeres lag die Kolonie Olbia. An der Einmündung des Don ins Asowsche Meer, an der Stelle des heutigen Rostow, lag Tanaïs, das eine milesische Kolonie war. Von Tanaïs bis zum Wolgaknie sind es nur noch etwa vierhundert Kilometer, eine Distanz, die eine Armee in zwei bis drei Wochen zurücklegen kann. Von den griechischen Häfen aus konnte Dareios sein Heer mit Nachschub versorgen. Immerhin bleibt die Feststellung, daß damals ein Perserkönig bis in die Gegend von Stalingrad vorgedrungen ist, erstaunlich.

Die strategischen Gesetzmäßigkeiten der Steppe scheinen sich in den letzten dreitausend Jahren nicht wesentlich verändert zu haben. Einmal mehr sind auf einer westlichen Akademie junger Strategen die Perserkriege nicht mit der nötigen Sorgfalt studiert worden. Während das persische Heer bei seinem Marsch durch die Steppe unter den Angriffen der schnellen skythischen Reiter, der Vorgänger der Kosaken, zu leiden hatte, versuchten die skythischen Hilfsvölker, die ›Hiwis‹ der Perser, den Histiaios dazu zu überreden, die Brücke abzubrechen und, ledig des Feindes der griechischen Freiheit, in die Heimat zurückzukehren. Aber Histiaios harrte wacker aus. Rechtzeitig bevor die Schlammzeit einsetzte, kehrte der Perserkönig an der Wolga um. Seine Mäßigung ersparte ihm ein Stalingrad, die Treue des Histiaios das Schicksal Napoleons an der Beresina.

Derselbe Histiaios hat dann vom persischen Hof aus durch eine Botschaft an Milet den ionischen Aufstand entfesselt, der mit der Seeschlacht von Lade sein Ende fand. Es ist eine der merkwürdigsten Botschaften der Weltgeschichte gewesen. Die Schrift wurde einem

Sklaven in die Kopfhaut gebrannt, und nachdem sein Haar wieder gewachsen war, wurde er abgeschickt. Unentdeckt erreichte die Botschaft ihren Empfänger in Milet. Noch heute wüßte man gern, durch welche Versprechungen man den Sklaven davon abgehalten hat, das Geheimnis zu verraten. Das Komplott des Histiaios wurde gleichwohl später entdeckt. Der Großkönig ließ ihn hinrichten.

Viele ionische Städte haben den Persern im Kampf gegen das festländische Hellas Hilfe geleistet. Das ist nicht leicht zu verstehen. Aber für die Griechen ist die hellenische Koinê, dieser Lebenskreis gemeinsamer Sprache, Religion und Sitte, durchaus nicht eine Nation gewesen. Die verbindenden Elemente dieser über das ganze Mittelmeer von Spanien bis zum Kaukasus verstreuten Kolonien waren nicht so sehr politischer, als vielmehr religiöser Art. Die die ganze griechische Welt umfassenden Olympischen Spiele waren ein Fest zu Ehren der Götter. Auch politische Vereinigungen wie der Ionische Städtebund und der Delische Seebund haben immer als Mitte ein Heiligtum gehabt. Für den Ionischen Städtebund war es das Panionion an der Spitze der Mykale. Für den Delischen Seebund war es die dem Apollon und der Artemis heilige Insel Delos.

Als Mitglied des Delischen Seebundes gewann Milet nach den Perserkriegen seine Freiheit vorübergehend zurück. Nach wechselnden Schicksalen kam es schließlich unter die Herrschaft der Römer. In Milet hat der Apostel Paulus noch einmal zu den Ältesten der Gemeinde seiner geliebten Epheser gesprochen, die er aus der benachbarten Stadt herübergebeten hatte. Er war damals auf dem Weg nach Jerusalem, trüber Ahnungen voll. Er wußte, daß dort sein Schicksal der Vollendung entgegenging, daß er seine Freunde nicht wiedersehen werde. Hier hat er die ergreifenden Abschiedsworte gesprochen, die uns die Apostelgeschichte im 20. Kapitel überliefert.

In der Kaiserzeit blieb Milet ein wichtiger und wohlhabender Handelsplatz. Es erfreute sich des besonderen Wohlwollens des Kaisers Traian. Was bei den Ausgrabungen gefunden worden ist, stammt zum größten Teil aus dieser Zeit. Allmählich wurde die Stadt durch das Schwemmland, das der Maiandros bildete, vom Meer abgeschnürt. Sie hat lange zum Sterben gebraucht. Noch in seldschukischer Zeit, am Anfang des 14. Jahrhunderts nach Christi Geburt, war Milet ein wichtiger Handelshafen mit einem privilegierten venezianischen Konsul. Die Seldschukenfürsten von Mentesché hatten mit Venedig einen Handelsvertrag geschlossen. Die Stadt legte sich noch einen neuen Vorhafen an, aber schließlich mußte sie ihre beherrschende Stellung als führender Handelsplatz der Ostküste des Aegaeischen Meeres an die Stadt Smyrna abtreten.

Heute blickt der Wanderer auf eine verlassene, von der Malaria verseuchte Landschaft. Der Glanz ist erloschen. Die Herrlichkeiten von ehedem sind untergegangen. Armut hat sich niedergelassen über der in die Erde versunkenen Pracht, die einmal Milet gewesen ist. Das türkische Dorf Balad, das am Rand der Ruinen von Milet liegt, ist eine trostlose Ansammlung windschiefer Hütten.

Wir verlassen Balad, um zum Tempel Apollons nach Didyma zu fahren. Zuvor allerdings müssen wir Allah unsere Reverenz erweisen. Kurz nachdem wir das Dorf verlassen haben, leuchtet zwischen hohen Bäumen hinter einer niedrigen, aus unbehauenen Steinen errichteten Mauer fünfzig Schritte seitlich der Straße ein Marmorbau auf. Der Stein hat einen warmen Ton. Dieses Rostbraun ist eine kostbare Nuance, die Marmor erst nach vielen Jahrhunderten der Sonne und des Regens annimmt. Es ist die Folge einer allmählichen Oxydation fein verteilter Spuren von Eisen im Stein.

Ich verlasse den Wagen und entdecke, nachdem ich über ein paar Zäune gestiegen bin, ein Minarett. Auf seiner Spitze hat ein Storchenpaar sein Nest gebaut. An einer niedrigen Stelle klettere ich über die Mauer. Ich stehe in einem schattigen, verträumten Garten, in dem es herrlich kühl ist. Als ich aufblicke, habe ich vor mir die Marmorfassade einer verlassenen Moschee, eines jener Denkmäler, die der Mensch zuweilen seiner unsterblichen Seele errichtet.

Die Moschee ist ein kostbarer und schöner Bau, ein frühes Meisterwerk der türkischen Architektur. Sie ist bis zum Dach wohlerhalten. Um 1400 nach Christi Geburt ist sie von den Osmanli unter dem Sultan Bajezid 1. erbaut worden. Vor fünfzig Jahren hat man die Ruine einmal restauriert. Aber seit langem schon haben die Störche die Archäologen wieder verdrängt. Viele Paare nisten auf dem Dach.

Der einfache Kuppelbau zeigt schöne Maßverhältnisse. Die Marmorfassade und die steinernen Rahmen der Fenster sind mit Ornamenten geschmückt. Durch die offenen Fenster des hohen Innenraumes, durch die Platanen ihre Äste hereinstrecken, streichen die Dohlen. Sie haben ihre Nester auf den Gesimsen. Die Gebetsnische mit ihren Verzierungen ist unversehrt erhalten geblieben. Für das Haus Allahs sind viele antike Werkstücke verwendet worden.

Leise Trauer erfüllt den verwunschenen Garten mit der marmornen Pracht seiner verlassenen Moschee, in der vor langer Zeit einmal erobernde Nomaden aus den Steppen Zentralasiens den Gott der arabischen Wüste verehrt haben an einem Platz, an dem ein Jahrtausend lang Apollon und danach ein weiteres Jahrtausend lang Christus geherrscht hatte.

Alte Steine erzählen alte Geschichten!

Die zunehmende Hitze hat unterdessen das Maß des Angenehmen überschritten. Der Wagen, auf den eine halbe Stunde lang die Sonne gebrannt hat, ist ein Backofen. Wir kommen an einem Brunnen vorbei, aus dem ein verlockender Wasserstrahl hervorsprudelt. Ich will anhalten, um einen Schluck zu trinken. Das Wasser sieht klar und frisch aus. Aber mein Kameltreiber winkt ab. Mit seinem scharfen, erfahrenen Auge hat er eine oberhalb des Brunnens am Hang gelegene, reich mit Dung beschickte Viehtränke gesehen. Es wäre eine glänzende Gelegenheit gewesen, sich einen erstklassigen Typhus zu holen.

Im nächsten Dorf halten wir vor einem kleinen Gasthaus. Es gibt wunderbaren Tee. Die Türken stammen aus Asien. Den Mokka haben sie erst mit dem Islam übernommen. Die Bauern, die sich alsbald zu uns setzen, lachen, als sich der durstige Fremdling das fünfte Glas bestellt.

In solch einsamen türkischen Dörfern findet man immer einmal wieder einen Helden von Gallipoli. Hier war es der Wirt. In dieser verlorenen Ecke Anatoliens ist der erste Weltkrieg schon heute zur Saga geworden. Zwischen dem Generalfeldmarschall von der Goltz-Pascha und dem Kaiser Barbarossa, die beide ein wenig weiter östlich von hier mit ihren Armeen vorbeigezogen sind, ist da schier kein Unterschied.

Hinter dem Dorf senkt sich die Straße zum Meer hinab. Wir fahren Meilen um Meilen durch leeres Land. Es ist eine über ein hügeliges Gelände sich hinziehende Heide mit einer wuchernden, duftenden Macchia. Sie ist mit Felsbrocken übersät. Hier und da steht eine Kiefer. Vom Wasser her weht eine Brise. Die im Licht blitzende Oberfläche des Meeres blendet das Auge. Die See ist leer. Ein paar Möwen tummeln sich über den Wellen. Inseln schweben am Horizont. Die Unberührtheit ist vollkommen. Die Schönheit ist makellos. Die Einsamkeit ist unendlich. Es ist eine Landschaft am Ende der Welt.

Nach einer weiteren Stunde Fahrt führt der Weg an einer Tränke vorbei. Hoch gegen den Himmel aufgerichtet steht auf dem Rand des Brunnens inmitten seiner Ziegen ein Hirt. Mit wirbelnden Bewegungen seiner sonnengebräunten Arme holt er in kräftigem Schwung den wassergefüllten Eimer aus der Tiefe und gießt ihn in den von den durstigen Tieren umdrängten Trog. Mein Fahrer gibt laut Signal. Die ganze Ziegenherde stiebt in einer Staubwolke davon, um erst hundert Schritte weiter zu verhoffen. Von dort aus äugen die Tiere neugierig herüber. Als der Hirt seine Herde davonstürmen sieht, hebt er die Arme und lacht. Wie der fröhliche, kräftige Kerl mit seinen weißblitzenden Zähnen in den Himmel hineinlacht, ist er ein Bild sprudelnder Daseinsfreude. Natürlich halten wir an und setzen uns zu einem kleinen Palaver zusammen. Die Zigarette, die ich dem Hirten anbiete, nimmt er mit einer Geste in Empfang, aus der man sieht, daß sie für ihn eine unverhoffte Gabe der Götter ist.

Eine Meile hinter dem Brunnen ist der Weg eine Strecke weit mit großen Steinplatten gepflastert. Das ist ein Stück der antiken heiligen Straße, die in alter Zeit von liegenden Löwen flankiert gewesen ist. Die Löwen haben die Sonne der Einsamkeit verlassen müssen. Sie trauern unter dem grauen Dach eines nördlichen Museums.

Der Weg steigt ein wenig an. Vor uns taucht das Poseidonische Vorgebirge auf. Rechter Hand haben wir noch einen Blick aufs Meer hinaus, auf die Inseln Leros und Kalymnos. Ganz in der Ferne sieht man als zarte Schatten die Berge von Kos und Rhodos liegen. Linker Hand tauchen, hinter einem langgestreckten Hügelrücken, drei hohe Säulen auf. Das ist der Tempel von Didyma.

Das große Fest des Apollon, das alljährlich hier gefeiert wurde, führte Menschen aus allen Gegenden der griechischen Welt zusammen. Die Gäste, die über das Meer kamen, landeten in einem kleinen, nur wenige Meilen von Didyma entfernten Hafen, wo sie vom Stammpublikum neugierig empfangen wurden. Der Tempel hatte das Asylrecht. Wer sich in seinen Bereich gerettet hatte, durfte von keiner weltlichen Behörde mehr verfolgt werden. So fanden sich hier Verbannte, Flüchtlinge, Hochstapler und Gauner aus aller Welt zusammen. Unschuldige und Missetäter retteten sich in gleicher Weise in den Schutz des toleranten Gottes. Doch waren, wie seit eh und je in der Welt, die Unschuldigen nicht so tolerant wie der Gott, der ihre Unschuld schützte. Die Unschuldigen blickten auf die Missetäter mit Verachtung herab, und die Missetäter lachten darüber.

Man betritt die Anlage, die heute von einem kleinen Dorf umgeben ist, durch eine Öffnung in der Mauer des alten Tempelbezirks. Der Tempel ist von einem heiligen Hain umgeben gewesen. Er lag unter zehn Metern Erde. Der Bau, von dem die heute sichtbaren Ruinen stammen, ist um 300 vor Christi Geburt begonnen worden.

139

Mit seiner Ausgrabung hat Wiegand dem Lorbeer seines milesischen Ruhmes ein weiteres Blatt hinzugefügt.

Der Eindruck, den die Ruine macht, ist gewaltig. Die Plattform von Didyma hat das enorme Ausmaß von 109,5 mal 51,0 Metern. Die Plattform des Parthenon ist nur 70 mal 30 Meter groß. Der Tempel war von einem doppelten Säulenring umgeben. Im ganzen sind es hundertzweiundzwanzig Säulen von zwanzig Metern Höhe gewesen. Der innere Tempelraum hat hohe, glatte, aus mächtigen Quadern geschichtete Wände. Hier sprudelte die heilige Quelle. Hier grünte der heilige Ölbaum. Hier stand die berühmte Apollonstatue des Kanachos. Aus Wiedergaben auf milesischen Münzen wissen wir, wie sie ausgesehen hat. Hier sprach das Orakel durch den Mund einer Priesterin. Es steckt eine tiefe Weisheit in dem uralten, über die ganze Welt verbreiteten Brauch, daß der Wille der Götter dem Menschen durch den Mund einer Frau kundgetan wird.

Mehr als vierhundert Jahre lang wurde an diesem Haus Apollons gebaut. Es ist niemals fertig geworden. Plinius rechnete es unter die vier berühmtesten Tempel Griechenlands.

Didyma ist als heiliger Platz uralt. Die Ionier haben hier anstelle eines einheimischen karischen Kultes, der schon mit einer Orakelerteilung verbunden gewesen ist, die Verehrung Apollons gesetzt. Das griechische Heiligtum ist von den Persern zerstört worden. Das Orakel verstummte für hundertfünfzig Jahre. Auf Befehl Alexanders des Großen begannen die Götter wieder zu sprechen.

Der Tempel ist lange unversehrt dagestanden. Auch dieses Bauwerk hat Cyriacus von Ancona noch in der Mitte des 15. Jahrhunderts in seiner vollen Schönheit gesehen und bewundert. Erst danach ist es durch ein Erdbeben zerstört worden. Nur die drei einsamen Säulen ragen, wie Leuchttürme der Zeit, noch immer in den Himmel hinein.

Die Blüte Milets muß für die Menschen, die sie erlebt haben, etwas Wunderbares gewesen sein. Die Fülle der wissenschaftlichen Entdeckungen und der künstlerischen Leistungen, welche die Stadt ihren genialen Söhnen verdankte, machte das Leben reich und erregend. Fremde aus aller Welt belebten die Agora. Sie brachten die so begehrten Neuigkeiten mit. Aus den Küstenstädten im Norden und im Süden, aus den Häfen der Sporaden, aus der ganzen Aegaeis, aus Phoinikien und Ägypten strömten Philosophen und Literaten, Staatsmänner und Kaufleute, Bildhauer, Maler und Goldschmiede zusammen. Hier war ein Treffpunkt der Verbannten und Flüchtlinge, eine Börse der diplomatischen und politischen Intrige.

Dazu gab es einen lebhaften Verkehr mit dem erwachenden Athen, das sich zum geistigen Mittelpunkt der auf dem Festland verbliebenen Ionier zu entwickeln begann. Die Aegaeis war zum Hellenischen Raum geworden. Die Nachrichten, Menschen und Waren, die mit den Karawanen aus dem grenzenlosen und geheimnisvollen Osten kamen, vermehrten die Buntheit der Palette um eine exotische Nuance. Aus dieser Welt stammen unsere Wörter Philosophie, Theologie, Physik, Ethik und Politik, und schließlich auch das Wort Historie. In Milet sind das alles keine Fremdwörter gewesen.

In dieser weltoffenen Atmosphäre, unter diesem weiten Horizont, in dieser lichten Landschaft erlebt der Geist Europas seine erste Blüte. Hier hat er noch die ganze Frische seiner Jugend. Hier wird die Begeisterung für die Vernunft, hier die Liebe zur Freiheit geboren. Hier beginnt die Geschichte jener Eigenschaft des europäischen Menschen, die eine seiner größten Tugenden und zugleich eines seiner gefährlichsten Laster ist, die Geschichte seiner Neugier. Wie sie ihn treibt, die Welt zu erobern, verführt sie ihn, der Schöpfung ihre Geheimnisse zu entreißen. Unter der strahlenden Sonne an der Küste dieses wunderbaren Meeres stürzt sich der Mensch in das Wagnis, nach seiner Stellung im Kosmos zu fragen, unternimmt er es, das Mysterium seiner Existenz zu erforschen, macht er sich daran, den Sinn des Seins zu ergründen.

Es ist das grandioseste Abenteuer der Geschichte. Noch wissen wir nicht, wie es zu Ende gehen wird.

Grauer Fels und Weißer Turm

Viele Wellen sind seit den alten Tagen der griechischen Freiheit über die Aegaeis dahingegangen. Nachdem sie makedonisch, römisch und dann byzantinisch geworden war, kamen die Araber, die Franken und die Sarazenen. Sie wurde venezianisch. Sie wurde türkisch. Engländer, Italiener und schließlich sogar Deutsche eroberten die Aegaeis. Das Wasser ist griechisch geblieben.

Die metaphysische Mitte dieses Meeres ist eine Insel aus Granit, aus deren Mitte ein hundertdreizehn Meter hoher grauer Felsen ragt. Das Eiland ist nur fünftausend Meter lang und mißt an seiner breitesten Stelle nicht mehr als dreizehnhundert Meter. Das ist Delos, die Insel Apollons, mit dem Kynthos, dem Berg des Orakels. Hier wurden in jedem dritten Jahr der Olympiade die ›Delia‹, die Delischen Spiele zu Ehren Apollons gefeiert.

Schon vom Schiff aus erblickt man das weite Feld der Ausgrabungen. Einzelne Säulen, Steintreppen, Mauerreste, Arkaden, freie Plätze, Tempel und Villen bilden eine ganze Stadt, die sich den Hang bis zur halben Höhe des Kynthos hinaufzieht. In alter Zeit muß das ein Bild großartiger marmorner Pracht gewesen sein. Heute ist Delos von den Göttern verlassen.

Wir laufen den antiken Hafen an, an dessen Quais sich einst die bunte, lärmende Menge gedrängt hat. Des sehr flachen Wassers wegen können wir nur geringe Fahrt machen. Der Hafen ist durch eine Mole geschützt. Hier haben die Schiffe, welche aus der ganzen griechischen Welt die Gaben für das Heiligtum brachten, Anker geworfen. Ein kräftiger Sturm bläst aus Nordost. Die Brandung schäumt gegen die Mole. Im zeitlosen Atem des Meeres wirkt die Verlassenheit des grauen Felsens nur um so eindringlicher.

Die Delia sind, nach der Überlieferung, von Theseus gestiftet worden. Noch in historischer Zeit war das Schiff, das die Athener nach Delos sandten, dasselbe, mit dem Theseus vordem nach Kreta gesegelt war, Athen von dem jährlichen Tribut an Jünglingen und Jungfrauen für den Minotauros zu befreien. Solange die Gesandtschaften zu den Delia unterwegs waren, durfte in keiner griechischen Polis ein Todesurteil vollstreckt werden. Diesem respektvollen Brauch ist es zu danken, daß das kostbare Leben des Sokrates um eine kurze Spanne verlängert wurde.

Die Reinheit der heiligen Insel lag den Griechen so sehr am Herzen, daß auf Delos niemand sterben durfte. In den Jahren 426/425 vor Christi Geburt wurden sogar die alten, auf Delos von früher her noch vorhandenen Gräber auf die gegenüberliegende Insel Rheneia verlegt. Es ist diese Gelegenheit, bei der Thukydides erwähnt, daß die meisten Toten »nach der Weise der Karer« begraben gewesen seien. Bemerkenswert ist, daß die Gräber der vor so vielen Jahrhunderten schon nach Anatolien vertriebenen Karer noch bekannt gewesen sind. Offenbar sind diese alten Totenstätten pietätvoll behandelt worden. Aber nicht nur zum Sterben mußte man die Insel verlassen. Auch zum Gebären gingen die Frauen nach Rheneia. Auf Delos durften nur Götter geboren sein.

Die von Zeus geschwängerte Titanin Leto suchte auf der Flucht vor der grollenden Eifersucht Heras, der Gemahlin des Zeus, einen Platz für ihre Niederkunft. Aber nirgends fand sie eine Stätte, die ihr Schutz vor dem Zorn Heras gewährt hätte, bis sie nach Delos kam. Delos heißt ›die Erscheinende‹. Es war, wie Pindar erzählt, ein aus den Wogen geborener schwimmender Fels. Als Leto das Eiland betrat, befestigte Poseidon, der Herrscher der Wogen, den Felsen mit goldenen Ketten am Meeresgrund. An eine am Ufer eines kleinen Sees stehende Palme sich klammernd, gebar Leto die Götterzwillinge Artemis und Apollon.

Apollon, entschieden der griechischste aller Götter, hat keinen griechischen Namen. Alle bisherigen Versuche, den Namen griechisch zu erklären, sind gescheitert. Vermutlich sind die Griechen, schon bevor sie nach Hellas kamen, diesem Gott an einem Ort, den wir nicht kennen, und zu einem Zeitpunkt, den wir nicht bestimmen können, begegnet und haben ihn übernommen. Als Begleiterin der Leto und dann des Apollon und der Artemis treten zwei ›hyperboreische Mädchen‹ auf, Opis und Arge. Die Hyperboreer sind ein irgendwo höher im Norden lebender Volksstamm gewesen, der zwar viele Fabelzüge trägt, aber doch wohl existiert hat. Vielleicht ist Apollon einmal ihr Gott gewesen, und die Griechen haben ihn von diesem Volk übernommen. Jedenfalls berichtet Herodot, daß die Hyperboreer Gaben nach Delos schickten. Der Name dieses Volkes wurde später symbolisch für alle im kalten Norden lebenden Barbaren.
Apollon ist die glänzendste Erscheinung des Olymp. Bei Homer ist er der Gott der Weissagung, der Gott mit dem silbernen Bogen und dem fernhintreffenden Pfeil, der Sender der Pest. Ihm war der Lorbeer heilig. Er ist der Gott der Hirten. Er hält die Wölfe von den Herden fern. Aber er ist auch der Musagetes, der Anführer der Musen. Beim Göttermahl auf dem Olymp spielt er die Leier. Er ist der Meister der Heilkunst. Asklepios war sein Sohn. Heilig sind ihm der Wolf, das Reh, der Rabe, die Schlange, die Zikade und der Greif. Er ist am siebenten Tage des Monats Thargelion geboren, der etwa unserem Monat Mai entspricht. Dieser Tag war ihm in der ganzen Antike geweiht.
Apollon ist der erste Sieger der Olympischen Spiele gewesen. Im Wettlauf besiegte er Hermes, den schnellen Götterboten, im Boxkampf Ares, den gewaltigen Gott des Krieges. Dieser frühe Apollon ist immer von der Majestät des Todes umwittert. Er tötete Niobes Söhne, weil Niobe seine Mutter Leto beleidigt hatte. Dem Marsyas, einem phrygischen Faun, der ihn zum Wettkampf im Flötenspiel herausgefordert hatte, ließ er, nachdem er ihn besiegt hatte, die Haut bei lebendigem Leibe abziehen. Ganz also entspricht der altgriechische Apollon nicht dem, was Nietzsche apollinisch nennt. Erst in späterer Zeit wird Apollon mit Helios gleichgesetzt und wird so zum Gott der Sonne und des Lichts.

Merkwürdig sind die vielen unglücklichen Liebschaften Apollons, zu dessen hervorragenden Eigenschaften doch gerade seine männliche Schönheit gehört. Die Nymphe Daphne, eine Gefährtin der Artemis, wurde, als Apollon sie nach langer Verfolgung einholte, auf ihr Flehen hin von ihrem Vater, dem Flußgott Peneios, in einen Lorbeerbaum verwandelt.

Um Marpessa, eine sterbliche Frau, kämpfte Apollon mit Idas, ihrem Bräutigam. Zeus griff ein und befahl dem Mädchen zu wählen. Marpessa wählte Idas, den sterblichen Mann, weil sie, eine kluge Person, fürchtete, daß der unsterbliche Gott sie, wenn sie alt würde, verlassen werde.

Apollon hatte auch eine unglückliche Liebe zu Kassandra, der Tochter des Königs Priamos. Er hatte ihr die Gabe verliehen, die Zukunft vorauszusagen. Aber sie widerstand seinen Werbungen. Nun kann ein Gott die Gabe, die er verliehen hat, niemals zurücknehmen. Wunder sind, was man in der Chemie irreversible Reaktionen nennt. Das ist eine eigentümliche Spielregel der Mythologie, aus der allein schon hervorgeht, daß hinter den Göttern eine Macht steht, die mächtiger ist als sie. Da Apollon die Gabe, die er verliehen hatte, nicht zurücknehmen konnte, bestimmte er, auf diese Weise sein Geschenk aus einem Segen in einen Fluch verwandelnd, daß Kassandras Prophezeiungen niemals geglaubt werden sollten.

Auch seine Liebe zu Hyakinthos, einem schönen Knaben aus Amyklai, nahm einen unglücklichen Verlauf. Zephyros, der Westwind, hatte sich ebenfalls in Hyakinthos verliebt. Als Apollon sich mit seinem anmutigen jungen Freund im Diskuswerfen übte, lenkte Zephyros die Scheibe Apollons so, daß sie Hyakinthos am Kopf traf und ihn tötete.

Glücklicher war Apollons Liebe zu Kyrene, einer thessalischen Nymphe. Als der Gott Kyrene zum ersten Mal sah, rang sie unbewaffnet mit einem Löwen. Apollon wurde von leidenschaftlicher Liebe zu dem mutigen Mädchen ergriffen. In einem goldenen Wagen entführte er die Nymphe nach jener Landschaft in Afrika, die noch heute ihren Namen trägt. Kyrenes Sohn Aristaios entdeckte, daß man Bienen züchten könne. Auch ist er der erste gewesen, der die Olive angebaut hat. Um jede der griechischen Gottheiten rankte sich eine unübersehbare Fülle von Geschichten, wie sie nur der unerschöpflichen poetischen Phantasie der Griechen entspringen konnten.

Die Marmorstatuen, die von Apollon erhalten geblieben sind, gehören zum Schönsten, was griechische Bildhauerkunst der Welt hin-

144

terlassen hat. Für ganze europäische Jahrhunderte sind sie der ästhetische Maßstab gewesen. Doch wird man diesen Bildwerken nicht gerecht, wenn man sie nur nach ihrer Schönheit bewertet. Die Tatsache, daß die griechischen Götter sich so vorzüglich zu poetischen Allegorien eignen und daß die griechische Mythologie die abendländische Kunst zweitausend Jahre lang zu den wunderbarsten Meisterwerken angeregt hat, darf nicht darüber hinwegtäuschen, daß diese Götter mehr sind als nur poetische Schöpfungen. Die Kunsthistoriker vergessen allzu leicht, daß es nicht begabte Artisten waren, die die Werke der griechischen Kunst geschaffen haben, sondern fromme Männer, die ein frommes Werk vollbrachten. Die Götterstatuen waren nicht nur symbolische Darstellungen. Sie waren Träger göttlicher Gegenwart und Macht. Das ist eine alte, tief verwurzelte ostmediterrane Überlieferung. Noch in dem großen Bilderstreit der byzantinischen Kirche im 8. und 9. Jahrhundert nach Christi Geburt hat diese Überlieferung eine Rolle gespielt. Das maßvoll Harmonische der künstlerischen Darstellung ist eine seelische Kraft gewesen, durch welche die dunklen, die chthonischen Mächte in Bann gehalten wurden. Diese Mächte der Unterwelt sind der immer gegenwärtige, immer drohende Hintergrund der ›klassischen Klarheit‹.

Die Geschichte von Uranos, der seine Kinder verschlingt, ist nicht minder schrecklich als der Mythos der Babylonier von dem Drachen Tiamat, den der Gott Marduk tötet, um aus seiner Leiche das Weltall zu formen. Welch schaurige Überlieferung, daß das Weltall aus der Leiche eines Drachen geformt sei!

Die Geburt Aphrodites aus dem Schaum des Meeres ist in der Kunst unzählige Male dargestellt worden. Aber wer weiß schon, was für ein Schaum das gewesen ist! Unsere würdigen, um unser Seelenheil besorgten Studienräte haben uns davon nichts erzählt. Wohl erfuhren wir – was für unser Seelenheil schon bedenklich genug war –, daß die Schaumgeborene, die Anadyomene, in göttlicher Nacktheit in einer von Delphinen gezogenen Muschel über die Wogen geglitten sei. Von der Vorgeschichte dieser Geburt erfuhren wir nichts.

Uranos hatte die mit Ge, der Erde, gezeugten Kyklopen in den Tartaros geworfen, eine dämmrige Region der Unterwelt, die so weit unter der Erde lag wie der Himmel über ihr. Ein fallender Amboß brauchte, um den Tartaros zu erreichen, neun Tage.

Um sich für die Verbannung ihrer Söhne zu rächen, überredete Ge die Titanen, sich gegen ihren Vater Uranos zu empören. Sie gab dem Kronos, dem jüngsten der sieben Titanen, eine gezackte Sichel aus

Feuerstein. Kronos überraschte seinen Vater Uranos im Schlaf, schnitt ihm mit der Sichel die Geschlechtteile ab und warf sie ins Meer, wo sie schäumend versanken. Es ist dieser Schaum, aus dem Aphrodite, die Göttin der Liebe, geboren wurde. Das ist eine sehr großartige, aber keine sehr liebliche Geschichte. Der Mythos ist uralter asiatischer Bestand. Er findet sich bei den Hethitern, und neuerdings hat man ihn auch bei den noch älteren Horitern entdeckt, die in der Genesis 14, 6 und 36, 20 mit ihrer Königsliste aufgeführt werden. Die Krieger der Gallas in Ostafrika nehmen noch heute in den Kampf eine kleine Sichel mit, um den besiegten Feind zu kastrieren.

Von Uranos' Blut fielen einige Tropfen auf die Erde. Aus diesen Tropfen entstanden die Erinnyen Alekto, Tisiphone und Megaera. Sie verfolgten die Verletzungen der Gesetze der menschlichen Gesellschaft, den Bruch der Gastfreundschaft, den Meineid und vor allem den Mord. Orestes, der Muttermörder, wurde von ihnen um die halbe Welt gejagt.

Eine der Erinnyen ist bis in unsere Zeit lebendig geblieben. Noch heute nennen wir ein böses Weib, das hinter seinem Nachbarn herfaucht, mit dem Namen einer Erinnye eine Megäre.

Aus Blutstropfen derselben Herkunft, aus denen die Erinnyen entsprossen sind, erwuchsen die Melien, die zarten Nymphen der Esche. Die Weltesche Yggdrasil ist der heilige Baum der germanischen Mythologie. Wie viele Zusammenhänge gibt es, die noch der Erklärung harren!

Auch die Geburt der Athene hat Hintergründe, die in Schulbüchern nicht erwähnt werden. Zeus war geweissagt worden, daß so, wie er seinen Vater Kronos vom Thron gestoßen habe, eines seiner Kinder ihn der Herrschaft berauben werde. So hatte Zeus die von ihm geschwängerte Metis verschlungen. Aber der Same des Gottes wuchs in ihm weiter. Als die Zeit gekommen war, spaltete Hephaistos mit einer Axt den Schädel des Göttervaters. Ihm entsprang in voller Rüstung Pallas Athene. Das Bild ist eine Allegorie der vom Blitz gespaltenen Gewitterwolke.

Artemis, die Schwester Apollons, ist zunächst, wie ihr Bruder, auch eine Gottheit des Todes, die mit Bogen und Pfeil dargestellt wird. Sie tötete die Töchter der Niobe. Weiterhin ist sie die durch die Wälder streifende Göttin der Jagd und die Herrin des Wildes. Ihr ist die Hirschkuh heilig.

Als Göttin der Keuschheit ist Artemis die Gegenspielerin Aphrodites. Sie beschützt die Unschuld der Jungfrauen und der Jünglinge.

Nur einmal wird in dieser so humanen göttlichen Welt sogar die Göttin der Keuschheit von der Liebe erfaßt. Es ist Orion, der Sohn des Poseidon, der gewaltige Jäger, der das Herz der keuschen Göttin in Unruhe versetzt. Durch eine Täuschung bringt Apollon seine Schwester dazu, daß sie selbst mit einem Pfeil den Geliebten tötet. Orion wird als Sternbild an den Himmel versetzt. So fern muß ewig die Liebe der Keuschheit bleiben.

Die Geschichte von Artemis und Orion in dieser Form ist freilich nur eine der Überlieferungen. Eine andere ist, daß Orion die Opis, eines der hyperboreischen Mädchen, vergewaltigt habe und deshalb von Artemis getötet worden sei. Es gibt kaum eine mythologische Überlieferung der Griechen, die nicht mehrere Varianten hat, von denen oft genug eine der anderen widerspricht. Die Mythologie ermangelt durchaus der Systematik, und schon antike Schriftsteller beklagen sich bitter über die unübersehbare Fülle der mythologischen Figuren, und daß es mehr Götter auf der Welt gebe als Menschen.

Die zarte und keusche Göttin Artemis, entschieden die liebenswerteste Figur des olympischen Pantheon, hat mit der Artemis von Ephesos, der ›Diana der Epheser‹, von der die Apostelgeschichte berichtet, fast nur den Namen gemein. Die ephesische Artemis ist eine asiatische Fruchtbarkeitsgöttin, die mit zahlreichen Brüsten abgebildet wird. Die Darstellungen, die es von dieser Göttin gibt, sind ganz orientalische Bildwerke. Eines der eindrucksvollsten, das wir kennen, steht in Neapel.

Die Religion der Griechen ist ein vielschichtiges Gebilde gewesen. Götter verwandeln sich, werden miteinander verschmolzen, werden vergessen, verschwinden. Neue aus dem unerschöpflichen Asien hervortretende Gottheiten werden in die griechische Religion aufgenommen. Dionysos ist für Homer kaum ein Begriff gewesen. Und welche Rolle hat er später gespielt! Die Staatsreligion der Olympischen Götter wurde durch die Mysterien ergänzt, von denen besonders die von Eleusis von Bedeutung waren. Das Geheimnis von Eleusis ist gewahrt geblieben. Über die innersten Vorgänge des Kultes wissen wir so wenig, daß wir noch heute ein unenthülltes Geheimnis ein ›Mysterium‹ nennen.

Die griechische Religion hat keine Bibel, keinen Koran, keine Dogmatik, keine schriftlich festgelegte Überlieferung gehabt. Sie hatte keine Märtyrer und keine Heiligen. Sie hat keine Furcht vor Gespenstern gekannt. Die Priesterschaft war duldsam. Es gab keine priesterliche Hierarchie. Nur durch die Orakel griffen die Diener der Götter in die Geschehnisse ein. Mit diesem Mittel allerdings haben sie große Wirkungen erzielt. So haben sie die Gründungen der Kolonien dirigiert, und das mit so viel Scharfblick und politischem Geschick, daß Europa noch heute den Nutzen davon hat. Die griechische Religion ist die Religion eines aufgeklärten Volkes gewesen. Sie hat eine hohe Moral hervorgebracht. Der Eid war heilig. Die Ehe war durch das Gesetz geschützt. Die griechischen Frauen genossen ein hohes Maß von Achtung und Freiheit. Wer den Bittenden, den Gast, den Armen, den Wanderer beleidigte, der beleidigte die Götter. Die vorzüglichste Darstellung dieser Religion findet sich in Walter F. Ottos wunderbarem Werk ›Die Götter Griechenlands‹. Der Gelehrte zeigt, daß in Hellas die Götter Spiegelungen eines von den Griechen durch alle Schönheit, durch alle Poesie hindurch empfundenen echten Göttlichen sind, welches geheimnisvoll und verehrungswürdig hinter den Dingen und hinter den Göttern steht.

In der sich neigenden Sonne des Nachmittags wandere ich durch die Ruinen von Delos. Die Ausgrabungen sind in einer über Jahrzehnte sich erstreckenden immensen Arbeit von französischen Archäologen zum Teil schon im 19. Jahrhundert durchgeführt worden. Die Tempelstätte Apollons ist eine weiträumige und großzügige Anlage gewesen. Es war eine ganze kleine Stadt von Heiligtümern. In der Mitte sind die Grundmauern des großen Apollontempels ausgegraben worden. Ihm gegenüber, durch die Feststraße getrennt, befand sich das Artemision. Entlang der nördlichen Seite der Feststraße lagen die Schatzhäuser der griechischen Stadtstaaten, die Mitglieder des Delischen Seebundes waren. In einer Halle stand ein ganzes Schiff, das dem Gott geweiht worden war. Das Amphitheater faßte fünftausend Zuschauer. Die Nordseite dieses Viertels wurde von einer langen Säulenhalle begrenzt. Nach Süden schlossen sich an den eigentlichen Tempelbezirk die Wohnhäuser der Priester, der Patrizier und der Kaufleute an. Nördlich des Tempelbezirks liegt der heilige, heute von Schilf überwachsene See, an dem Leto niederkam. Auf einer Terrasse über dem See stehen riesige steinerne Löwen. Es sind Plastiken des 7. Jahrhunderts. Auf ihre Pranken gestützt, die Hälse gereckt, die Rachen aufgerissen, sind sie von archaischer Majestät – mythische Geschöpfe, die einen Mythos bewachen. Auf einem der Plätze des Tempelbezirks liegt noch das Bruchstück einer riesigen Statue. Es ist der Rumpf eines Apollon aus dem grauen Marmor von Naxos. Die Venezianer haben die Statue einmal in zwei Stücke zersägt, um sie wegzuschleppen. Sie haben das Unternehmen aufgeben müssen. Der Koloß war zu schwer. Eine Hand dieser Statue befindet sich im Museum von Delos. Ein Fuß ist in London. Über die halbe Welt ist der Gott verstreut.

Eine guterhaltene Statue Apollons von ähnlicher Größe wie die delische liegt noch auf der Insel Naxos. Sie ist jedenfalls auch für Delos bestimmt gewesen, aber sie ist niemals vollendet worden. Ich habe sie mir einmal angesehen. Vom Hafen von Naxos aus muß man über das Gebirge nach Komiaki fahren, einem Dorf, das am Nordostende der Insel in etwa fünfhundert Metern Höhe am Berghang liegt. Von Komiaki führt ein steiler Pfad, halb ein Weg, halb eine Treppe aus roh behauenen Steinen, zum Ufer hinab. Unten, an einer Bucht mit hellem Sandstrand, auf dem die Brandung ausläuft, liegt ein kleines Fischerdorf. Als wir noch etwa fünfzig Meter über dem Meer waren, verließ mein Führer den Weg. Zwischen Ginsterbüschen und riesigen Marmorblöcken, die da in Mengen herumliegen, kletterten wir ein Stückchen den Hang wieder hinauf bis zu unserem Ziel. Die riesige Statue des Apollon, die im 2. Jahrhundert vor Christi Geburt begonnen worden ist, liegt noch immer in dem Marmorbett, aus dem sie einst herausgemeißelt wurde. Sie hat eine Länge von 10,60 Metern. Die Breite der Brust ist 1,70 Meter, die Länge des Oberarms von der Schulter bis zum Ellenbogen 1,90 Meter. Der Kopf liegt etwas höher als die Füße. Der linke Fuß war ein wenig vorschreitend gedacht. Die Arme waren vom Ellenbogen an halb gehoben und vorgestreckt. Das Material ist der graue, wunderbare Marmor von Naxos. Er ist nicht so berühmt wie der von Paros, aber doch von fast gleicher Güte.

Unter den Landleuten der Umgebung hat sich bis auf den heutigen Tag die Überlieferung erhalten, daß das Bildwerk eine Statue Apollons sei. Ludwig Roß führt das auf eine Inschrift zurück, die er in der Nähe auf einer glatten Wand des ganz aus Marmor bestehenden Hügels gefunden hat.

Diese mächtige Plastik ist niemals vollendet worden. Die Gründe kennen wir nicht. Über die Brust des Gottes zieht sich ein tiefer Sprung im Stein. Vielleicht ist das der Grund gewesen, warum man die Arbeit an der Statue aufgegeben hat.

Aus seinem Steinbett am Hang des Marmorbergs blickt der unvollendete Gott hinaus auf die alte Aegaeis. Viele Jahrhunderte lang hat er noch die heiligen Schiffe vorüberziehen sehen, die von den Inseln nach Delos fuhren, die Weihgaben zu dem großen Fest zu bringen, das dort alle vier Jahre an der Stätte seiner Geburt zu seinen Ehren gefeiert wurde. Aber auch das hat vor langer, langer Zeit schon ein Ende genommen. Die Spuren der Verwitterung an dem ehrwürdigen

Koloß sind erst gering. Heute, nach zweitausend Jahren, kennen wir den Namen des Gottes noch. Ob der alte Stein länger leben wird als die Erinnerung an das, was er einmal zu bedeuten bestimmt gewesen ist?

Im Jahre 478, zwei Jahre nach der Schlacht von Salamis, gründeten die Athener den Attisch-Delischen Seebund, zu dessen Mitte sie Delos machten. Es war ein Schutzbündnis gegen die Perser, das vor allem für die kleinasiatischen Griechenstädte von Bedeutung war. Es war das erste Mal, daß sich die Ionier beider Küsten der Aegaeis zu einer politischen Gemeinschaft zusammenschlossen. Zur Flotte des Bundes hatten die Mitglieder Schiffe zu stellen. Später konnte diese Verpflichtung durch Geldzahlungen abgelöst werden. Diese Gelder kamen nach Delos, wo sie von athenischen Zahlmeistern verwaltet wurden. Auf diese Weise sammelte sich auf der heiligen Insel ein Schatz an, dessen Wert für damalige Zeiten unerhört war. Die Summen, die von antiken Schriftstellern genannt werden, gehen in die Millionen.

Die Athener, die als die stärkste Macht eine führende Stellung unter den Mitgliedern einnahmen, machten allmählich die ursprünglichen Bundesgenossen zu abhängigen Untertanen. Unter fadenscheinigen Vorwänden holten sie schließlich auch den Tempelschatz nach Athen, um ihn für ihre eigenen Zwecke zu verwenden. Diese Maßnahmen waren höchst kurzsichtig, und sie wurden dadurch nicht besser, daß sie in rücksichtsloser Weise durchgeführt wurden. Die Spartaner, die dem Bund nicht angehörten, konnten den Krieg gegen Athen unter der Parole eröffnen, daß sie für die Freiheit Griechenlands kämpften! Es war jener schreckliche Peloponnesische Krieg zwischen Sparta und Athen, der die glänzende Epoche des klassischen Hellas beendete und in seinen Folgen schließlich Griechenland seine Freiheit kostete. Die Makedonen wurden die führende Macht in der Aegaeis. In der Mitte des 4. Jahrhunderts folgte die Eroberung des Ostens durch Alexander den Großen.

Als die Römer die Herrschaft in der Aegaeis angetreten hatten, machten sie Delos zum Freihafen. Das war im Jahre 168 vor Christi Geburt. Es war die Zeit, in der Judas Makkabaeus Jerusalem eroberte. Wenig später begann der Dritte Punische Krieg, der zur Zerstörung Karthagos führte. Um diese Zeit schrieb Apollodoros sein Buch ›Über die Götter‹, das für uns eine der wichtigsten Quellen unserer Kenntnis der griechischen Religion ist. Um die gleiche Zeit begann mit Heliodor die antike Erforschung der griechischen Altertümer.

Die Absicht der Römer war, den Handel von Rhodos, das Zölle erhob, nach Delos abzuziehen. Das gelang ihnen. Mit der Gründung des Freihafens Delos verlor Rhodos für einige Zeit seine Bedeutung. Berühmt war der Sklavenmarkt von Delos. Es wird berichtet, daß an manchen Tagen bis zu zehntausend Sklaven ihre Besitzer gewechselt hätten. Delos wurde noch einmal für hundert Jahre reich. Aus dieser Zeit stammen die prachtvollen Häuser der Sklavenhändler, von denen einige von den Franzosen ausgegraben worden sind. So schöne Bodenmosaiks, wie sie in diesen Luxusvillen freigelegt worden sind, hat man nur noch in Daphni, dem Luftkurort Antiochias, auf der Insel Kos und in Pompeii gefunden.

Im Jahre 88 vor Christi Geburt wurde Delos von König Mithridates VI. von Pontos verwüstet. Mithridates war der letzte Herrscher des Ostens, der der Errichtung der römischen Weltherrschaft Widerstand geleistet hat. Zwanzig Jahre danach, im Seeräuberkrieg, den Pompeius nach heftigen Kämpfen gewann, erfolgte eine zweite Verwüstung, die das Ende der blühenden Handelsstadt bedeutete.

Pausanias traf zweihundertfünfzig Jahre später auf der Insel nur noch die Wächter der Tempel an. Dann begannen die Heiligtümer zu verfallen und in die Erde zu versinken. Der Marmor von Delos wurde von den Fischern der benachbarten Inseln zum Kalkbrennen verwendet.

Beim Aufstieg auf den Kynthos kommt man zuerst an der Börse, dann an einem Tempel der ägyptischen Götter Isis, Anubis und Serapis und schließlich am Tempel der syrischen Gottheiten vorbei. Man hat hier in einer ganz internationalen Welt gelebt.

Auf halber Höhe des Berges liegt die Grotte Apollons. Man erreicht sie auf einer festgemauerten Rampe. Sie ist ein breiter Felsspalt, der durch eine alte Mauer mit weiter Toröffnung abgeschlossen ist. Zehn mächtige Granitplatten bilden das Dach. Die Grotte ist das älteste Heiligtum der Insel. Sie ist wahrscheinlich schon in karischer Zeit eine Orakelstätte gewesen.

Auf der grauen Kuppe des Kynthos haben einst zwei Marmortempel gestanden, der eine dem Zeus Kynthios, der andere der Athene Kynthia geweiht. Die Höhe gewährt einen herrlichen Rundblick auf die weite, silberglänzende See mit den lichten blauen Inseln ringsum, von denen jede ein Stück Geschichte und jede ein anderes Stück zu erzählen hat.

Naxos mit seinem unvollendeten Gott erzählt, wie die Prinzessin Ariadne von einem Helden treulos am Strand zurückgelassen wird, um von einem Gott gefunden und getröstet zu werden.

Syros erzählt von den goldenen Zeiten um die Mitte des 19. Jahrhunderts, als alle Schiffe, die zwischen Westeuropa und Konstantinopel verkehrten, die Insel anliefen und der Handel seines Hafens größer war als der des Piraeus.

Seriphos erzählt die Geschichte von Perseus, der, mit seiner Mutter Danaë in einer Arche ausgesetzt, an das Ufer der Insel angeschwemmt wird und später den Polydektes, den König der Insel, der Danaë beleidigt hatte, indem er ihm das Haupt der Gorgo vorhält, in einen Stein verwandelt.

Siphnos erzählt von den fernen Tagen, als es mit seinen Goldbergwerken und Silberminen das reichste Eiland der Aegaeis war.

Paros erzählt seine Geschichte in eigenem Marmor. Im Jahre 1627 wurde auf der Insel eine Tafel gefunden mit einer in den Jahren 264/263 vor Christi Geburt verfaßten Inschrift von dreiundneunzig Zeilen in attischem Dialekt. Die Tafel hat dem Schulunterricht gedient. Sie wird als ›Marmor Parium‹ bezeichnet. Die Tafel gibt einen Überblick über die griechische Geschichte von Kekrops, dem mythischen König von Athen, bis zu Diognetos, der im Jahr 264 vor Christi Geburt Archon in Athen war. Das kostbare Stück befindet sich heute in Oxford. Es ist ein amüsanter Beweis dafür, daß sogar die Kulturgeschichte, jene Form der Geschichtsschreibung, welche erst mit Gregorovius und Jacob Burckhardt begonnen hat, schon einmal von den Griechen erfunden worden ist. Der Historiker der Parischen Chronik kümmert sich wenig um Schlachten und Politik. Er erzählt von den viel wichtigeren Daten, an denen die großen Festspiele begründet wurden, vom Beginn der verschiedenen Formen der Dichtung, von Geburt und Tod der Dichter und von ihren Siegen in den Wettkämpfen der Poesie.

Man muß sich daran erinnern, daß einem Sieger in einem olympischen Wettstreit die Ehre zuteil werden konnte, daß Pindar ein Preislied auf ihn verfaßte. Man kann sich schwer vorstellen, daß Goethe ein Preislied auf den Turnvater Jahn gedichtet hätte oder Stefan George eines auf Nurmi. Vorstellen könnte man sich höchstens, daß Gottfried Benn den Hundertmeterläufer Jesse Owens expressionistisch gepriesen hätte. Insofern also stünde Gottfried Benn der griechischen Klassik näher als Goethe.

Der Kynthos ist vom dritten vorchristlichen Jahrtausend, also von der frühen Bronzezeit, an besiedelt gewesen. Die Gründung des Heiligtums des Apollon wird auf den Anfang des ersten Jahrtausends vor Christi Geburt datiert. Die Verehrung Apollons in Delos hat begonnen, als König Salomo in Jerusalem regierte. Sie ging zu Ende an jenem 25. Dezember des Jahres 354, als dieser Tag in Rom zum ersten Mal nicht als Fest der Sonne, sondern als Fest der Geburt Jesu Christi gefeiert wurde. Der letzte, der das Orakel auf dem Kynthos befragt hat, ist Julianus Apostata gewesen, der letzte heidnische Herrscher auf dem römischen Kaiserthron. Julianus bereitete damals seinen Feldzug gegen die Perser vor, in dem er durch eine persische Lanze den Soldatentod finden sollte. Auf seinem Sterbelager wurde ihm von seinen Freunden ein Orakelspruch mitgeteilt, dessen Text uns erhalten geblieben ist:

> *»Wenn deinem Szepter du das persische Volk*
> *unterworfen*
> *und es bis zu Seleukos' Stadt mit dem Schwerte*
> *gejagt hast,*
> *dann wird dich zum Olymp der feurige Wagen*
> *entrücken,*
> *der von der Windsbraut Wirbeln im Kreis gen*
> *Himmel bewegt wird.*
> *Lösung wird er dir bringen von allen Leiden des*
> *Leibes*
> *und dich führen zur Halle des Vaters im*
> *himmlischen Lichte,*
> *die du voreinst verlassen, um Menschengestalt*
> *zu gewinnen.«*

Im Meer der wunderbaren Inseln lag das Heiligtum des Poseidon nur fünfzehn Meilen von dem des Apollon entfernt. Auf Delos wurde Apollon Musagetes, der Herr der Musen, verehrt, auf Tinos der Herr der Nymphen, Poseidon Nymphagetes. Heute wallfahrtet das Volk von allen Küsten der Aegaeis am Tage Mariae Himmelfahrt nach Tinos zu dem wundertätigen Bild der Madonna Evangelistria.

Als wir Delos verlassen, ist die Sonne im Untergehen. Die Hänge des Kynthos färben sich purpurn. Das Blau, das mit der Nacht im Osten heraufsteigt, umspielt mit wechselnden Nuancen die vergehenden Farben des Tages. Die ersten Sterne leuchten auf. Beim Anblick dieser Symphonie des Raumes vermeint man, die Sphären erklingen zu hören.

Der Wind hat nach Südwesten gedreht. Der Kapitän setzt Segel. Mit frischer achterlicher Brise schießen wir durch die Wogenkämme dahin. Im Bug des Schiffes hockt ein Mädchen. Der Schaum umsprüht sie. Ihre Locken flattern. Da sie mit fünfzehn Jahren schon nach Athen getragen wurde, heißt sie das Eulchen. Das Eulchen hockt da ganz allein, eine verlorene kleine Silhouette, und schaut. Es ist nicht der Gravitationskosmos der Physik, es ist die alte Welt der Schöpfung, deren Schönheit mit Macht in ihre junge Seele eindringt. Obwohl der Mensch doch selbst ein Stück der Schöpfung ist, ist ihm das großartige Privileg verliehen, ihre Schönheit schauen zu dürfen. Von dem Augenblick an, da er von diesem Privileg Gebrauch macht, kann er nie wieder aufhören, die Frage nach dem Sinn zu stellen, welcher hinter der Schönheit sich verbirgt. Die Schöpfungsgeschichte sagt über die Schönheit der Welt nur den einen Satz: »Und Gott sah alles an, was er gemacht hatte; und siehe da, es war sehr gut.«

Wir umrunden ein kleines Kap. Vor uns taucht der Hafen von Mykonos auf. Der Ort liegt im Halbkreis um eine Bucht herum. Berühmt sind die Windmühlen von Mykonos. Die Radblätter der Mühlen haben eine andere Form als bei uns. Die Flügel tragen an den äußeren Enden kleine dreieckige Segel, so daß sie sehr pittoresk, zugleich aber auch ein wenig bizarr aussehen. Die Bauart ist alt. Die Windmühlen von Mykonos sind heitere Denkmäler der List des Menschen in der Verteidigung seiner Faulheit. Aiolos, der Gott der Winde, wird sanft genötigt, des Menschen Arbeit zu tun.

In der sich herabsenkenden Kühle des Abends beginnt auf den alten Steinplatten des Hafenquais der Korso. Auf der einen Seite liegen die an den Bojen schwoienden Fischerboote und Segeljachten. Entlang der anderen Seite zieht sich die Häuserfront mit den Cafés, in denen die Männer ihren Mokka, und den Bistros, in denen sie ihren Wein trinken. Vor einem dieser Bistros nehme ich Platz. Stolz schreiten die Mädchen vorüber. Von Zeit zu Zeit wird die Fassade ihres Stolzes durch fröhliches Kichern und das Gelächter sorgloser Albernheit durchbrochen.

Der Korso ist eine Sitte, die man an allen Küsten der Mediterranie trifft. Sie ist von großer gesellschaftlicher Weisheit. Schon deshalb muß man annehmen, daß sie eine antike Überlieferung ist. Hier kann jedes schöne Kind, dem an der Wiege die richtigen Lieder gesungen worden sind, die Gaben Aphrodites spazierenführen. Hier kann der schüchterne Liebhaber seine Liebste bewundern, so lange es ihn freut. Hier haben auch alle Hundchen der Insel ihr tägliches Stelldichein. Hier trifft man seine Freunde. Aber man trifft auch seine Feinde. Jeder Streit des Tages kann in einem Glas kühlen Weines ertränkt werden, ehe die Sonne wieder aufgeht. Der Korso ist die alte Agora, der Markt der kleinen Eitelkeiten, die Börse des amüsanten Klatsches, die Bühne der freundschaftlichen Intrigen. Hier ist jedermann guter Laune, was die alterprobte Regel bestätigt, daß man die Freuden des Lebens im eigenen Dorf suchen soll. Es ist der abendliche Korso, auf dem man sie findet. Was spazierengeht, ist ein glückliches Volk! Das will viel heißen bei einer Nation, über die noch in jüngster Zeit so schreckliche Ereignisse dahingegangen sind. Der Sternenhimmel spannt sich über den Lichtern des Hafens. Drei Meilen von hier heben die heiligen Löwen von Delos ihre steinernen Mäuler stumm in die Nacht. Wir aber, viel umhergetrieben, rastlos und unruhig, unterwegs auf allen Meeren der Neugier, sitzen an diesem Abend wunschlos und glücklich unter dem heiteren Volk der Fischer und Bauern, die für jedermann ein freundliches und gastliches Lächeln haben. Diese Bauern und Fischer wissen nichts von Diogenes und wenig von Alexander dem Großen. Aber sie verstehen sich darauf, in jener Weisheit zu leben, die Alexander an Diogenes bewundert hat.

Mit aufgehender Sonne segeln wir in den frischen Tag hinein. Es sind nur fünfzehn Meilen hinüber zur Nachbarinsel Tinos. So wie sich im Süden eine Gebirgskette von der Peloponnes zum anatolischen Festland erstreckt, die nur ihre Bergspitzen Kythera, Kreta, Karpathos, Rhodos über die Meeresoberfläche erhebt, ist auch hier, etwas weiter im Norden, die Inselkette, die sich mit Euboea, Andros, Tinos, Mykonos, Ikaria und Samos vom griechischen zum kleinasiatischen Festland hinüberzieht, ein einheitlicher Gebirgszug. Für die Griechen war Delos der Mittelpunkt einer Welt. Für die Geologie ist es eine kleine Absprengung von Mykonos.

Alle diese Inseln haben die gleiche Struktur. Die südliche Küste wird von einem steil zum Meer abstürzenden Karstgebirge gebildet, das nach Norden in sanften Hängen absinkt. Auf diesen Hängen werden Wein und Oliven gezogen, und Getreide wird angebaut. Manche der Inseln sind fruchtbar und reich, manche karg und arm. In Tinos ist fast die gesamte, nicht sehr große landwirtschaftlich nutzbare Fläche in Terrassen gefaßt. Da die Insel für Viehzucht nicht geeignet ist, züchten die Tineser Tauben. Genau dessentwegen, weshalb in Venedig die sanften Tauben so gefürchtete Feinde der Architektur sind, sind sie in Tinos nützliche Helfer der Agrikultur.

Am Hafen von Tinos beginnt eine Basarstraße, die den Berg hinansteigt. Nach ein paar hundert Metern verbreitert sie sich. Schließlich verwandelt sie sich in eine prächtige Treppe, die zu einer schönen, alten byzantinischen Kirche hinaufführt. Weiß in den blauen Himmel ragend leuchtet ihr Turm über Stadt, Hafen und Meer.

Eine Wegstunde westlich vom Hafen sind von belgischen und französischen Archäologen das Poseidonion, das Heiligtum des Poseidon mit einem großen Altar, und ein Tempel der Amphitrite ausgegraben worden. Poseidon war der Bruder des Zeus und des Hades. Nachdem die drei Brüder ihren Vater Kronos vom Thron gestoßen hatten, losten sie um die Welt. Poseidon gewann die Herrschaft über die Meere. Sein Wohnsitz war ein goldener Palast in der Tiefe der See. Die Phantasie der Griechen ist so lebhaft und so realistisch gewesen, daß sie den Ort des goldenen Palastes an einer ganz bestimmten Stelle an der Küste Euboeas imaginierten.

Poseidon wird mit dem Dreizack dargestellt. Als er sich mit Pallas Athene um die Herrschaft über Athen stritt, stieß er im Zorn seinen Dreizack in den Felsen, woraufhin aus dem Stein eine Quelle hervorsprudelte. Immer wieder muß man die poetische Kraft bewundern, die so prachtvolle Bilder schafft. So habe einst auch Poseidon seinen Dreizack in den Felsen gestoßen, und aus dem berstenden Stein sei das Pferd entsprungen. Welch ein Événement!

Der wilde, alte Gott Poseidon freilich schenkte der Welt das Pferd nur als Geschöpf. Athene war es, die den Zügel erfand. So erst konnte das Pferd zum Reittier des Menschen werden.

Das Weib des Poseidon, das mit dem Gott zusammen auf Tinos verehrt wurde, war Amphitrite, die Tochter des Okeanos. Poseidon entdeckte sie unter tanzenden Nymphen. Als er sich ihrer bemächtigen wollte, entfloh sie. Natürlich war das junge Ding schneller als der grimmige alte Gott. Doch sollte sie ihm nicht entgehen. Nun hat ein Meergott keinen Dackel, der ihm helfen könnte, eine flüchtige Schönheit zu verfolgen. Dafür fand sich ein schlauer Delphin, der sich an die Fersen der Nymphe heftete und dem Poseidon verriet, wo sie sich versteckt hielt. Zum Dank für diese Tat versetzte Poseidon den Delphin als Sternbild an den Himmel.

Jedem der griechischen Götter ist einmal eine der Inseln, der blühenden, geweiht gewesen. Heute hat Tinos seinen Poseidon vergessen. Es dient der Madonna Evangelistria.

Wir steigen die schöne alte Treppe hinan. Das Heiligtum der Madonna krönt blendend weiß die Kuppe des Hügels. In der Mitte steht die Kirche. Rechts und links schließen sich weite Hallen und Höfe für die Pilger an. Dahinter liegen die Gebäude des Klosters. Am Tag vorher ist das Fest Mariae Himmelfahrt gewesen. Noch immer sind Tausende von Pilgern auf der Insel. Hunderte von Bettlern säumen den Weg. Manche von ihnen, blind, lahm, verkrüppelt, elend und von Schwären bedeckt, hätten wahrlich Grund, Hiob zu beneiden. Später erkundige ich mich bei dem Kapitän, wie diese Bettler auf die Insel gelangen. Sie ist schließlich nur über See zu erreichen, und die Preise der Schiffstickets, die an sich nicht hoch sind, bedeuten für einen Bettler eine Menge Geld. Der Kapitän lächelt. »Die Bettler nehmen wir um der Madonna willen auf dem Achterdeck mit.«

Die weiten Hallen sind mit Marmor gepflastert. In den Nischen haben Pilger mit ihren Familien übernachtet. Hier und da sieht man in einer Ecke eine alte, schwarzgekleidete Frau am Boden hocken, die in einem Kupferkessel auf kleinen Feuer auf dem Marmorboden ihren Brei kocht.

Die Kirche stammt aus dem Mittelalter. Unter den goldenen Ampeln drängen sich die Pilger. Ein wenig Weihrauch vom morgendlichen Gottesdienst hängt noch in der Luft. Gläubige knien vor der Ikonostasis und beten. Zur offenen Kirchentür fällt breit der Sonnenschein herein. Vor dem Verlassen der Kirche küßt jeder Pilger das wundertätige Bild der Muttergottes. Es ist eine herrliche alte Ikone. Daß eine brave Krankenschwester den Hauch des Glaubens sogleich mit einem Läppchen von der schützenden Glasscheibe wegwischt, ist der Beitrag des Zeitalters der Hygiene zur alten Frömmigkeit der Jahrhunderte. Die Wissenschaft vermag nicht, den Glauben wegzuwischen. Sie erreicht nur, daß das Wunder ein wenig nach Lysol schmeckt.

Tinos hat von 1390 an ohne Unterbrechung bis zum Jahre 1718 unter der Herrschaft Venedigs gestanden. Im Gegensatz zu anderen Inseln der Aegaeis, die mehrere Jahrhunderte lang unter türkischer Herrschaft zu leiden hatten, haben die Osmanli nur etwa hundert Jahre auf Tinos gesessen. Sitte und Glauben des Mittelalters sind hier unzerstört erhalten geblieben.

Das Orakel von Delos ist verstummt. Im Poseidonion werden keine Opfer mehr gebracht. Die Hymnen an die Madonna dagegen tönen noch immer hell und heiter durch die klare Luft. Doch sollten wir nicht vergessen, daß Grauer Fels und Weißer Turm in gleicher Weise unser Erbe sind.

Die Insel der Ritter und der Rosen

Angefangen hat es in der Geographiestunde der Untertertia. Es waren die Namen, die schon den Knaben fasziniert haben. Der Baikalsee! Korsika! Der Aconcagua! San Francisco! Sein halbes

Leben verbringt der Mensch damit, den Bildern nachzujagen, von denen die Träume seiner Jugend erfüllt waren.

Rhodos! Welch schöner Name! Es ist die Insel der blühenden Rosen und der milden Lüfte. Es ist die Insel des Sonnengottes und der Ritter des heiligen Johannes. Zu manchen Zeiten ist sie ein Paradies des Friedens und der Schönheit gewesen, zu anderen ein Brennpunkt der heftigsten Kämpfe. Jahrhundertelang haben die Johanniter Rhodos gegen die Türken verteidigt. Ohne ihre Tapferkeit wäre Italien ebenso unter türkische Herrschaft geraten wie Griechenland. Rom wäre zu einem Dorf herabgesunken. Wahrscheinlich wäre dann auch der Angriff der Türken auf Wien erfolgreich verlaufen. Eine Elite von wenigen hundert Männern, die Blüte der Aristokratie Europas, hat das verhindert.

Die bedeutsame Rolle, die Rhodos in so vielen Epochen der Geschichte gespielt hat, beruht auf seiner geopolitischen Lage. Von der Südwestspitze des anatolischen Festlandes ist Rhodos nur durch eine Wasserstraße getrennt, die nicht breiter als zehn Meilen ist. Die Insel liegt weit im Osten, nahe jenem neuralgischen Punkt der Weltgeographie, an dem die machtpolitischen Kraftlinien der drei Kontinente Europa, Asien und Afrika sich schneiden.

Der Besitz der Landbrücke, die Afrika und Asien verbindet, hat alle Machthaber von jeher gereizt. Von hier aus hat man auf der einen Seite Zugang zum Mittelmeer, auf der anderen Seite über das Rote Meer Zugang zum Indischen Ozean. Die großen Karawanenstraßen aus Arabien und Asien enden in den Häfen dieser Küste. Babylonier und Assyrer sind vom Euphrat bis Ägypten vorgestoßen. Die Ägypter haben mehrere Male Syrien bis zum Euphrat besetzt. Alexander der Große eroberte diese Landbrücke, um die Perser ihrer Häfen im Mittelmeer zu berauben und so eine sichere, über See versorgte Nachschubbasis für seinen Angriff auf Asien zu gewinnen. Dann besetzte er Ägypten, um seine Flanke zu sichern. Vielleicht hat Alexander damals schon an die Eroberung Arabiens gedacht. Es ist sein letzter Plan gewesen, den auszuführen der Tod ihn gehindert hat.

Von dieser Landbrücke aus haben die Araber, mit Damaskus als Hauptstadt, ihr Weltreich aufgebaut. Ihre Herrschaft reichte schließlich vom Fuß des Hindukush bis Toledo. Ihr Weltreich ist größer gewesen als selbst das Römische Reich in der Zeit seiner größten Ausdehnung. Von Syrien aus haben die Türken Afrika, Kleinasien, den Balkan und sogar Arabien erobert. Die Türken sind das einzige Volk, dem es je gelungen ist, die riesige Halbinsel der Wüsten und

Oasen zu unterwerfen. Kämpfe um Syrien, Palästina, den Suezkanal und Ägypten sind in unseren Tagen wieder aufgeflammt. Zu allen Zeiten ist für diese Auseinandersetzungen der Besitz der das östliche Mittelmeer beherrschenden Inseln Kreta, Rhodos und Zypern von der größten politischen und strategischen Bedeutung gewesen.

Die Geschichte der Insel Rhodos geht bis in das vierte Jahrtausend vor Christi Geburt zurück. Die ersten Bewohner der Insel werden von Pindar ›Söhne der Sonne‹ genannt. An der minoischen Kultur Kretas hat Rhodos, trotz der geographischen Nachbarschaft, keinen wesentlichen Anteil gehabt. Um 1400 vor Christi Geburt tauchten die ersten Griechen auf der Insel auf. Es waren mykenische Achaier. Schon 1866, also neun Jahre bevor Schliemann in Mykenai zu graben anfing, hat das Britische Museum einige in Rhodos ausgegrabene mykenische Vasen erworben. Um 1000 vor Christi Geburt erschienen die Dorer in dieser Ecke der Aegaeis. Ihre erste Niederlassung war die Stadt Astypalaia auf Kos. Die Insel Kos liegt am Ausgang einer Bucht, die von zwei weit nach Westen vorspringenden Landzungen des anatolischen Festlandes gebildet wird. Auf der nördlichen dieser beiden Landzungen gründeten die Dorer Halikarnassos, auf der südlichen Knidos, weiterhin auf der Insel Rhodos die Städte Lindos, Jalyssos und Kameiros. Diese sechs Städte bildeten einen Bund, die dorische ›Hexapolis‹. Auch die Hexapolis hatte ein Heiligtum. Es lag am Kap Krio, der steil ins Meer abfallenden Westspitze der Landzunge von Knidos.

Die dorische Hexapolis ist der letzte Ausläufer, sozusagen die letzte an der Südwestspitze Anatoliens aufschäumende Brandungswelle der Dorischen Wanderung. Die rhodischen Dorer ihrerseits legten schon um 700 vor Christi Geburt auf der Insel Lipari im Tyrrhenischen Meer eine Niederlassung an. Rhodische Dorer gründeten Gela auf Sizilien und Rhoda in Nordostspanien. Auch an der ›Hansestadt‹ Naukratis im Nildelta war die Hexapolis beteiligt.

Wenige Hinweise genügen, um zu zeigen, was so ein kleiner Bund eines halben Dutzends griechischer Städte in seiner Blütezeit bedeutet hat.

Aus Knidos stammte Sostratos, der Erbauer des Pharos, des Leuchtturms von Alexandria, der zu den Sieben Weltwundern gehörte. ›Pharos‹ ist noch heute in vielen Sprachen der Welt das Wort für Leuchtturm. Das Schatzhaus der Knidier in Delphi war mit einem berühmten Gemälde des Polygnotos, des ersten der großen griechischen Maler, geschmückt. Über dieses Gemälde hat noch Goethe mit zwei Künstlern, die das Bild nach der Beschreibung des Pausanias rekonstruiert hatten, gestritten. In Knidos wurde die herrliche Statue der Demeter gefunden, die sich im Britischen Museum befindet. Hier stand einmal die Aphrodite des Praxiteles. Das Original ist verlorengegangen; eine Kopie ist im Besitz des Vatikanischen Museums in Rom. In Halikarnassos ist Herodot geboren. Aus Kos stammt Hippokrates, der Begründer der wissenschaftlichen Medizin. In Kos wurde im Jahre 308 vor Christi Geburt ein ägyptischer König geboren, der als Ptolemaios II. Philadelphos den Thron bestieg. Er war ein Liebhaber der Künste und ein freigebiger Gönner der Wissenschaften. Er muß ein sehr liebenswürdiger und sympathischer Mann gewesen sein, wie seine Portraitbüste zeigt, die man in Alexandria noch immer sehen kann. Unter seiner Regierung und von ihm gefördert, wurde am Museion, der Universität von Alexandria, das Alte Testament von jüdischen Gelehrten aus Jerusalem ins Griechische übersetzt.

Kos ist eine hübsche kleine Hafenstadt mit lebhaftem Handel in Wein, Feigen und Oliven. Die Melonen der Insel werden noch heute mit kleinen, schnellen Segelbooten nach Ägypten gebracht. Berühmt für seine Vortrefflichkeit ist der Salat von Kos.

In dieser kleinen Stadt stößt man auf Schritt und Tritt auf steinerne Erinnerungen. Die Johanniterritter, Byzanz, Rom, Hellas und sogar schon die Karer haben ihre Spuren hinterlassen.

Unweit der Stadt ist vor fünfzig Jahren das Heiligtum des Asklepios ausgegraben worden. Kos war zur Zeit seiner Blüte eine berühmte Heilstätte. Der Platz des Heiligtums war in Vergessenheit geraten. Er wurde wiederentdeckt am Nordabhang des Gebirgszuges, der sich oberhalb der Stadt Kos in etwa hundert Metern Höhe über dem Meer hinzieht. Drei übereinanderliegende Terrassen, durch breite Treppen miteinander verbunden, sind freigelegt worden. Man fand die Grundmauern mehrerer Tempel, die Reste von Altären, die Reste von Gebäuden, die zum Kurbetrieb gehört haben, und eine alte Heilquelle. Die weiträumige Anlage ist heute von Kiefernwäldchen umgeben. Der Blick über das tiefblau leuchtende Meer bis zu den in feinem Blaugrau schimmernden Gebirgszügen des gegenüberliegenden Festlandes gehört zu den Köstlichkeiten der Aegaeis.

Bei den Griechen war die Heilkunst eng mit der Religion verknüpft. Asklepios, der Gott der Heilkunde, war ein Sohn Apollons. In dieser vornehmen Ahnentafel kommt schon auf mythologische Weise zum Ausdruck, daß die Medizin nicht nur eine Wissenschaft, sondern auch eine Kunst ist.

Wie die Archäologen herausgefunden haben, stammten die dori-

160

schen Siedler auf Kos aus Epidauros in der Peloponnes. Epidauros ist von den frühesten Zeiten an eine Tempelstätte des Asklepios gewesen. Im 5. Jahrhundert vor Christi Geburt war es ein berühmtes und elegantes Modebad. Damals ging man nach Epidauros zur Kur, wie man heute nach Vichy, Baden-Baden oder Spa geht. Die Kolonisten hatten, als sie übers Meer kamen, nicht nur die Hoffnung auf eine große Zukunft, sie hatten auch ihren alten Gott mitgebracht. Sie errichteten dem Asklepios in Kos einen herrlichen Tempel. Den von der heiligen Schlange umwundenen Stab prägten die Bürger von Kos auf ihre Münzen. Der Asklepiosstab ist das Symbol, das Ärzte und Sanitäter der meisten Armeen der Welt noch heute an ihrer Uniform tragen. Nach dem späteren lateinischen Namen des Gottes nennen wir das Abzeichen heute den ›Aeskulapstab‹.

Obwohl die Anfänge des Heiligtums des Asklepios noch vor der Zeit des Hippokrates liegen, hat man bei den Ausgrabungen keinen Hinweis auf den großen Mann entdeckt. Über seiner Person waltet ein Geheimnis. Quellenstudien haben ergeben, daß alle Nachrichten über ihn zweifelhafte Überlieferungen sind. Tatsächlich wissen wir von seinem Leben so gut wie nichts. Geboren etwa 460 vor Christi Geburt, soll er weit über achtzig Jahre alt geworden sein. Sicher ist nur, daß er in der ganzen antiken Welt der höchsten Verehrung für würdig erachtet worden ist. Sowohl Platon wie Aristoteles erwähnen ihn mit Respekt. In Alexandria galt er als der Meister der Meister, und sein Name war schon um 300 vor Christi Geburt hoch geehrt. Es gibt in der Geschichte der Menschheit nur wenige Männer, deren Lebenswerk über Jahrtausende hinweg so viel Nutzen bei so wenig Schaden gestiftet hat.

Hippokrates ist nicht nur der Begründer der wissenschaftlichen Heilkunst, er hat auch für die Moral des ärztlichen Standes die Richtlinien gegeben. Der Eid, den er seinen Schülern abverlangte, ist im Wortlaut erhalten. Er mutet überraschend modern an. Er ist noch heute in der ganzen Welt der moralische Maßstab für das ärztliche Handeln. Sogar für die Chirurgen der Roten Armee, mit denen zusammen ich nach der Eroberung von Sewastopol die zurückgelassenen verwundeten Russen operiert habe, war das Wort ›Hippokrates‹ ein Zauberwort. In seinem Namen war es uns möglich, die russischen Kollegen zur Zusammenarbeit mit uns zu bewegen. Mancher Baschkire oder Karakalpake, der heute seine Herde in den Steppen Asiens weidet, verdankt die Rettung seines Lebens dem moralischen Prestige des großen Mannes von der kleinen Insel in der Aegaeis.

Von dem berühmten Corpus Hippocraticum, einer Sammlung medizinischer Abhandlungen, welche das Mittelalter dem Hippokrates zuschrieb, wissen wir heute, daß es eine spätere Zusammenstellung ist, deren verschiedene Verfasser in verschiedenen Jahrhunderten gelebt haben. Von den ältesten Manuskripten dieser Sammlung ist es möglich, daß das eine oder andere tatsächlich von Hippokrates stammt.

Der Archäologe Ludwig Roß hat in den vierziger Jahren des 19. Jahrhunderts die Insel Kos mehrfach besucht. Das war zu einer Zeit, als die unter der Türkenherrschaft seufzenden Griechen die Erinnerung an ihre klassische Vergangenheit längst verloren hatten. Roß berichtet, daß er in einem kleinen Dorf auf Kos, in Palaionisi, in dessen Nähe sich größere Höhlen befinden, bei den Bauern auf die Überlieferung gestoßen sei, daß Hippokrates in einer dieser Höhlen seine Bücher niedergelegt habe. Diese Mär in dem schlichten Dorf ist sehr merkwürdig.

In dem kleinen, mit vielen Kostbarkeiten gefüllten Museum von Kos steht eine Statue, die als Statue des Hippokrates bezeichnet wird. Ich habe sie lange betrachtet. Sie ist kein zeitgenössisches Bild des Hippokrates. Sie ist etwas später. Was diese Statue in hervorragender Weise darstellt, ist das Geistige jener Humanität, jenes Pflichtbewußtsein, jene eigentümliche Mischung von wissenschaftlicher Kühle, menschlicher Güte und weiser Lebenskenntnis, die das Wesen eines Arztes ausmachen.

Die Statue ist etwas überlebensgroß. Sie ist gut erhalten. An eine Säule gelehnt, in einer ein wenig müden, ein wenig resignierten Haltung steht da in einem langen, fließenden Gewand ein Mann von vielleicht fünfzig Jahren. Seine Hand, eine wunderbar feingliedrige Hand, die Hand eines Chirurgen, die sowohl zart tasten wie kräftig zugreifen können muß, hat er auf seine Brust gelegt. Das Antlitz ist ernst. Zwei Falten ziehen sich von der Nase zum Mund. Die Backenknochen treten hervor. Die Schläfengruben auf beiden Seiten sind tief. Die Nase ist gerade. Die Stirn ist hoch. Es ist die Stirn eines Denkers.

Je länger man dieses Gesicht betrachtet, um so mehr enthüllt es. Ein Schleier von Melancholie liegt über dem Antlitz. Das Leid der Erde, das diesem Mann ein Leben lang entgegengetreten ist, hat die Schärfe seines durchdringenden Verstandes gemildert, hat sich wie in tausend feinen Schatten auf seinem Gesicht niedergelassen. Was für ein großartiger Meister der ärztlichen Kunst, was für ein verehrungswürdiger Lehrer muß dieser Mann gewesen sein! Hier hat ein bedeutender Künstler die Aufgabe gehabt, einen bedeutenden Menschen darzustellen, und so ist ein vollkommenes Kunstwerk entstanden – das Antlitz des Hippokrates.

Eine nette, intelligente kleine Amerikanerin, die sich, während ich vor dem ersten Gelehrten meiner eigenen Wissenschaft saß, in braver Beflissenheit auch das letzte römische Kapitell des Museums angesehen hatte, kam nach einer halben Stunde wieder vorbei.

»Was machen Sie denn hier so lange?«

»Nun, ich seh' mir den da oben an!«

»So? Wer ist denn das?«

»Madame, stellen Sie sich einmal vor, Sie sind krank und gehen zum Arzt. Sie sitzen eine Weile im Wartezimmer. Dann kommen Sie ins Sprechzimmer, und hinter dem Schreibtisch sitzt der Mann mit diesem Gesicht da oben! Was würden Sie da sagen?«

Ein Weilchen betrachtete die kleine Person aufmerksam das Antlitz des Hippokrates. Dann sagte sie, schnell und mit etwas verlegenem Lächeln:

»Oh, ich glaube, da wär' ich gleich gesund!«

Wir laufen auf östlichem Kurs die Nordspitze der Insel Rhodos an. Langsam steigt mit der aufgehenden Sonne das Land aus dem Meer herauf. Steuerbord erscheint der Atabyros, der höchste Berg der Insel. Von seinem Gipfel aus kann man den Gipfel des Ida auf der Insel Kreta sehen. Backbord erstreckt sich eine felsige Landzunge des anatolischen Festlandes weit ins Meer hinaus.

Die Stadt kommt näher. Die Kontur der Burg der Johanniterritter von Rhodos beginnt sich abzuzeichnen. Neben den Türmen der Kirche ragen die Minaretts der Moscheen in den Himmel. Aus dieser Tatsache allein schon ersieht man, wie weit östlich die Insel liegt. Auch hat der Himmel nicht mehr die kristallene Klarheit, die für die Aegaeis so charakteristisch ist. Wir befinden uns fast auf dem 36. Breitengrad. Die Luft über der Stadt flimmert. Hier ist die Grenze, an der die Sonne anfängt, des Menschen Feind zu sein. Im Süden liegt Afrika.

Bevor wir in den Hafen einlaufen, passieren wir steuerbord das berühmte, am Strand herrlich gelegene ›Grandhotel des Roses‹. Es stammt aus dem Fin de Siècle, dem zivilisierten Ende des 19. Jahrhunderts nach Christi Geburt, in welchem das Reisen eine Leidenschaft geworden war. Wie das Imperium Romanum von Damaskus bis Trier Marmorbäder, Legionärsgräber und Römisches Recht, so hat das Britische Weltreich von Gibraltar bis Shanghai eine Menge

Respekt, etwas Haß und wundervolle Grandhotels zurückgelassen. Wir haben es nur zu Betonbunkern gebracht. In Rhodos allerdings bedeuten sie den Beginn der Freiheit. Nach einem Dutzend Fremdherrschaften, die die Jahrhunderte hindurch einander abgelöst hatten, ist am Ende des zweiten Weltkrieges das freie Rhodos zur freien Hellas zurückgekehrt.

Die hohen Mauern der Burg reichen bis an den Hafen heran. Wie mittelalterliche Stiche zeigen, ist zur Zeit der Johanniter das ganze östliche Hafenbecken in die Befestigungen einbezogen gewesen. Die Molen waren durch starke Türme geschützt. Durch eine eiserne Kette konnte die Einfahrt versperrt werden. In diesen Hafen einzulaufen, bedeutete Geborgenheit.

Die Stadt Rhodos ist erst im Jahre 408 vor Christi Geburt von den drei alten Städten Lindos, Jalyssos und Kameiros gemeinsam gegründet worden. Von Hippodamos von Milet wurde sie planmäßig, mit rechtwinklig sich kreuzenden Straßen, von vornherein für hunderttausend Einwohner angelegt.

Von antiken Resten ist auf Rhodos am meisten in Lindos erhalten geblieben. Sie uns anzusehen, brechen wir früh am Morgen auf. Die Straße führt am Meer entlang, das von der Morgenbrise mit zarten Schaumkrönchen geschmückt wird. Wir fahren durch Olivenpflanzungen, Orangenhaine und Weinberge. In höchst vielfältiger botanischer Mischung beleben Palmen, Zypressen und Aleppokiefern die Landschaft. Die Dörfer sind wohlhabend. Die Häuser sind weiß gekalkt. Einmal passieren wir ein türkisches Dorf mit einer Moschee, neben der sich ein zierliches Minarett erhebt. Moschee und Minarett werden von einer riesigen, beide überragenden Platane liebevoll beschattet.

Nach einer Stunde Fahrt entlang der Westküste biegen wir landeinwärts ab, um die Insel zu durchqueren. Die Landschaft ist trocken und staubig. Es ist glühend heiß. Einmal huscht eine Schlange, ein schwarzes, fast zwei Meter langes Tier, über den Weg. Sie verschwindet im Gebüsch zwischen den Felsen, die überall aus der Erde hervortreten. An den Hängen liegen viele kleine Äcker. Die kostbare Krume wird durch Wälle, die aus Feldsteinen und Felsbrocken aufgeschichtet sind, davor bewahrt, von den Regengüssen davongeschwemmt zu werden. Die Sonne steigt höher. Von Stunde zu Stunde wird es heißer.

Im letzten Tal, bevor wir die Ostküste erreichen, liegt ein kleines Dorf, hinter dem die Ruine eines Kreuzritterkastells aufragt. Das Dörfchen mit seinen weißen, um den Glockenturm der Kirche ge-

164

scharten Häusern und der Silhouette der alten Burg dahinter wirkt so malerisch, daß wir den Wagen verlassen, um ein Stück zu Fuß zu gehen. Es ist Sonntag. Wie überall hier im Osten hat auch das kleinste Dorf sein Caféhaus. Dieses hat ihrer zwei. Da die Dorfstraße genau von Norden nach Süden verläuft, hat das eine Café den Schatten am Vormittag, das andere am Nachmittag. Die Männer des Dorfes sitzen im ›Caféhaus zum Morgenschatten‹. Fremde, die kommen, sind von den Göttern geschickt als eine willkommene Abwechslung im Einerlei eines glücklichen Daseins. Bald sind wir mitten in der herzlichsten Unterhaltung. Die hübsche Wirtstochter tritt auf, eine Weile später der dicke Wirt. Der Fremdling wird über die Welt und über die große Politik ausgefragt. Man ist immer wieder überrascht, was für vernünftige Meinungen diese einfachen Bauern haben. Die alte griechische Institution des öffentlichen Versammlungsplatzes, des Marktes, der Agora und hier also des Caféhauses, in dem man etwas erfährt, in dem diskutiert wird, in dem man dem Spott ausgesetzt ist, trägt ihr Teil dazu bei, daß die Meinungen vernünftig bleiben. Als sich herausstellt, daß der Fremdling in Moskau, im Kaukasus und gar in Sibirien gewesen ist, wird die Teilnahme brennend. Nach einer kleinen Stunde scheiden wir unter den Beteuerungen der herzlichsten gegenseitigen Zuneigung. Das halbe Dorf winkt uns nach. Sicher haben die Bauern, nachdem wir weitergezogen waren, alles, was sich in dieser kleinen Stunde ereignet hat, noch einmal in einem gründlichen Palaver beredet. Glück ist einfach.

Wir kommen über die Höhe. Vor uns liegt Lindos. Vom Atabyros her zieht ein von Westen nach Osten sich erstreckender Bergrücken zur Küste hinab. Einen Sattel bildend endet dieser Bergrücken in einer steilen Felskuppe, die als Halbinsel ins Meer hinausspringt. In die Senkung des Sattels schmiegen sich die weißen Häuser von Lindos. Auf dem Plateau der Felskuppe erheben sich die mächtigen Ruinen einer Burg der Johanniter. Dahinter werden die Säulen der Propylaeen und des Tempels der Athene Lindia sichtbar. Die Felskuppe ist die alte Akropolis der Stadt. Links auf einer weit ins Meer hinaus sich erstreckenden niedrigen Landzunge steht ein rundes Bauwerk, das Mausoleum des Kleoboulos, des Tyrannen von Lindos, der zur Zeit Solons gelebt hat. Kleoboulos war einer der Sieben Weisen Griechenlands. Er ist der erste Philosoph gewesen, der sich für eine Verbesserung der Erziehung der Mädchen eingesetzt hat. Die Halbinsel der Akropolis und die Landzunge des Kleoboulos umfassen eine Bucht, die in der Antike ein ausgezeichneter Hafen gewesen ist. Dahinter dehnt sich weit das blaue Meer. Darüber wölbt sich in fast ebenso tiefem Blau der Himmel, an dem die Rosse des Helios dem Zenit entgegenbrausen.

Wir erreichen die kleine weiße Stadt am Fuß des Steilhanges ihrer alten Akropolis. Die Keramik von Lindos ist noch heute berühmt – köstliche Teller und Vasen mit einer eigentümlichen, aus Persien stammenden Ornamentik von Fischen, Blumen und Früchten. In Lindos stellte man einen besonders leichten Ziegelstein her, der für den Bau der Kuppel der Hagia Sophia in Konstantinopel verwendet wurde.

Ein paar Eseltreiber werden gechartert. Die Kinder mit ihren lustigen schwarzen Augen betrachten uns neugierig. Sie finden es ungemein komisch, wie ungeschickt wir uns anstellen, wenn wir, was doch die einfachste Sache von der Welt ist, einen Esel besteigen.

Wir reiten durch enge, blitzsaubere Gassen. Zuweilen kann man durch ein offenes Tor einen Blick in den Hof eines alten Bürgerhauses werfen. Man sieht einen Brunnen, eine Akazie, ein paar große Tontöpfe mit Blumen darin. Es ist schattig, kühl, behaglich, ein wenig maurisch. Dann langen wir am Fuß der Burg an. Vor uns steigt mit hundert Stufen eine steile Treppe zum Eingang hinauf. Links ist in eine Felswand das Relief eines antiken Ruderschiffes eingemeißelt.

Wir klettern in der vollen Glut der Sonne die Treppe hinan, ein wahrhaft hitziges Unterfangen. Dann nehmen die kühlen Räume der Burg uns auf. Die festgefügten Mauern sind zu einem Teil erhalten geblieben, zu einem Teil sind sie wiederhergestellt worden. Es sind weite Hallen, denen man anmerkt, daß sie von großen Herren errichtet worden sind. Aus den romanischen Fenstern des Festsaales blickt man über die antike Landschaft hin.

Aus der kühlen Burg der Ritter treten wir in die blendende Sonne der Akropolis von Lindos hinaus. Eine Reihe von dorischen Säulen hebt sich gegen den Himmel ab. Sie gehören zu den Propylaeen. Man hat von den ursprünglich zweiundvierzig Säulen einen großen Teil aus den vorhandenen Trümmern wieder aufgerichtet. Zunächst steigt man eine Treppe zu dem Plateau der Propylaeen hinauf, einem festlich feierlichen Bauwerk, das sich von einer Seite der Felskuppe zur anderen erstreckt. Von den Propylaeen führt eine zweite, breit ausladende Treppe zum eigentlichen Tempelplatz hinauf, einem spitzen Dreieck, dessen Basis von der Säulenreihe der Propylaeen gebildet wird. Der ganze Bezirk ist von einer Mauer umgeben. Das Dreieck liegt auf einer ins Meer hinausspringenden Felsnase, deren Seiten zweihundert Meter tief senkrecht ins Meer abstürzen. Auf dieser äußersten Spitze, auf dieser Bastion zwischen Himmel und Erde, steht der Tempel der Athene Lindia, der Schutzgöttin der Stadt. Im Rahmen der großartigen Gesamtanlage wirkt er bescheiden. Er hat auf der Vorder- und auf der Rückseite je vier Säulen. In seiner Einfachheit erinnert er an den Niketempel auf der Akropolis von Athen. Der rote Felsen, die grauen Mauern, die weißen Marmorsäulen geben mit dem blauen Meer zusammen einen außergewöhnlich reizvollen Akkord. Natur und Kunst sind miteinander zu vollkommener Harmonie verschmolzen.

Bemerkenswert ist der Ausblick von dieser Felsplatte über die Wogen und über die Zeiten hin. Auf der einen Seite liegt das Grabmal des weisen Kleoboulos, der mit Thales und Solon jene nicht endende Reihe glänzender philosophischer Köpfe eröffnet, die den griechischen Humanismus geschaffen haben. Auf der anderen Seite blickt man zu einem ganz kleinen Hafen hinunter, an dessen Rand ein winziges weißes Kapellchen steht. Dieser Hafen hat vor wenigen Jahren eine feierliche und glanzvolle Versammlung von Bischöfen, Metropoliten und Patriarchen gesehen, die aus der halben Welt zusammengekommen waren, um die neunzehnhundertste Wiederkehr des Tages zu feiern, an dem der Apostel Paulus an dieser Stelle der Küste von Rhodos an Land gegangen ist.

Der bedeutendste Sohn von Lindos war der Philosoph Panaitios. Er gehörte der stoischen Schule an, die der von Zypern stammende Zenon von Kition begründet hatte. Panaitios war ein Freund des jüngeren Scipio und hat ihn auf vielen Feldzügen und Reisen begleitet. In Rom verkehrte er in den Kreisen der römischen Aristokratie, die er für den Stoizismus gewann. Er hatte lange Zeit in Rhodos gelebt. Später ging er nach Athen. Im Jahr 130 vor Christi Geburt hat Scipio seinen philosophischen Freund in Lindos besucht. Hier oben auf der Akropolis haben die beiden Männer gesessen und aufs Meer hinausgeblickt.

Panaitios mag hinüber nach Alexandria gedacht haben, wo in der Bibliothek die Bücher aufbewahrt wurden, welche Platon bei seinem Tode hinterlassen hatte. Scipio aber hat an Karthago gedacht. Siebzehn Jahre vorher hatte er die reiche und mächtige Stadt erobert, die schon reich und mächtig gewesen war, als Rom noch eine kleine Bauernrepublik in Latium war. In seiner vornehmen Seele hatte er nichts vom Rausch des Sieges verspürt. Der römische Senat hatte befohlen, die Stadt dem Erdboden gleichzumachen. Scipio hat diesen Befehl ausgeführt. Als er auf die rauchenden Trümmer blickte, ist er in Tränen ausgebrochen.

Panaitios konnte ihn ein wenig trösten. Die wunderbare Kultur der Phoiniker mit ihren hervorragenden Schöpfungen ist von einer Religion des Menschenopfers überschattet gewesen. Um ihren schrecklichen Gott Moloch günstig zu stimmen, warfen die Karthager alljährlich eine Anzahl ihrer Kinder in einen feurigen Ofen. Diesem schaurigen, aus asiatischen Frühzeiten stammenden Kult hat die Zerstörung Karthagos ein Ende gesetzt. Die Welt war von einem Alpdruck befreit. Die helle Philosophie der Griechen konnte sich mit dem hellen politischen Verstand der Römer verbünden, der Welt Frieden zu schenken.

Unter den griechischen Göttern gab es keinen Moloch. Sie waren der Philosophie zugetan. Schon hundert Jahre später versuchte der jüdische Stoiker Philo, das Alte Testament mit der griechischen Philosophie in Einklang zu bringen.

Diese Zukunft war es, in welche die beiden Freunde, der melancholische Feldherr und der gelassene Philosoph, hinausgeblickt haben über das Meer, hinüber nach jener phoinikischen Küste, von welcher die Sendboten ausziehen sollten, den Völkern des Mittelmeeres die Botschaft des Heils zu verkünden.

Die geographische Lage der Insel Rhodos und ihre Nähe zum Festland hatten, nachdem die Perser bis zur Küste Anatoliens vorgedrungen waren, dazu geführt, daß die Schiffe von Rhodos in der Schlacht von Salamis in der persischen Flotte kämpften.

Nach dem Tod Alexanders vertrieben die Rhodier die makedonische Garnison. Eine neue Blütezeit für die Insel brach an. Mit der von Alexander im Nildelta gegründeten Stadt Alexandria teilte sich Rhodos in den Handel im östlichen Mittelmeer. Zum Dank für einen neuerlichen Sieg über die Makedonen errichteten die Rhodier Helios, dem Schutzgott ihrer Insel, ein von Chares von Lindos geschaffenes Bronzestandbild von vierunddreißig Metern Höhe. Die Technik des Bronzegusses ist in Rhodos hoch entwickelt gewesen. Wahrscheinlich stammen auch die vier Pferde der Fassade von San Marco in Venedig aus derselben Werkstatt wie der Helios. Dieses Standbild des Sonnengottes war der berühmte Koloß von Rhodos, ein weiteres der Sieben Weltwunder. Fünfzig Jahre nach seiner Errichtung stürzte bei einem Erdbeben das Götterbild zusammen. Noch Plinius hat dreihundert Jahre später die Trümmer bestaunt. Sie haben, ein Wunder des Antiquitätenhandels, beinahe neunhundert Jahre dagelegen, bis die Araber sie im Jahre 656 nach Christi Geburt als Altmetall verkauft haben. Der Händler, der sie nach einem Hafen der syrischen Küste brachte, brauchte, wie die arabischen Chroniken berichten, für den Abtransport nach Emesa eine Karawane von neunhundert Kamelen.

Als der Koloß von Rhodos errichtet wurde, stand Rhodos auf seinem Höhepunkt. Es war die seebeherrschende Macht des östlichen Mittelmeers. Mit dem Aufstieg Roms ging der politische Einfluß zwar zurück, aber Rhodos wurde nicht unterworfen. Es trat als Bundesgenosse in das Imperium Romanum ein. Es folgten zwei glänzende Jahrhunderte. Das rhodische Geld war damals der Dollar der Aegaeis. Aber Rhodos lag mit Alexandria nicht nur im Wettstreit von Export und Import. Das rhodische Wirtschaftswunder trug köstlichere Früchte. Der Ruf des berühmten Museion von Alexandria mit seiner noch berühmteren Bibliothek ließ den Ehrgeiz der Rhodier nicht ruhen. Auch Rhodos schuf sich eine Universität. Ihr Gründer war der Philosoph Poseidonios. Er war ein Syrer. Es ist nützlich, sich immer wieder klarzumachen, daß vor zweitausend Jahren die Welt zivilisiert und ohne Vorurteile war und daß man sich in dieser Welt nach Belieben frei bewegen konnte.

Poseidonios hat sein halbes Leben auf Reisen verbracht. Er hat eine Geschichte seiner Zeit in zweiundfünfzig Büchern geschrieben, von der leider nichts erhalten geblieben ist. Er hat versucht, die Entfernung der Sonne und ihre Größe zu berechnen und die Größe des Erddurchmessers festzustellen. Er hat ferner Berechnungen über den Einfluß des Mondes auf die Gezeiten angestellt.

Dieser weitgereiste und hochgebildete Mann ließ sich in Rhodos nieder. Er hat viel für die Ausbreitung der stoischen Philosophie im Römischen Reich getan. Daß Cicero sein Schüler war, gereicht ihm gewiß zum Ruhm, aber auch der Feldherr Pompeius ist zu den Füßen des Philosophen gesessen. Es ist eine liebenswürdige Analogie, daß der siegreiche General des zweiten Weltkrieges nach seinem Sieg keineswegs den Helm fester schnallte, sondern ein Barett aufsetzte und Rektor einer Universität wurde. Diese Magnifizenz freilich ist eine Prächtigkeit der Neuen Welt. Auch Gaius Julius Caesar ist an der Universität Rhodos immatrikuliert gewesen. Ebenso hat Tiberius, ehe er den römischen Kaiserthron bestieg, acht Jahre auf Rhodos verbracht. Noch im Besitz der höchsten Macht, die das Weltreich zu vergeben hatte, hat Tiberius in der Schönheit der Insel Capri der Schönheit der Insel Rhodos sehnsüchtig gedacht.

In gleicher Weise berühmt wie die Gelehrsamkeit der Universität von Rhodos war die Schönheit der Bildhauerwerke der rhodischen Schule. Noch heute steht im Museum von Rhodos eine vorzüglich erhaltene ›Kniende Aphrodite‹.

Der Museumsdiener sprach ausgezeichnet Deutsch, mit einem kleinen Berliner Akzent. Ich erkundigte mich, wo er es gelernt habe.

»In Köpenick!«

»In Köpenick?«

»Ja, im Krieg, in der Munitionsfabrik!«

Ich fragte ihn, ob es sehr schlimm gewesen sei. Mit einer großzügigen Geste meinte er: »Ach, reden wir nicht mehr davon!«

Am Ende des Rundgangs durch das nicht sehr große Museum fragte ich den Griechen aus Köpenick, ob das alles sei.

»Na ja«, meinte er, »die guten Sachen haben die Italiener jeklaut.«

»Die Italiener? Was denn zum Beispiel?«

»Na, den Laokoon!«

Diese berühmte Plastik steht heute im Vatikan. Plinius nennt drei rhodische Bildhauer, die als Schöpfer in Frage kommen – Agesander, Polydoros und Athenodoros. Wahrscheinlich ist das Bildwerk schon in der Antike nach Rom gekommen. Später ist es verlorengegangen. Seine Wiederentdeckung im Beginn der Renaissance war eine Sensation.

Mit dem Zerfall des Byzantinischen Reiches begannen auch für Rhodos jene Eroberungen, denen fast alle Inseln des östlichen Mittelmeers ausgesetzt gewesen sind. Goten, Isaurier, Perser, Araber, Venezianer, Genuesen und schließlich eine Rückeroberung durch Byzanz gingen über Rhodos hinweg.

Mit dem Jahre 1308 beginnt eine neue Epoche des Glanzes. Nachdem das Heilige Land am Ende der Kreuzzüge den Christen verlorengegangen war, eroberten die Ritter des ›Ordens vom Hospital des heiligen Johannes in Jerusalem‹ die Insel. Sie sind es, die die mächtige Burg von Rhodos errichtet haben. Die Italiener haben in der Zeit, als sie Rhodos besetzt hatten, große Teile der Burg, die zerstört waren, nach alten Plänen wiederhergestellt.

Der ›Orden vom Hospital des heiligen Johannes in Jerusalem‹ stammt tatsächlich aus einem Krankenhaus. All die Jahrhunderte hindurch haben die Johanniterritter den Schutz der Pilger und die Pflege der Kranken als ihre vornehmsten Aufgaben betrachtet. Im Gegensatz zu ihnen standen die Tempelritter, die ein militärischer Orden gewesen sind.

Immer schon, seit Jerusalem Ziel christlicher Pilger war, hat es im Heiligen Land Hospitäler zu ihrer Betreuung gegeben. Eines dieser Hospitäler in der Nähe von Jerusalem wurde im Anfang des 11. Jahrhunderts von Benediktinern übernommen und Johannes dem Täufer geweiht. Während das erste Kreuzritterheer 1099 Jerusalem belagerte, diente das Hospital unter der Leitung des Mönches Gerald als Hauptverbandplatz. Dieser tüchtige und geschickte Mann benutzte die Dankbarkeit der Kreuzritter für die Dienste an den Verwundeten und Kranken dazu, nach der Eroberung der Stadt nicht nur den Besitz des Hospitals zu erweitern, sondern sich auch noch einige wertvolle Privilegien zu verschaffen.

Es wird berichtet, daß sich sogar eine Dame, eine vornehme Römerin, schon im ersten Kreuzzug der Pflege der Verwundeten und Kranken gewidmet habe. Diese Lady Agnes, eine frühe Florence Nightingale, ist die Stammutter aller Krankenschwestern der Welt. Sogar die heilige Elisabeth, Landgräfin von Thüringen, hat erst hundert Jahre später gelebt.

Für den Orden nahm Gerald die Ordensregel der Augustiner an. 1113 nahm der Papst Paschalis II. den Orden und seine Besitzungen unter seinen unmittelbaren Schutz. Damit wurde der Orden souverän. Er war der Eifersucht und den Streitigkeiten der europäischen Potentaten entzogen. Die Ritter legten das Gelübde der Armut, der Keuschheit und des Gehorsams ab. Der Orden hat eine hohe Moral vertreten. Wo die Ritter geherrscht haben, sind sie milde und gerechte Herren gewesen. Ein Stück der Küste Anatoliens und einige der benachbarten Inseln hatten sie in Besitz genommen. Unter ihrem starken Schutz hat Rhodos eine wunderbare Blüte erlebt.

Armut, Keuschheit und Gehorsam sind die Gelübde einer Elite. Sie haben den Orden zu seinen geschichtlichen Leistungen in der Verteidigung des Westens gegen die Türken befähigt. Diese Elite hat niemals aus mehr als fünfhundert Rittern bestanden. Sie stammten aus den vornehmsten Familien des europäischen Feudaladels. In der ›rue des Chevaliers‹ reiht sich ein herrlicher gotischer Bau an den anderen. Über den Torbögen der alten Häuser sieht man noch heute zahlreiche in Stein gemeißelte Wappen der Aristokratie des Abendlandes.

Der Orden wurde durch Eroberungen und Schenkungen außerordentlich reich. Er hatte ausgedehnten Grundbesitz in Frankreich und auf Zypern. Die Ritter selbst blieben arm. Wie vortrefflich die alten christlichen Tugenden der Demut und des Gehorsams bei den Johanniterrittern aufgehoben waren, erzählt uns auf eine köstliche Weise Schiller in seiner Ballade ›Der Kampf mit dem Drachen‹.

Der Drache lebte am Fuß des Hügels von Malpasos, an der Straße nach Trianda, wenige Meilen von Rhodos entfernt. Fünf Ritter des Ordens, die den Drachen zu töten versucht hatten, waren von ihm umgebracht worden. Daraufhin hatte der Großmeister weitere Kämpfe verboten. Ein junger Ritter übertrat das Verbot. Er fuhr auf Urlaub nach Frankreich. Wochenlang trainierte er mit Pferd und Hunden an einem Drachenphantom. Dann kehrte er heimlich nach Rhodos zurück und tötete das Untier. Aber die erwartete Ehrung erfolgte nicht. Der Großmeister ließ ihn hart an, daß er die Ordensregel des Gehorsams verletzt habe. Doch bleibt das Happy-End nicht aus. Als der Jüngling sich schweigend und voller Demut dem Spruch des Meisters beugt und still sein Gewand ablegt, wird er in Gnaden wieder aufgenommen.

Das witzige an der Geschichte ist, daß sie sich ereignet hat. Im Jahre 1342 hat der Chevalier Dieudonné de Gozon unter dem Großmeister Hélien de Villeneuve tatsächlich einen Drachen erlegt. Die Überlieferung von dieser Heldentat hatte sich bis ins 19. Jahrhundert erhalten. Noch 1837 hing der Kopf des Drachen an der Porte d'Amboise in Rhodos, und noch 1875 beschreibt ein Reisender ein altes Fresko in einem der Häuser in der rue des Chevaliers, auf dem der Kampf dargestellt war. Man muß nicht unbedingt annehmen, daß der Drache ein aus dem Tertiär übriggebliebener Dinosaurier, eine Art oberbayerischer Tatzelwurm in der Aegaeis, gewesen sei. Ein Dinosaurier, als reiner Vegetarier, fräße weder Schafe noch Hirten. Es wird ein Krokodil gewesen sein, das irgendwann einmal ein Seemann Kuddeldaddeldos als junges Tier seiner Braut vom Nil nach Trianda mitgebracht hatte. Schiller scheint die Geschichte genau gekannt zu haben. Der Drache hat bei ihm einen ›Krokodilesrachen‹. So begegnet man nach einem Menschenalter den gymnasialen Fabeltieren seiner Jugend unter dem Himmel Griechenlands. Der Chevalier de Gozon, der tapfere Drachentöter, hat es später so weit gebracht, daß er nicht mehr zu gehorchen brauchte. Er wurde Großmeister des Ordens.

Als Herren der Insel Rhodos standen die Johanniter inmitten der Machtkämpfe um das Mittelmeer. Zweihundert Jahre lang haben sie geherrscht, gebetet, gebaut und gekämpft. Zweihundert Jahre lang haben sie sich gegen Ägypter und Türken gewehrt. Es gelang den Osmanli nicht, die Aegaeis zu einem türkischen Gewässer zu machen. Das ist von großer Bedeutung für Europa gewesen. Solange Rhodos nicht in die Hand des Feindes fiel, war keine Rede davon, daß er sich hätte an die Eroberung des westlichen Mittelmeeres wagen können. Als die Ritter im Jahre 1523 nach der hartnäckigen Belagerung durch Sultan Soliman den Prächtigen, während deren sie sich außergewöhnlich tapfer verteidigt hatten, schließlich kapitulieren mußten und die Großmut des Sultans und sein Respekt vor der Standhaftigkeit der Verteidiger ihnen freien Abzug gewährten, machte Kaiser Karl v. die säkulare Randbemerkung: »Niemals fürwahr ist eine bessere Sache auf eine bessere Art verlorengegangen!« Nach dem Fall von Rhodos beschlossen die Türken, den Vorstoß nach dem Westen endlich zu unternehmen. Aber die zweihundert Jahre, in denen Rhodos verteidigt worden war, hatten genügt, Spanien erstarken zu lassen. 1571 konnte Don Juan d'Austria die Seeschlacht von Lepanto für die Katholische Majestät von Kastilien gewinnen.

Noch immer ragt die alte Burg der ›Ritter vom Hospital des heiligen Johannes in Jerusalem‹ in den Himmel über Rhodos. Noch immer dräuen gewaltig die riesigen Mauern mit ihren tiefen Gräben, auf deren Grund sich hier und da ein Hibiskusstrauch mit seinen leuchtenden Blüten angesiedelt hat. Es sind wahre Steingebirge, die der herrschsüchtige Wille der Großmeister zu dieser mächtigen Festung aufgetürmt hat. Aus der Auvergne, aus der Lombardei, aus Kastilien, aus Cornwall und vom Rhein sind die Ritter herbeigeströmt, den Glauben zu schützen. An seinen Grenzen ist das Abendland entstanden. An seinen Grenzen muß es verteidigt werden.

*

Es sind die Küsten des Lichts, an denen Europa zum Leben erwacht ist. Als der Mythos zu verklingen begann, wurde die Aegaeis zum Meer der Geschichte. Über die Inseln, die blühenden, zogen die Zeiten dahin. Helden und Kaufleute, Feldherren und Gelehrte, Seeräuber und Sänger, Matrosen, Pilger, Abenteurer, Apostel und Verbannte sind von Hafen zu Hafen gesegelt seit den ältesten Zeiten. Jason fuhr mit der Argo durch die Dardanellen ins Schwarze Meer. Agamemnon setzte mit dem Heer der Achaier von Aulis nach Troia über. Odysseus wurde weit umhergetrieben in diesem Wasser. Die Flotten der Perser und der Griechen haben die See zwischen Hellas und Ionien gekreuzt. Für Themistokles, für Pompeius, für Caesar, für Johannes und Paulus haben die Schiffskapitäne ihre Kurse nach den Inseln abgesteckt. Alexander, Rom, das Goldene Byzanz, Araber, Wikinger und Kreuzfahrer haben an diesen Küsten geherrscht. Weltreiche und Weltreligionen sind von Osten nach Westen, von Westen nach Osten über die Aegaeis dahingegangen. Dieses alte Wasser ist ein Meer großer Historie.

Der Mythos ist erloschen. Seine Poesie ist lebendig geblieben. Die

Bauten sind zu Ruinen zerfallen; aber jede einsame Säule, die noch in den Himmel ragt, kündet von des Menschen hohem Mut, seine Seele höher zu setzen als seinen Hunger. Die Überlieferungen werden nur noch in staubigen alten Büchern in einsamen Bibliotheken aufbewahrt. Die Tatsachen, von denen diese Überlieferungen berichten, haben die Welt geschaffen, in der wir leben.

Die Aegaeis ist das Meer der Meere. Das Rauschen seiner Brandungen ist das Lied, das an der Wiege Europas erklungen ist. Wir neigen das Haupt und lauschen einer Melodie, mit der in unserer fernen Jugend Götter uns in den Schlaf gesungen haben.

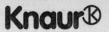

Taschenbücher

Kulturgeschichte

**Champdor, Albert:
Das Ägyptische
Totenbuch**
In Bild und Deutung.
208 S. Mit zahlr. Abb.
Band 3626

**Cotterell, Arthur:
Der Erste Kaiser von
China**
Der größte
archäologische Fund
unserer Zeit.
256 S. Mit 91 z. T. farb.
Abb. Band 3715

**Charroux, Robert:
Vergessene Welten**
Auf den Spuren des
Geheimnisvollen.
288 S., 53 Abb.
Band 3420

**Eisele, Petra:
Babylon**
Pforte der Götter und
Große Hure.
368 S. Mit 77 z. T.
farb. Abb. Band 3711

**Hoving, Thomas:
Der Goldene Pharao**
Tut-ench-Amun.
319 S. Band 3639

**Keller, Werner:
Und wurden
zerstreut unter
alle Völker**
Die nachbiblische
Geschichte des
jüdischen Volkes.
544 S. 38 Abb.
Band 3325

**Mauer, Kuno:
Die Samurai**
Ihre Geschichte und
ihr Einfluß auf das
moderne Japan.
382 S. Mit 29 Abb.
Band 3709

**Pörtner, Rudolf:
Operation Heiliges
Grab**
Legende und Wirklich-
keit der Kreuzzüge
(1095–1187).
480 S. Mit zahlr. Abb.
Band 3618

**Stingl, Miloslav:
Den Maya auf
der Spur**
Die Geheimnisse der
indianischen
Pyramiden.
313 S. Mit Abb.
Band 3691

**Stingl, Miloslav:
Die Inkas**
Ahnen der »Sonnen-
söhne«.
288 S. Mit zahlr. Abb.
Band 3645

**Stingl, Miloslav:
Indianer
vor Kolumbus**
Von den Prärie-
Indianern zu den Inkas.
336 S. Mit 140 Abb.
Band 3692

**Tichy, Herbert:
Weiße Wolken über
gelber Erde**
Eine Reise in das
Innere Asiens.
416 S. Mit 16 Abb.
Band 3710

**Tompkins, Peter:
Cheops**
Die Geheimnisse der
Großen Pyramide,
Zentrum allen Wissens
der alten Ägypter.
296 S. Mit zahlr. Abb.
Band 3591

**Vandenberg,
Philipp:
Nofretete, Echnaton
und ihre Zeit**
272 S. Mit z. T. farb.
Abb. Band 3545

Peter Bamm

Eines Menschen Zeit

Droemer Knaur